Thomas Schlag / Friedrich Schweitzer u. a.

Jugendtheologie

Grundlagen – Beispiele –
kritische Diskussion

Mit weiteren Beiträgen von
Anton A. Bucher, Gerhard Büttner,
Jörg Conrad, Veit-Jakobus Dieterich,
Katja Dubiski, Petra Freudenberger-Lötz,
Wolfgang Ilg, Rainer Kalter,
Elisabeth Naurath, Martin Rothgangel,
Henrik Simojoki, Annette Scheunpflug
und Heinz Streib

Neukirchener Theologie

Dieses Buch wurde auf FSC-zertifiziertem Papier gedruckt.
FSC (Forest Stewardship Council) ist eine nichtstaatliche,
gemeinnützige Organisation, die sich für eine ökologische und
sozialverantwortliche Nutzung der Wälder unserer Erde einsetzt.

Bibliografische Information der Deutschen Nationalbibliothek

Die Deutsche Nationalbibliothek verzeichnet diese Publikation in der Deutschen
Nationalbibliografie; detaillierte bibliografische Daten sind im Internet über
http://dnb.d-nb.de abrufbar.

© 2012
Neukirchener Verlagsgesellschaft mbH, Neukirchen-Vluyn
Alle Rechte vorbehalten
Umschlaggestaltung: Andreas Sonnhüter, Düsseldorf
Umschlagabbildung: © iStockphoto.com/laflor
Lektorat: Ekkehard Starke
DTP: Andrea Siebert
Gesamtherstellung: Hubert & Co., Göttingen
Printed in Germany
ISBN 978-3-7887-2591-4 Print
ISBN 978-3-7887-2619-5 eBook-PDF
www.neukirchener-verlage.de

Inhalt

Vorwort 7

Teil 1
Jugendtheologie in der Praxis von Schule und Gemeinde:
Religionsunterricht, Konfirmandenarbeit und Jugendarbeit
Thomas Schlag / Friedrich Schweitzer 9

1. Einleitung 9
2. Jugendtheologie und Elementarisierung 13
3. Religionsunterricht 16
4. Konfirmandenarbeit 23
5. Jugendarbeit 29

Teil 2
Praxisbeispiele und Diskussion 35

Henrik Simojoki
Jugendtheologie im Bildungskontext der christlichen Ökumene
Soziologische Hintergründe und didaktische Perspektiven ... 35

Veit-Jakobus Dieterich
Themen der Jugendtheologie –
Spurensuche für den theologischen Dialog mit Jugendlichen ... 45

Elisabeth Naurath
Umweltethik als Weg zu einer praxisrelevanten Jugendtheologie 59

Katja Dubiski
Und was glaubst du?
Jugendtheologie in der Konfirmandenarbeit am Beispiel »Credo« .. 70

Jörg Conrad / Rainer Kalter
Was soll Franz tun?
Bericht über einen jugendtheologischen Versuch in einer
sechsten Hauptschulklasse anlässlich einer Dilemmageschichte 81

Wolfgang Ilg
Ich nehm' dich ernst, ich stell' dir Fragen.
Jugendarbeit als jugendtheologischer Experimentierraum 90

Anton A. Bucher
Sind Jugendliche auch für Jugendliche Theologen?
Eine Pilotstudie und konzeptuelle Überlegungen 102

Annette Scheunpflug
Jugendtheologie aus allgemeinpädagogischer Perspektive 111

Petra Freudenberger-Lötz
Braucht der Religionsunterricht Jugendtheologie?
Ein Beitrag aus der Perspektive jugendtheologischer Forschung
in Kassel 118

Martin Rothgangel
Formen und Potentiale von Jugendtheologie 130

Gerhard Büttner
Die Sozialgestalt(en) einer Jugendtheologie 139

Heinz Streib
Jugendtheologie als narrativer Diskurs 155

Teil 3
Rückfragen – Klärungen – Perspektiven
Thomas Schlag / Friedrich Schweitzer 165

1. Formen von Jugendtheologie und die Möglichkeit
   trennscharfer Unterscheidungen 165
2. Wollen Jugendliche überhaupt Theologen sein? 169
3. Braucht Jugendtheologie eine performative
   religionsdidaktische Basis? 171
4. Jugendtheologie als Form von Subjektorientierung? 173
5. Jugendtheologie als kognitive Verengung
   der Religionspädagogik? 174
6. Jugendtheologie als zeitgemäße Gestalt religiöser Bildung? ... 176
7. Jugendtheologie als Ethik – Jugendliche statt Ethik? 177
8. Lernorte und Settings 178
9. Forderungen und Konsequenzen für die religionspädagogische
   Ausbildung und für theologische Kompetenz 179
10. Perspektiven für die Zukunft – Jugendtheologie im Plural 180

Autorinnen und Autoren 181

Vorwort

In kurzer Zeit hat sich das Thema *Jugendtheologie*, das lange Zeit – bei der ausschließlichen Konzentration auf eine Kindertheologie – übergangen oder sogar verdrängt erschien, in der Diskussion etabliert. Unser Buch *Brauchen Jugendliche Theologie?*, mit dem eine Jugendtheologie erstmals in monographischer Form aufgenommen und dargestellt werden konnte, hat ein großes Interesse und ein überraschend breites Echo gefunden. Darüber freuen wir uns nicht nur als Autoren, sondern vor allem im Blick auf die Jugendlichen, die damit wieder stärker wahrgenommen werden.
Ganz allgemein wird nun festgestellt, dass eine Jugendtheologie, mit der die bisherige Beschränkung allein auf eine Theologie der Kinder, mit Kindern und für Kinder konsequent überschritten wird, längst überfällig gewesen sei. Es kann nicht einleuchten, nur Kinder als Theologen zu sehen – und diesen Ansatz dann, mit dem Übergang ins Jugendalter, plötzlich abbrechen zu lassen. Auch wenn die allermeisten Autorinnen und Autoren, die sich an dieser Diskussion beteiligen, übereinstimmend die Auffassung vertreten, dass eine Jugendtheologie anders gestaltet sein muss als eine Kindertheologie, kann darin doch kein Grund liegen, auf eine Jugendtheologie vorab zu verzichten. Im Gegenteil: Gerade weil eine Jugendtheologie so herausfordernd ist, muss sie mit vermehrter Intensität angegangen werden.
Derzeit stehen dabei zwei Fragen oder Wünsche im Zentrum: Erhofft werden weitere praktische Entfaltungen, möglichst an Beispielen, die zeigen, wie jugendtheologische Arbeit in der Praxis gestaltet werden kann. Daneben werden aber auch weitere theoretische Erklärungen eingefordert. Denn Jugendtheologie soll nicht einfach eine neue Methode sein, sondern einem auch theoretisch begründeten und möglichst auch empirisch fundierten Verständnis folgen. Theorie und Praxis sollen ineinander greifen. Eine Jugendtheologie als »neuer methodischer Kniff« wäre ebenso wenig tragfähig wie eine lediglich abstrakte Forderung akademischer Theologie und Religionspädagogik.
Für den vorliegenden Band haben wir uns beide Wünsche zu eigen gemacht. Der Band enthält eine ganze Reihe eindrücklicher Praxisbeispiele, für die wir gezielt Autorinnen und Autoren aus verschiedenen religionspädagogischen Handlungsfeldern gewonnen haben. Auf diese Weise soll deutlich werden, dass Jugendtheologie mit verschiedenen Lernorten verbunden sein kann, woraus sich zugleich die theoretisch ge-

haltvolle Frage ergibt, was dies für das Verständnis von Jugendtheologie bedeutet, nun unter Berücksichtigung von Erfahrungen an verschiedenen Lernorten, und umgekehrt: welche Einsichten sich daraus gerade auch für den Zusammenhang der verschiedenen Lernorte ergeben. Neben den Praxisbeispielen stehen in diesem Band weitere theoretische Klärungen und Vertiefungen im Mittelpunkt. Darauf zielen zunächst unsere eigenen beiden Beiträge, zugleich aber auch die verschiedenen Stellungnahmen, für die wir wiederum Autorinnen und Autoren aus verschiedenen Bereichen eingeladen haben. Besonders erfreulich ist, dass wir auch einen Beitrag aus der Erziehungswissenschaft abdrucken können. Gerne hätten wir auch einen Beitrag aus der Systematischen Theologie mit aufgenommen, was aber vorerst nicht gelungen ist. Es steht zu hoffen, dass die Jugendtheologie sich in Zukunft auch im Gespräch mit dieser theologischen Disziplin entwickeln wird.

Das Erscheinen dieses Bandes ist auch ein Anlass zum Dank. An erster Stelle danken wir den Autorinnen und Autoren, die bereit waren, Beiträge zu verfassen und diese im Gespräch mit uns weiter zu bearbeiten. Sehr zu Dank verpflichtet sind wir auch Ekkehard Starke von der Neukirchner Verlagsgesellschaft für seine bewährte Begleitung im Lektorat.

Zürich/Tübingen, im Sommer 2012

Thomas Schlag / Friedrich Schweitzer

Thomas Schlag / Friedrich Schweitzer

Teil 1
Jugendtheologie in der Praxis von Schule und Gemeinde: Religionsunterricht, Konfirmandenarbeit und Jugendarbeit

1. Einleitung

Mit dem Band »Brauchen Jugendliche Theologie? Jugendtheologie als Herausforderung und didaktische Perspektive« haben wir einen ersten Entwurf zur Jugendtheologie vorgelegt.[1] In diesem Band ging es um eine Grundlegung, mit der das neue Thema der Jugendtheologie in die Diskussion eingeführt, in seiner Berechtigung geprüft und vor allem in theoretischer Hinsicht entfaltet werden sollte. Diese Grundlegung setzen wir im Folgenden insofern voraus, als das dort Gesagte hier nicht wiederholt werden soll. Zugleich soll dieser Band aber auch für sich selber sprechen und ohne vorangehende Lektüre des ersten Bandes lesbar sein. Die dort entfalteten theoretischen Grundlagen können in diesem Fall als Vertiefung dienen, die auch nach dieser Darstellung gelesen werden kann.
Im Zentrum unseres Verständnisses von Jugendtheologie steht von Anfang an die dreifache Entfaltung als *Theologie der Jugendlichen, Theologie mit Jugendlichen* und *Theologie für Jugendliche*. Demnach kommt es entscheidend darauf an, auch Jugendliche als Theologen wahrzunehmen, sich auf die theologische Kommunikation mit ihnen einzulassen und sie dabei in ihrer theologischen Kompetenz zu fördern. Dies schließt die Frage nach theologischen Impulsen, die für Jugendliche bedeutsam sind oder werden können, ausdrücklich mit ein.
Von der Jugendtheologie unterscheiden wir darüber hinaus eine *Theologie des Jugendalters*, als theologische Begründung für die Jugendtheologie und für ein Verhältnis zu den Jugendlichen, das diese als eigenständige Personen oder, wie in der Religionspädagogik heute gerne formuliert wird: als Subjekte anerkennt und zugleich auf deren weitere Subjektwerdung zielt. Jugendtheologie ist also kein pädagogisches Programm, das der Theologie etwa von außen begegnet – Jugendtheologie beruht vielmehr selbst auf einer theologisch-anthropologischen Sicht des Menschen und damit auch – oder besser gesagt: insbesondere – des Jugendlichen.

---

1 *Schlag, T. / Schweitzer, F.*, Brauchen Jugendliche Theologie? Jugendtheologie als Herausforderung und didaktische Perspektive Neukirchen-Vluyn 2011.

Zur weiteren Bestimmung von Jugendtheologie verknüpfen wir die drei genannten *Perspektiven von Jugendtheologie* – Theologie *von* Jugendlichen, *mit* Jugendlichen und *für* Jugendliche – mit verschiedenen *Dimensionen* einer solchen Theologie. Auf diese Weise kann Jugendtheologie in unterschiedliche Wahrnehmungs-, Kommunikations- und Gestaltungsformen ausdifferenziert werden.

Die Beschreibung der unterschiedlichen Dimensionen in der Gestalt einer Matrix übernehmen wir an dieser Stelle aus unserem ersten Band[2]. Es sei allerdings schon an dieser Stelle darauf hingewiesen, dass wir die konstruktiven, zum Teil auch kritischen und auf weitere Klärung drängenden Rückmeldungen, die in verschiedenen der folgenden Beiträge zu unserer Matrix der Jugendtheologie gegeben werden, bereits mit im Blick haben. Wir werden diese für weitere Klärungen hilfreichen Anfragen im Schlussbeitrag dieses Bandes nochmals ausführlicher aufnehmen und diskutieren sowie erörtern, was dies für die weitere Arbeit und die zukünftige Ausdifferenzierung der Jugendtheologie bedeuten kann. Für die hier vorgenommene Einführung gehen wir allerdings nochmals von unserem Grundmuster aus, differenzieren es aber bereits an dieser Stelle weiter aus: Wir haben insbesondere unser Verständnis von Dogmatik, das offenbar manche kritischen Assoziationen ausgelöst hat, näher zu erläutern versucht.

Die unterschiedlichen Dimensionen können in folgendem Sinn kurz charakterisiert werden:

(1) Eine *implizite Theologie*, die nur von außen, aus der Perspektive der Bezugnahme auf Aspekte der Dogmatik, als theologisch identifiziert wird: In diesem Falle sprechen die Jugendlichen unter Umständen selbst keine, ihrem eigenen Verständnis zufolge religiösen Fragen an, sondern beispielsweise Probleme der Lebensführung, die für sie weder mit Religion zu tun haben noch gar mit einer theologischen Deutung verbunden sind.

(2) Eine *persönliche Theologie* im Sinne einer bestimmten Auffassung etwa von Glaube oder Gott: In diesem Falle steht eine bestimmte religiöse Position im Vordergrund, die sich etwa im jugendlichen Bewusstsein und Streben nach Individualität und Autonomie zeigt. Auch hier kommen theologische Bezüge noch nicht ausdrücklich ins Spiel.

(3) Eine *explizite Theologie*, die sich als Nachdenken über religiöse Vorstellungen nicht zwingend theologischer Termini bedienen muss, aber auf einen auch im Verständnis der Jugendlichen religiösen Gegenstand bezogen ist und der Sache nach theologisch bestimmt werden kann.

(4) Eine *theologische Deutung* expliziter Jugendtheologie mit Hilfe der *theologischen Dogmatik*. Diese Ebene ist gesondert zu berücksichti-

---

2 Ebd., 59f.

gen, weil Aspekte der Dogmatik von den Jugendlichen hier zwar nicht selbst ins Spiel gebracht werden, der Bezug auf dogmatische Inhalte aber, anders als bei der impliziten Theologie, einen direkten Anhalt in den auf religiöse Themen bezogenen Äußerungen der Jugendlichen besitzt und an diese anschließen kann.

(5) *Jugendliche argumentieren ausdrücklich theologisch,* etwa in der Konfirmandenarbeit, im Religionsunterricht oder in der kirchlichen Jugendgruppe, aber auch im Zusammenhang jugendverbandlicher Tätigkeiten oder auch im Diskurs mit Gemeinde- und Kirchenleitungen, etwa wenn es um die Frage der Beteiligung an Vollzügen kirchlicher Praxis und an Angeboten der Kirchengemeinde geht.

Werden die drei Perspektiven von Jugendtheologie mit diesen Dimensionen kombiniert, ergibt sich folgende Matrix:

Formen von Jugendtheologie im Überblick

	Theologie *der* Jugendlichen	Theologie *mit* Jugendlichen	Theologie *für* Jugendliche
implizite Theologie			
persönliche Theologie			
explizite Theologie			
theologische Deutung mit Hilfe der theologischen Dogmatik			
Jugendliche argumentieren ausdrücklich theologisch			

Nach dieser knappen Zusammenfassung einiger Klärungen, die wir bei der theoretischen Grundlegung der Jugendtheologie erarbeitet haben, besteht nun die Aufgabe der Weiterarbeit und damit dieses Bandes vor allem darin, die *Praxis der Jugendtheologie* konkreter zu entfalten. Deshalb bezieht er sich von vornherein auf unterschiedliche Lernorte im Sinne einer solchen Praxis. Dabei soll auch deutlich werden, dass Jugendtheologie sowohl im Bereich der *formalen Bildung,* also in Religionsunterricht und Schule, einen wichtigen Ort hat als auch in der *nonformalen Bildung,* etwa in der Konfirmanden- oder in der Jugendarbeit. Auch wenn diese beiden Bildungsbereiche im Folgenden im Zentrum stehen, soll auch der dritte Bildungsbereich – die *informelle Bildung* – nicht aus dem Blick geraten. Zu denken ist hier zum einen an die unterschiedlichen Kommunikationsgelegenheiten und -formen Jugendlicher untereinander im Kontext kirchlicher Angebote sowie darüber hinaus, zum anderen aber auch an die religiöse Sozialisation im Elternhaus und im weiteren privaten Umfeld. Denn wie im Folgenden immer wieder deutlich wird, sind es gerade informelle, häufig nicht geplante oder nicht planbare Lebenszusammenhänge, in denen jugendtheologische Fragen aufbrechen und beachtet werden sollen.

Auf diese Weise stellt der vorliegende Band die Jugendtheologie gleichsam auf die Probe – vor allem auf die Probe der pädagogischen Praxis, die in den verschiedenen Beiträgen im zweiten Teil des Bandes eigens zu Wort kommen soll. Dieses Interesse verbindet uns mit Petra Freudenberger-Lötz, die inzwischen einen eigenen Band zur Jugendtheologie im Blick auf die Religionslehrerausbildung vorgelegt hat. Die von ihr beschriebenen Beispiele führen eindrücklich vor Augen, dass Jugendtheologie auch neue Impulse für die Religionslehrerbildung geben kann[3].

Bislang ist die Jugendtheologie, wie wir sie vertreten, auf ein überaus positives Echo gestoßen, sowohl in der Praxis als auch in Theorie und Theologie. Dennoch sind wir der Auffassung, dass neue Ansätze immer auch von einer kritischen Diskussion profitieren können. Deshalb haben wir verschiedene Autorinnen und Autoren um kritische Stellungnahmen gebeten. Auch diese Stellungnahmen finden sich im zweiten Teil des Buches. Im dritten und letzten Teil werden wir dann versuchen, auf die Anfragen und Einwände zu antworten und daraus Konsequenzen zu ziehen sowie weitere Impulse für die Zukunft zu gewinnen.

Von welchen Absichten wird die vorliegende Darstellung geleitet? Unsere Intentionen beziehen sich auf verschiedene Ebenen:

Als erstes Kriterium bleibt entscheidend, ob es der Ansatz der Jugendtheologie tatsächlich erreicht, dass *Jugendliche* für ihre Orientierung im Leben und Glauben davon profitieren – und zwar zu allererst aus ihrer eigenen Perspektive. Anders gesagt: Die Frage, ob sie Theologie »brauchen«, müssen in erster Linie die Jugendlichen selbst beurteilen und beantworten können.

Ausgelegt werden soll dieses erste Kriterium im Sinne eines Bildungsangebots für Jugendliche, durch das sie Kompetenzen erwerben, etwa im Sinne von *religious literacy* oder *religiöser Kompetenz*, die auch eine theologische Dimension einschließt. Wie wir an anderer Stelle ausführlich dargelegt haben,[4] ist hier an Deutungs- und Urteilskompetenz zu denken, an Kommunikations- und Partizipationskompetenz sowie, zumindest in bestimmter Hinsicht, auch an die Erschließung theologischer Erkenntnisse im Sinne einer Theologie *mit* Jugendlichen und *für* sie. Wichtig bleibt dabei durchweg, dass auch die Bedeutung einer Theologie *für* Jugendliche nicht einfach vorausgesetzt werden soll oder vorausgesetzt werden darf. Die Jugendtheologie funktioniert nicht nach dem Vor-

---

3 Vgl. *Freudenberger-Lötz, P.*, Theologische Gespräche mit Jugendlichen, München/Stuttgart 2012.
4 Vgl. *Schlag/Schweitzer*, 135ff.; dort auch Hinweise zur entsprechenden Literatur.

bild des Nürnberger Trichters. Sie soll auch keine Mini-Theologie sein, die als kleingearbeitetes Produkt den Jugendlichen verabreicht werden kann. Jugendtheologie stellt die Bedeutung von Theologie für Jugendliche vielmehr durchweg selbst auf die Probe, indem sie nach ihrer – möglichen – Bewährung und Bedeutsamkeit für Jugendliche fragt.
Der Bezug auf verschiedene Lernorte und Lernfelder dient der weiteren Entfaltung und Bewährung von Jugendtheologie. Zugleich bietet die Jugendtheologie eine neue Perspektive, in der die Gemeinsamkeiten und Unterschiede zwischen den verschiedenen Lernorten erkennbar werden. Auf diese Weise können neue Möglichkeiten einer kommunikativen Vernetzung zwischen den Praxisfeldern sichtbar werden.

2. Jugendtheologie und Elementarisierung

Jugendtheologie ist ein religions*pädagogischer* Ansatz und reicht insofern über die *Didaktik* hinaus. Zugleich schließt die Jugendtheologie aber didaktische Perspektiven ein. Das gilt nicht nur für die Theologie *mit* Jugendlichen und *für* Jugendliche, sondern auch für die Theologie *der* Jugendlichen. Denn bei der Jugendtheologie geht es ja gerade darum, dass die theologischen Sichtweisen und Ausdrucksformen von Jugendlichen verstärkt wahrgenommen und bei Bildungsprozessen berücksichtigt werden.
Für die ausdrückliche Verknüpfung von Jugendtheologie und Religionsdidaktik hat sich schon in der Vergangenheit der Ansatz der *Elementarisierung* bewährt. Beispielsweise im Blick auf die Gottesfrage im Jugendalter ergibt sich eine geradezu automatische Verknüpfung mit diesem Ansatz.
Der Elementarisierungsansatz ist in der Vergangenheit bereits mehrfach ausführlich dargestellt worden. Auch diese Beschreibungen sollen an dieser Stelle nicht wiederholt werden. Als knappste Zusammenfassung kann folgender Überblick in Gestalt eines Schemas dienen.[5] Im Zentrum stehen die fünf Dimensionen der Elementarisierung:

---

5 Leicht verändert übernommen aus *Schweitzer, F.*, Kindertheologie und Elementarisierung. Wie religiöses Lernen mit Kindern gelingen kann, Gütersloh 2011, 47f.; vgl. auch *ders.* gem. m. *Baumann, U. u.a.*, Elementarisierung und Kompetenz. Wie Schülerinnen und Schüler von »gutem Religionsunterricht« profitieren, Neukirchen-Vluyn ²2011.

Dimensionen der Elementarisierung	
Elementare Strukturen	Identifikation der zentralen inhaltlichen Aspekte, Zusammenhänge, Aussagen usw., die mit Hilfe der Fachwissenschaft (besonders der Theologie) herausgearbeitet werden, jedoch immer bereits mit Bezug auf eine bestimmte Lerngruppe, für die nicht gleichermaßen alle inhaltlichen Aspekte in Frage kommen
Elementare Zugänge	Wahrnehmung und Beschreibung der besonderen Zugangs- und Deutungsweisen von Kindern und Jugendlichen im Unterschied zu Erwachsenen, aber auch verschiedener Kinder und Jugendlicher, deren je besonderen Lebenslagen auch in ihre Verstehensweisen eingehen; Grundlage dafür sind entwicklungspsychologische sowie konstruktivistische Theorien, empirische Untersuchungen, kinder- und jugendtheologische Gespräche u.ä.
Elementare Erfahrungen	Wahrnehmung und Beschreibung von Erfahrungen und lebensweltlichen Zusammenhängen, von denen her Kinder und Jugendliche einem Thema begegnen bzw. auf die hin ein Thema ausgelegt werden kann, z.B. mit Hilfe der Sozialisationsforschung, Kinder- und Jugendforschung u.ä.
Elementare Wahrheiten	Identifikation der existentiellen Bezüge oder Gewissheiten, die bei einem Thema oder in einer biblischen Geschichte etwa als Glaubensfragen angesprochen oder enthalten sind; Prüfung von Möglichkeiten, diesen Wahrheitsanspruch dialogisch aufzunehmen; auch dafür bietet die Theologie wichtige Hinweise, daneben ist auch hier etwa an kinder- und jugendtheologische Gespräche zu denken
Elementare Lernformen	Suche nach Formen des Lehrens und Lernens, die der Besonderheit des Themas gerecht werden, unter Berücksichtigung unterschiedlicher Aspekte des Lernens (kognitiv, affektiv, handlungsorientiert) sowie kreativer Möglichkeiten der Gestaltung, im Anschluss an die aktuelle pädagogisch-didaktische Methodik

Die verschiedenen Dimensionen der Elementarisierung können mit den drei Perspektiven von Jugendtheologie verbunden werden. Auch dies lässt sich in Form eines Schemas übersichtlich darstellen. Die angekreuzten Felder bezeichnen besondere Schwerpunkte, aber keine ausschließlichen Zuordnungen (s. dazu noch unten).

	Theologie *der* Jugendlichen	Theologie *mit* Jugendlichen	Theologie *für* Jugendliche
Elementare Strukturen			X
Elementare Zugänge	X		
Elementare Erfahrungen	X		
Elementare Lernformen		X	
Elementare Wahrheiten	X	X	X

Dieses Schema sollte zunächst so verstanden werden, dass *jede* der drei Formen von Jugendtheologie bei *jeder* Elementarisierungsdimension berücksichtigt werden muss. Dies gilt auch umgekehrt: Für jede Form der Jugendtheologie ergeben sich aus den Elementarisierungsdimensionen wichtige Impulse zur weiteren Konkretion. So gesehen könnten alle 15 Felder ausgefüllt oder zumindest angekreuzt werden. Wenn wir im Schema jedoch bestimmte Felder hervorheben bzw. ankreuzen, dann deshalb, weil in diesen Fällen die jeweils angesprochene Elementarisierungsdimension bzw. die entsprechende Form von Jugendtheologie noch einmal eine besonders hervorgehobene Bedeutung gewinnt.

So berührt sich die Dimension der elementaren Zugänge unmittelbar mit der Theologie *der* Jugendlichen, eben weil diese Theologie als spezifisch jugendliche Zugangsweise verstanden werden kann. Doch sollten die elementaren Zugänge auch bei der Theologie *mit* Jugendlichen und *für* Jugendliche konstitutiv berücksichtigt werden. Die von uns gewählte Hervorhebung bedeutet also gerade nicht, dass eine Elementarisierungsdimension ausschließlich im Blick auf eine der Formen der Jugendtheologie bedeutsam wäre.

Ganz deutlich wird die mehrfache Bedeutung der Elementarisierungsdimensionen im Falle der elementaren Wahrheiten. Die Wahrheitsfrage wird in unterschiedlichen Gestalten angesprochen:
– die Wahrheitsfrage ist ein entscheidendes, immer auch kritisches Motiv in der Theologie *der* Jugendlichen;
– um die Wahrheitsfrage kreisen Gespräche *mit* Jugendlichen zumindest immer dann, wenn es um existenzielle Fragen und Themen geht;
– jede Form von Theologie *für* Jugendliche wird von Jugendlichen heute gleichsam mit einem Wahrheitsvorbehalt aufgenommen, d.h. die Jugendlichen verlassen sich nicht etwa auf die Autorität Erwachsener und mögliche vorgegebene Wahrheiten, sondern wollen diese selbst »auf die Probe stellen«.

Im Folgenden wollen wir diese Matrix von Jugendtheologie und Elementarisierung für einige Bildungsfelder – sowohl im Blick auf formale als auch non-formale Bildung – konkretisieren, um dadurch unseren Ansatz weiter zu verdeutlichen.

3. Religionsunterricht

Als ordentliches Lehrfach ist der Religionsunterricht mit allgemein bildendem Anspruch darauf ausgerichtet, einen spezifischen Beitrag zur religiösen Bildung und Orientierung Jugendlicher zu leisten. Jugendliche sollen in diesem, von den Religionsgemeinschaften mitverantworteten Fach grundlegende Kompetenzen in der Wahrnehmung und im Umgang mit Religion aus der besonderen Perspektive der christlichen Tradition und des christlichen Glaubens erwerben. Dazu sei hier an die zuletzt von der EKD im Jahr 2010 zusammengestellten prozessbezogenen Kompetenzen religiöser Bildung erinnert[6], die auch jugendtheologisch fruchtbar zu machen sind:
– *Wahrnehmungs- und Darstellungsfähigkeit* religiös bedeutsamer Phänomene,
– *Deutungsfähigkeit* im Blick auf religiös bedeutsame Sprache und Zeugnisse,
– *Urteilsfähigkeit* in religiösen und ethischen Fragen,
– *Dialogfähigkeit*, d.h. am Dialog mit anderen Religionen und Weltanschauungen argumentierend teilnehmen zu können, sowie
– *Gestaltungs- und Handlungsfähigkeit* in religiös bedeutsamen Zusammenhängen.

Hintergrund unserer Ausführungen ist dabei auch die grundsätzliche Beobachtung, dass die konfessionelle Verortung des schulischen Religionsunterrichts in mehrfacher Hinsicht auf dem Prüfstand steht: In der öffentlichen Meinung wird eine konfessionelle Ausdifferenzierung angesichts der verblassenden konfessionellen Unterschiede und der ökumenischen Zeichen der Zeit mehr und mehr in Zweifel gezogen. In bildungspolitischer Hinsicht sind zudem manche Tendenzen hin zu einem überkonfessionellen und gar religionskundlichen Unterrichtsfach zu erkennen. Begründet wird dies damit – auch wenn das Argument unseres Erachtens als problematisch einzuschätzen ist –, dass ein solcher konfessionell orientierender Unterricht angesichts der Vielfalt der Religionen selbst kaum mehr als zeitgemäß angesehen werden könne. Dazu kommt, dass nicht wenige Religionslehrkräfte selbst mehr und mehr auf eine konfessionelle Profilierung des Faches verzichten – aufgrund der multireligiös zusammengesetzten Schülerschaft oder weil sie eine solche konfessionelle Profilierung selbst nicht mehr für plausibel halten oder weil eine bestimmte Form des lebensweltorientierten Unterrichts die explizite Integration theologischer Themen nicht mehr unbedingt notwendig erscheinen lässt.
Der konfessionelle Religionsunterricht steht zugleich deshalb in seiner bisherigen Form auf dem Prüfstand, weil angesichts der umfassenden

---

6 *EKD*, Kompetenzen und Standards für den Evangelischen Religionsunterricht in der Sekundarstufe I. Ein Orientierungsrahmen, Hannover 2010.

Traditionsabbrüche immer mehr Jugendliche ohne eine weiter reichende religiöse, christliche oder gar konfessionelle Sozialisation aufwachsen. Daraus ergibt sich wiederum eine doppelte Schwierigkeit und Herausforderung für eine jugendtheologisch sensible Bildungsarbeit: Zum einen kann eben bei den Jugendlichen oftmals kaum noch Erfahrung, Wissen oder nur schon Interesse bzw. Sensibilität im Blick auf bestimmte religiöse Themen und Fragen vorausgesetzt werden, zum anderen muss vielfach überhaupt erst plausibel gemacht werden, worin die orientierende Bedeutung des Faches und seiner Inhaltsdimension bestehen kann. Die Ausgangsvoraussetzungen für eine jugendtheologische Perspektive im Religionsunterricht werden somit, gerade was die Ebene elementarer Erfahrungen und Zugänge angeht, eher schwieriger. Zumindest kann nicht einfach mit einer vorab verfügbaren, durch eine außerschulische religiöse Sozialisation gewährleisteten Vertrautheit mit religiösen Inhalten gerechnet werden.

Hier zeigt sich im Übrigen auch eine der wesentlichen Herausforderungen im Vergleich zur Kindertheologie. Zwar sind auch bei Kindern die religiösen Sozialisationsvoraussetzungen natürlich in gleicher Weise gegeben oder nicht gegeben wie bei den Jugendlichen, allerdings kann bei Kindern aber noch weit mehr mit einer grundsätzlichen Offenheit für religiöse Inhalte sowie einer entsprechenden Kommunikationsbereitschaft gerechnet werden. Jugendliche hingegen werden sich, wenn sie mit Religion und der Kommunikation über religiöse Fragen nicht vertraut sind, auf diese Themen ungleich schwerer, zögerlicher und wohl auch widerständiger einlassen. Nebenbei bemerkt impliziert dies natürlich, dass eine hohe kindertheologische Sensibilität an den verschiedenen Bildungsorten – angefangen von den Kindertagesstätten bis hin zur Grundschule und Kinderkirche, ganz zu schweigen von der familiären Prägung – die besten Voraussetzungen für spätere jugendtheologische Anknüpfungsmöglichkeiten bieten dürfte. Oder noch einmal anders formuliert: Je überzeugender die Angebote non-formaler und informeller religiöser Bildung ausfallen, desto besser wird es gelingen, von dort aus Verbindungen zum Bereich der formalen Bildung herzustellen. Dass sich damit auch für die kirchlichen Bildungsangebote gerade angesichts eines sich verändernden schulischen Religionsunterrichts zukünftig ganz neue Herausforderungen eigener nachhaltig wirksamer Sozialisationsangebote ergeben, sei hier nur angedeutet.

Werden nun, wie wir vorschlagen, theologische Fragen und Themen zu einem wesentlichen Bezugspunkt des Religionsunterrichts, so ist damit in mehrfacher Hinsicht etwas für das Schulfach zu gewinnen: Zum einen wird es durch einen solchen theologischen Bezug möglich, entscheidende Traditionen, Überlieferungsgehalte und deren Interpretationen durch die Geschichte des Christentums hindurch reflektierend zu erschließen. Zum zweiten wird auf diese Weise deutlich signalisiert, dass der Religionsunterricht bei der profilierten Thematisierung religiöser Phänomene eine klare Schwerpunktsetzung bei solchen Aspekten hat, die mit der christlichen Tradition stark verknüpft bzw. daran in besonderer Weise anschlussfähig sind. Wir gehen dabei grundsätzlich nicht davon aus, dass sich dogmatische Fragestellungen und Überlieferungen einfach erledigt haben, nicht mehr zeitgemäß oder gar prinzipiell unvermittelbar geworden sind[7]. Dies bedeutet umgekehrt aber keineswegs, dass wir für einen Religionsunterricht plädieren, in den gleichsam alle theologischen Traditionsbestände – gar mit der Behauptung, unbezweifelbare Grundwahrheiten darzustellen – aufgenommen werden sollten. Dies ist schon angesichts der zeitlichen Grenzen des Unterrichts gar nicht möglich, aber ebenso, vor allem aus didaktischen Gründen, zweifelhaft und abzulehnen. Jugendtheologie ohne Bezug auf die Interessen und Orientierungsbedürfnisse der Jugendlichen selbst wäre ein sinnloses Unternehmen.

Eine theologische Profilierung soll im Übrigen auch nicht einer Abgrenzung gegenüber anderen Konfessionen oder Religionen dienen. Sie ermöglicht unserer Überzeugung nach vielmehr überhaupt erst den substantiellen Dialog mit anderen religiösen Überzeugungen und Glaubenshaltungen.

Schließlich wird durch diese theologische Perspektive in fachdidaktischer Hinsicht die Theologie als neben der Pädagogik maßgebliche Bezugswissenschaft des Schulfaches Religion herausgestellt – und damit eben nicht Religionswissenschaft, Ethik oder eine solche Form von Allgemeinpädagogik, die den Anspruch erhebt, den schulischen Religionsunterricht mit einem bestenfalls zivilreligiösen Anstrich zu versehen.

Wir haben im ersten Band bereits anhand der Gottesthematik auf die Möglichkeiten eines jugendtheologisch ausgerichteten Religionsunterrichts hingewiesen und davon gesprochen, dass sich bestimmte Standards einer jugendgemäßen Kommunikation prinzipiell für alle theologischen Themen durchbuchstabieren lassen[8] – dass und wie dafür der Elementarisierungsansatz hilfreich sein könnte, soll nun im Folgenden anhand der Glaubensthematik exemplarisch deutlich gemacht werden. Gerade bei diesem Themenkomplex können »in ganz überraschenden Wenden elementare Strukturen christlichen Glaubens«[9] aufblitzen. Dazu werden einige der oben genannten Schnittfelder von Elementarisierung und Jugendtheologie näher betrachtet:

Elementare Glaubens-Zugänge von Jugendlichen
Jugendliche verwenden alltagssprachlich in vielfältiger Weise eine »glaubensbezogene« Begrifflichkeit. Allerdings bewegt sich diese vor-

---

7 So wird es gegenwärtig etwa in einer – unserer Ansicht nach zu – dezidierten Weise von H. Halbfas vertreten; vgl. *Halbfas, H.*, Religionsunterricht nach dem Glaubensverlust. Eine Fundamentalkritik, Ostfildern 2012.
8 Vgl. *Schlag/Schweitzer*, bes. 90ff.
9 *Grill, I.* (Hg.), Unerwartet bei der Sache. Dem theologischen Nachdenken von OberstufenschülerInnen auf der Spur. Unterrichtsstunden – Analysen – Reflexionen, Erlangen 2005, 3.

nehmlich im Bereich des »Fürwahrhaltens« oder eben Nicht-»fürwahrhaltens«. Eigene Überzeugungen werden dann gerne mit Formulierungen wie »Ich glaube, dass ...« oder »Ich glaube nicht, dass ...« eingeleitet. Dabei können diese im Brustton der festen Überzeugung, aber auch im Sinn einer noch nicht abgeschlossenen Meinungs- und Urteilsbildung gemeint sein. Eine solche alltagsnahe Rede vom Glauben kann als ein durchaus spezifisches – wenn auch nicht exklusives – Phänomen des Jugendalters interpretiert werden: Es zeigt sich eine intensive Suche nach Sinn und Orientierung, aber auch eine kritische und skeptische Grundhaltung gegenüber bestimmten von außen an die Jugendlichen herangetragenen Glaubenssicherheiten.

In den kritischen Selbstpositionierungen wird die zunehmend rationale und reflektierte Auseinandersetzung mit den bisherigen, wie selbstverständlich gegebenen und akzeptierten, Deutungsmächten erkennbar. Der bis dahin tendenziell kritikarme und unbeschwerte Charakter kindlichen Vertrauens und des Glaubens an äußere Ordnungsmächte und Kräfte wird nicht mehr einfach bewahrt, sondern die bisherigen Glaubens-Überzeugungen werden auf den Prüfstand gestellt – auch mit dem bewussten Risiko, vom eigenen Kinderglauben und den gewohnten und vertrauten Sicherheiten Abschied zu nehmen und sich damit auch von den personalen RepräsentantInnen dieser Ordnungsmächte wenigstens eine Zeit lang loszusagen. Dies schließt aber durchaus ein, dass man sich an die alten Geschichten noch erinnert, wie in einer aufschlussreichen Unterrichtsdokumentation der Religionsstunde einer Klasse 12 zu Markus 2 – der Heilung des Gelähmten – deutlich wird, wenn Gregor sagt: »Ja, also im Kinderreligionsunterricht und so haben wir die Geschichten gelernt, dass halt irgendwelche ewigen Schlangen bei Jesus anstehen, er steht irgendwo und dann heißt's: ›Ja, ich bin blind äh heile meine Augen‹ und er tat's und er konnt wieder sehen«[10].

Elementare Glaubens-Erfahrungen von Jugendlichen
Gerade die zunehmend rational bestimmten Kompetenzen befördern eine Weltsicht, die sich entscheidend am Sichtbaren, Beleg- und Beweisbaren orientiert. Abstrakte Erläuterungen und Deutungen hingegen werden auch aus entwicklungspsychologischen Gründen nur unter sehr bestimmten Bedingungen für glaub-würdig gehalten. »Glauben« wird als Synonym für »Nicht-Wissen«, sogar als Ausdruck für eine nicht belegbare Behauptung angesehen. Wer dann vom Glauben spricht, so könnte man es aus Sicht der Jugendlichen formulieren, der »weiß nicht, was er sagt«. Geglaubt wird nur, was gesehen und erfahren oder mit Hilfe der Logik abgeleitet werden kann.

Oftmals werden schon bestimmte religiöse Aussagen von Mitschülerinnen und Mitschülern überhaupt abgelehnt, was sich in derselben Stunde, auf die wir uns oben beziehen, unmittelbar zeigt. Auf die Aussage eines

10 Ebd., 90.

Mädchens über diejenigen, die das Dach abdecken: »Das verdeutlicht einfach die Stärke, die der Glaube einem bringt, oder zu was man da fähig ist«[11], antwortet Sebastian: »Ich glaub, dass, dass, dass die Geschichte einfach, dass die so 'ne Freund vom Freund Lagerfeuergeschichte ist, dass das die gar nicht so wahr ist, wie's da drin steht. Es wirkt einfach viel populistischer, wenn ma übers Dach spaziert, des is ja genauso wie wenn James Bond einfach durch die Tür reingeht. Es is ja total langweilig ..., wenn sie sagen, wie [sic!] sind da reingegangen, wurden geheilt und sind wieder rausgegangen«[12]. Und Christoph erklärt sich das Wunder wie folgt: »Also ich seh, ich seh Jesus als so 'ne Art Medizinmann. Wenn man dran glaubt, dann funktioniert's einfach, weil heutzutage gibt's ja auch jede Menge Wunderheiler«[13].

Eine entscheidende Lebenserfahrung im Jugendalter besteht darin, dass sich Glaubensfragen nicht eindeutig beantworten lassen und der eigene Zweifel alle denkbaren Sicherheiten mindestens in Frage stellt.

Auf der Suche nach Orientierung in alltäglichen und auch in religiösen Fragen suchen Jugendliche deshalb nach Halt in greifbaren und begreifbaren Verlässlichkeiten. Zugleich stellt es aber für viele Jugendliche eine elementare und auch existentielle Erfahrung dar, dass sich diese Glaubens-Fragen nicht einfach »wegdrücken« lassen. Im Sinn einer erfahrungsbezogenen Grundfrage kann hier formuliert werden: »Warum brauchen manche Menschen einen Glauben für ihre Lebensorientierung?« – »Warum sagen manche, dass sie vom eigenen Glauben abgefallen sind, andere wiederum, dass sie eine bestimmte Notsituation nur aufgrund ihres Glaubens überlebt haben?« So ist für den bereits erwähnten Schüler Gregor der menschliche Glaube an Heilung mit dem Glauben an Jesus identisch: »Durch den Glauben kommen sie eben zu ihm, in der Hoffnung, dass sie geheilt werden von ihm«[14].

Der Religionsunterricht steht folglich vor der jugendtheologischen Herausforderung, diesen individuellen Zugängen und Erfahrungen im Blick auf die Glaubensthematik eigens Raum zur Artikulation zu geben. Es gilt, Jugendliche für die eigene Verwendung des Glaubensbegriffs zu sensibilisieren und daran anschließend gemeinsam mit ihnen die Vielfalt möglicher Verstehensformen zu erschließen. Die besondere jugendtheologische Pointe besteht hier gerade darin, dass Lernende und Lehrende diese Zugänge gemeinsam erproben und diese Erkenntniserschließung damit tatsächlich als einen wechselseitigen Prozess zwischen Jugendlichen und Erwachsenen erleben können.

11 Ebd., 94.
12 Ebd., 94.
13 Ebd., 90.
14 Ebd., 91.

Elementare Strukturen und Wahrheiten der Glaubensthematik für Jugendliche
Eine jugendtheologische Perspektive des Religionsunterrichts umfasst aber nicht nur die Thematisierung jugendlicher Zugänge und Erfahrungen. Es macht gerade das Profil und die besondere Herausforderung dieses Faches aus, die biblischen Traditionen und theologischen Deutungen der Glaubensfrage zum Unterrichtsthema zu machen bzw. genauer: zum Thema werden zu lassen. Die Bezugsgrößen für eine solche Thematisierung *für* Jugendliche sind dabei vielfältig und reichen vom frühen Glaubensbekenntnis des Volkes Israel, dem Sch'ma Israel und der Erinnerung an die Befreiung und Bewahrung, über die Glaubenshoffnung der Psalmen angesichts existentieller Lebensnot, über die Glaubensdynamik der Propheten, die neutestamentliche Glaubens-Nachfolge, die Glaubensgerechtigkeit als zentrales paulinisches Motiv bis hin zur gläubigen Hoffnung auf Versöhnung und Erlösung. Dabei zeigt sich, dass Jugendliche durchaus Sinn für die Vielfalt von unterschiedlichen Glaubensvorstellungen haben können, wie erneut in der schon angesprochenen Unterrichtsstunde deutlich wird. So kann Alexander den Glauben sowohl mit dem Aspekt der Nächstenliebe als auch mit dem des Gottesglaubens verbinden: »Ja, des ist ja eigentlich genau der Grund, ... dass die des alles in Kauf nehmen, dass des äh, mutwillig is und gefährlich, weil sie halt so stark daran glauben, dass Jesus auch diesen Gelähmten eben heilen kann, das heißt, sie, sie vertrauen auf Gott und sie machen's einfach dem äh Gelähmten zuliebe damit äh auch einfach aus Nächstenliebe, damit sie ihm helfen«[15].
Die Thematisierung dieser Überlieferungstraditionen – und darin besteht eine wesentliche jugendtheologische Aufgabe im Religionsunterricht – bedarf nun aber immer auch des Bezugs auf deren theologische Deutungen durch die Zeiten hindurch. Würde etwa eine – natürlich nur exemplarisch mögliche – altkirchliche, reformatorische oder neuzeitliche theologische Auseinandersetzung mit der Glaubens-Thematik unter den Tisch fallen, käme man am Ende im schlimmsten Fall bei einer puren biblischen Unterweisung heraus. Dies aber kann mit einer Theologie *für* Jugendliche nicht gemeint sein. Es kommt folglich darauf an, im Sinn des Erwerbs von *Deutungs- und Urteilsfähigkeit* Jugendliche selbst an den Auslegungen der Überlieferung kritisch teilhaben zu lassen und ihnen etwa die unterschiedlichen Interpretationen dessen, was theologisch unter »Glaube« verstanden wurde und heute verstanden werden kann, nahezubringen.
Von Teilhabe kann dabei allerdings ernsthaft erst gesprochen werden, wenn den Jugendlichen deutlich wird, dass auch sie selbst an der weiteren Interpretation beteiligt sein sollen und dürfen. So ist in der erwähnten Unterrichtsstunde mindestens bedenklich, wenn sich überhaupt nur die Hälfte der Jugendlichen an der Diskussion beteiligt und insgesamt die

15 Ebd., 92.

hier dokumentierte Gesprächssituation doch als wenig strukturiert erscheint – was sich unter anderem daran zeigt, dass die Lehrperson selbst das Gespräch eher in alle möglichen Richtungen laufen lässt, ohne immer wieder einmal wenigstens gewisse Versuche der systematischen Einordnung oder Klärung einzelner Aspekte zu unternehmen. Damit kommt, wenn man es grundsätzlich formulieren will, die notwendige Dimension einer Theologie *für* Jugendliche gerade nicht zu ihrem Recht. *Im Sinn elementarer Wahrheiten* geht es darum, die spezifisch reformatorische Fassung von Glaube als Vertrauen durchsichtig zu machen und damit Jugendlichen gerade in subjektorientiertem Sinn die menschengemäßen Grenzen der (Nicht-)Machbarkeit des »eigenen Glaubens« verständlich zu machen. Jugendlichen ist dann aber auch nahezubringen, dass diese Wahrheit selbst immer wieder der kritischen Überprüfung unterzogen werden kann und auch muss. Gerade anhand bestimmter Glaubens-Fundamentalismen besteht die allgemein bildende Aufgabe des Religionsunterrichts darin, die Probleme von Immunisierung und Absolutsetzung herauszustellen und Jugendliche für die möglichen gefährlichen Konsequenzen radikaler Glaubenssichten zu sensibilisieren – ohne dabei andererseits auf die Seite der kompletten Wahrheitsrelativierung zu fallen. Dass individuelle und kollektive Glaubenshaltungen sowohl zerstörerisches wie freiheitsstiftendes und heilsames Potential in sich tragen, ist Jugendlichen gerade in dieser schillernden Ambivalenz so intensiv wie möglich mitzuvermitteln.

Elementare Lernformen im Blick auf die Glaubensthematik mit Jugendlichen
Entscheidend für diese Deutungskompetenz ist es nun, jugendtheologisch gesprochen, dass im Unterrichtsgeschehen durchgängig an alltagsbezogene Vertrauenserfahrungen der Jugendlichen anzuknüpfen und vor allem der Diskurs gemeinsam mit den Jugendlichen zu führen ist: Es ist hier – im Sinn der *Dialogfähigkeit* – eine Form des Diskurses einzuüben, in der das, was der jeweils andere zur Frage des Glaubens formuliert, überhaupt erst einmal wahrgenommen und in seinem Eigensinn anerkannt wird. Natürlich gilt, dass man über den Wahrheitsanspruch von Glaubenserfahrungen und -fragen nicht wirklich abschließend entscheiden kann. Gleichwohl sollten Jugendliche lernen, auch anderen Einstellungen und Haltungen mindestens ihre Aufmerksamkeit zu geben. Grundsätzlich ist aber auch bei diesen didaktischen Annäherungen deutlich zu machen, dass der Glaube, theologisch gesprochen, immer als Geschenk und Zusage anzusehen ist, das über die menschlichen Verstehensmöglichkeiten wesensmäßig hinausgeht.
Zu den elementaren Lernformen gemeinsam *mit* Jugendlichen gehört es auch im Zusammenhang der Kompetenz individueller Urteils- und Handlungsfähigkeit, mögliche Zusammenhänge zwischen Glauben und Handeln im Unterricht zum Vorschein zu bringen. Eine Form der Erfahrungsorientierung kann sich hier etwa durch die Kontaktaufnahme und

Vernetzung mit Akteuren der lokalen Kirchengemeinde ergeben, um so die theologisch-ethischen Fragen gleichsam in personaler Gestalt anschaulich zu machen und zu »erden«. So ließe sich etwa anhand der hier angedeuteten Unterrichtsstunde verdeutlichen und thematisieren, wo und wie denn heute kirchengemeindliche Praxis diese Heilungstraditionen zum Ausdruck bringt bzw. diese Form der Wunderheilung für eine heutige Praxis noch Bedeutung erlangen kann.

Jugendtheologisch muss dabei – im Anschluss an die oben genannte Kompetenz zur Dialogfähigkeit – auch bewusst und gemeinsam der friedliche Diskurs unterschiedlicher Glaubenseinstellungen eingeübt und gepflegt werden. Jugendtheologisch auf den Religionsunterricht bezogen heißt dies dann, dass die konfessionell-kooperative und ökumenische bzw. dialogische Ausrichtung des Faches deutlich zu stärken ist. An der Frage der Inhalte der Jugendtheologie dürfen sich die konfessionellen und religiösen Geister zukünftig jedenfalls nicht scheiden.

4. Konfirmandenarbeit

Herkömmlicherweise gilt der Konfirmandenunterricht, wie er früher hieß, als eine Veranstaltung, bei der Jugendlichen in knapper Form theologische Grundkenntnisse vermittelt werden sollten.[16] Der Kleine Katechismus kann in diesem Sinne als ein laientheologisches Kompendium angesehen werden.

Eine solche Auffassung von Konfirmanden*arbeit*, wie nun bewusst formuliert wird, stößt heute weithin auf Ablehnung, nicht nur bei den Konfirmandinnen und Konfirmanden, sondern auch bei den für dieses Angebot verantwortlichen Erwachsenen. Betont wird stattdessen vielfach eine lebensbezogene und an den Jugendlichen selbst ausgerichtete Begleitung im Glauben. Es wäre allerdings eine eigene Frage, die an dieser Stelle freilich nicht aufgenommen werden kann, in welchem Sinne ein guter Katechismus gerade auch in der Sicht der Reformatoren dazu befähigen sollte, selbst theologisch zu denken und zu argumentieren. Denn schließlich erwartete etwa Martin Luther von einer evangelischen Gemeinde, dass sie das Recht und die Aufgabe wahrnimmt, alle Lehre zu urteilen, d.h. selbst theologisch urteilsfähig zu sein.[17]

---

16 Wir beziehen uns in diesem Abschnitt besonders auf die aktuelle Diskussion zur Konfirmandenarbeit, wie sie sich im Umkreis der ersten bundesweiten Untersuchung zur Konfirmandenarbeit in Deutschland herausgebildet hat; vgl. *Ilg, W. / Schweitzer, F. / Elsenbast, V.* in Verb. m. *Otte, M.*, Konfirmandenarbeit in Deutschland. Empirische Einblicke – Herausforderungen – Perspektiven, Gütersloh 2009; dort auch weitere Literaturhinweise.

17 Vgl. *Luther, M.*, Dass eine christliche Versammlung oder Gemeinde Recht und Macht habe, alle Lehre zu beurteilen und Lehrer zu berufen, ein- und abzusetzen, Grund und Ursache aus der Schrift. In: ders., Ausgewählte Werke, hg. v. *Bornkamm, K. / Ebeling, G.*, Bd. 5, Frankfurt a.M. 1982, 7–18.

Die 2009 veröffentlichte erste bundesweite Untersuchung zur »Konfirmandenarbeit in Deutschland« weckt allerdings erhebliche Zweifel daran, ob es bei der Konfirmandenarbeit tatsächlich gelingt, den Jugendlichen eine auf ihr Leben und auf ihren Glauben bezogene Begleitung zu bieten.[18] Viele der befragten Konfirmandinnen und Konfirmanden waren der Auffassung, dass die Fragen, die sie wirklich bewegen, in der Konfirmandenarbeit nicht vorkamen. Überhaupt trauen sie der Kirche keine Antworten auf solche Fragen zu – eine kritische Einschätzung, die auch deshalb so alarmierend ist, weil die Skepsis im Blick auf die Antwortfähigkeit und Orientierungskraft der Kirche im Laufe der Konfirmandenzeit den Befunden zufolge noch einmal deutlich zunimmt. Es handelt sich so gesehen also nicht einfach um ein allgemeines Vorurteil gegen Kirche, sondern um einen Eindruck, der durch die intensive Begegnung mit einem kirchlichen Angebot bestärkt wird.

Eindrücklich war bei der Befragung auch das Auseinanderfallen von Leben und kirchlichem Glauben in der Sicht der Jugendlichen. Bei den Themen, deren Bearbeitung sich die Jugendlichen wünschen, steht das Thema Freundschaft an erster Stelle – und auch »Action« ist kein geringes Teilnahmemotiv.[19] Zentrale theologische Themen wie vor allem Gottesdienst und Abendmahl liegen den Jugendlichen hingegen eher fern. Umgekehrt werden gerade diese Themen von den Pfarrerinnen und Pfarrern in ihrer Bedeutung besonders hervorgehoben. Diese Spannung verweist darauf, dass eine Verbindung von Glauben und Leben, von den erlebnisorientierten Interessen der Jugendlichen und kirchlichen Inhalten nicht ohne weiteres gelingt.

Anlässe für ein verstärktes Bemühen darum, Jugendliche in ein theologisches Nachdenken zu bringen, das auf ihr eigenes Leben und Glauben bezogen ist, gibt es demnach genug. Was aber kann der Ansatz der Jugendtheologie in dieser Hinsicht beitragen?

Bei der Arbeit mit den Befunden aus der Untersuchung »Konfirmandenarbeit in Deutschland« hat besonders Jörg Conrad auf die Bedeutung einer »Theologie *mit* Jugendlichen« hingewiesen.[20] Als Beispiele für eine gelingende Theologie *mit* Jugendlichen nennt er das Thema »Was kommt nach dem Tod?« sowie die Theodizee-Problematik: »Warum lässt Gott das Böse/Leid zu?« Vor allem die von Conrad zum Thema Tod, Auferstehung bzw. Weiterleben nach dem Tod dokumentierten Gesprächsauszüge zeigen, wie intensiv hier theologische Gespräche mit Jugendlichen ausfallen können.

---

18 Vgl. *Ilg u.a.*, bes. 64ff.
19 Vgl. ebd., 56ff.
20 Vgl. *Conrad, J.*, Theologie mit Jugendlichen. In: *Böhme-Lischewski, T. u.a.* (Hg.), Konfirmandenarbeit gestalten. Perspektiven und Impulse für die Praxis aus der Bundesweiten Studie zur Konfirmandenarbeit in Deutschland (Konfirmandenarbeit erforschen und gestalten 5), Gütersloh 2010, 159–171.

Bereits bei unserer Grundlegung der Jugendtheologie haben wir auf die von Jugendlichen im Rahmen des Credo-Projekts formulierten Bekenntnisse verwiesen.[21] Die dort wiedergegebenen Beispiele sind ein eindrückliches Zeugnis einer Theologie *von* Jugendlichen. Zugleich könnten sie auch selbst einen Besprechungsgegenstand bei der Konfirmandenarbeit darstellen, so dass Jugendliche über von Jugendlichen formulierte theologische Texte bzw. Bekenntnisse ins Nachdenken kommen. Was davon könnten oder wollten sie für sich selber übernehmen und was nicht? Welche Unterschiede ergeben sich etwa zum Apostolischen Glaubensbekenntnis? Und welche Konsequenzen haben solche Unterschiede? Obwohl die Konfirmandenarbeit zu den Arbeitsfeldern gehört, in denen die Frage nach einer Theologie *von* Jugendlichen zuerst aufgebrochen ist[22], sind Versuche, den religiösen Interessen und Fragen von Konfirmandinnen und Konfirmanden nachzugehen, insgesamt doch selten geblieben. Eine bemerkenswerte Ausnahme stellt hier der Versuch von Tilman Gerstner dar, mithilfe von Fragebögen solche Interessen zu erheben.[23] Die von ihm dokumentierten Äußerungen von Konfirmandinnen und Konfirmanden eignen sich auch als Ausgangspunkte für eine Theologie *mit* Jugendlichen in der Konfirmandenarbeit.

Gerstner legte den Jugendlichen dazu folgende Frage vor: »Wann hast du das letzte Mal für dich alleine zu Gott gebetet? Schreibe hier auf, wie das für dich war.«

Herausfordernd sind hier die von den Jugendlichen beschriebenen negativen Erfahrungen:

»Es ging nicht in Erfüllung«

»peinlich! Hat nicht geholfen«

»Doof! Denn es hat nichts genützt!«

»Lass mich beim Fußballturnier viele Tore schießen. Amen! Ahh! Es hat nicht gewirkt. Das war vor 4 Wochen. Es war sch…«

»Ich wünschte mir, dass ich etwas (möchte ich hier nicht so direkt sagen (Privat)) bekömme, hab's aber immer noch nicht.«

»Als ich kurz vor meinem letzten Geburtstag krank wurde, habe ich gebetet, hat aber nichts gebracht. Beim Beten fühle ich mich besser und hinterher dann hoffnungsvoller.«

»Ich war sehr traurig, denn meine Katze war totkrank, aber sie hat es trotz Gottes Hilfe nicht geschafft.«

»Ich dachte, Gott erhört mein Gebet nicht, da in den nächsten Tagen die gewünschte Wirkung nicht eintraf.«[24]

---

21 Vgl. *Schlag/Schweitzer*, 39ff.
22 Vgl. *Konukiewitz, W.*, »Lernen, wie ich meinen eigenen Glauben finden kann«. Zur Konzeption eines Handlungsorientierten Konfirmandenunterrichts. In: EvErz 42 (1990), 547–564.
23 Vgl. *Gerstner, T.*, Wie religiös sind Konfirmandinnen und Konfirmanden? Eine empirische Untersuchung mit 958 Fragebögen, Norderstedt 2006.
24 Ebd., 379.

Da diese Texte auf die Konfirmandinnen und Konfirmanden wohl schon insofern authentisch wirken, als sie von anderen Jugendlichen formuliert wurden, eignen sie sich besonders gut als Ausgangspunkt für Gespräche mit ihnen. Ungeschminkter, als es die Konfirmandinnen und Konfirmanden im Gespräch mit einer Pfarrerin oder einem Pfarrer wohl äußern würden, werden hier Fragen und Probleme deutlich, die den Jugendlichen das Beten schwer machen können.

Auch die Unsicherheit beim Beten wird deutlich:

»Ich kam mir komisch vor, weil ich eigentlich ja mit mir selber geredet habe.«

»Es war etwas komisch, da man ja nur zu sich selbst spricht und hofft, dass es einen Gott gibt, der diese Nachricht empfangen kann.«[25]

Weit zahlreicher als die negativen Erfahrungen sind in Gerstners Umfrage die positiven Erfahrungen mit dem Beten. Auch dazu einige Äußerungen:

»Ich habe gehofft, dass ich am nächsten Tag in der Englisch Arbeit eine gute Note schreibe ... Und tatsächlich eine 1,9.«

»Ich hab gebetet, dass meine Mutter die Operation überlebt; ich wusste nicht wie ich ihr sonst helfen konnte, im Krankenhaus konnte ich nur für sie da sein, aber sie ist net aufgewacht, deshalb habe ich gebetet, es hat geholfen, sie ist bald wieder gesund geworden. So war es auch als ich krank war und nicht gesund geworden bin, ich war sehr glücklich als ich wieder zur Schule durfte.«[26]

Theologisch gesehen sind aber auch diese positiven Äußerungen zum Beten nicht ohne Folgeprobleme. Sie entsprechen derselben Logik wie die negativen Erfahrungen. In beiden Fällen wird der Sinn des Gebets fast unmittelbar von einer – möglichst alsbald – feststellbaren Wirkung im Sinne der Erfüllung von Gebetswünschen abhängig gemacht. Die dabei Gott gleichsam eingeräumte Zeitspanne, in der die Hilfe eintreffen muss, ist äußerst knapp bemessen. Insofern wird an diesen Äußerungen deutlich, dass und in welchen Hinsichten eine theologische Klärung gemeinsam mit den Jugendlichen hilfreich sein könnte, damit den Jugendlichen eine Gebetspraxis auf Dauer nicht zwangsläufig als sinnlos erscheinen muss.

Gerne stellen Jugendliche auch sonst sehr unverblümt die Frage: Was bringt es mir? Das gilt vor allem auch für den Glauben, dessen Bedeutung sich für Jugendliche nicht zuletzt daran bemisst, wie er sich im Leben – vorzugsweise in ihrem eigenen Leben – zeigt. Es ist deshalb besonders interessant, dass Gerstner den Jugendlichen auch die Frage vorgelegt hat, wie nach ihrer Meinung jemand leben soll, der an Gott glaubt, und wodurch er sich von anderen Menschen unterscheidet. In den Äußerungen der Konfirmanden und Konfirmanden dazu tritt beides hervor,

---

25 Ebd., 381.
26 Ebd., 383.

die Auffassung, dass es da keine Unterschiede gebe, aber auch die Meinung, dass es durchaus persönliche Veränderungen gebe und auch geben sollte:

»Ganz normal wie jeder andere«
»Er sollte gleich leben wie wir.«
»Ich denke jemand der an Gott glaubt lebt nicht anders als jemand der nicht an Gott glaubt. Ich denke, dass es auch keine Unterschiede gibt.«[27]

Zum Teil verbinden sich mit dieser Einschätzung auch zumindest im Hintergrund erkennbare Problemanzeigen: Kann man glauben und trotzdem ein »normaler« Mensch sein? Was bedeutet es, wenn Mitschülerinnen und Mitschüler in der Schule einen anderen Glauben haben?

»Man kann an Gott glauben und trotzdem ein ›normales‹ Leben haben. Man muss sich nicht unbedingt von anderen Menschen unterscheiden«
»Da gibt es nix. In der Schule hockt einer neben mir, der ist Türke, und mir ist das scheißegal, ob er an Allah oder Gott denkt. Warum soll sich jemand wegen dem Glauben von einem anderen unterscheiden?«[28]

In diesen Äußerungen ist gleich ein ganzes Tableau theologischer Fragen präsent. Muss der Glaube eine Abgrenzung von anderen – nicht gläubigen – Menschen bedeuten? Und wie ist mit der religiösen Vielfalt, die zum Leben der Jugendlichen heute ganz unvermeidlich mit hinzugehört, aus christlicher Sicht umzugehen? Auch im Blick auf die religiöse Pluralität meldeten die Jugendlichen bei der Studie »Konfirmandenarbeit in Deutschland« weit mehr Interesse an, als dieser Frage von den Pfarrerinnen und Pfarrern beigemessen wurde.[29]

Bei den persönlichen Veränderungen durch den Glauben nennen die Konfirmanden und Konfirmanden in der Untersuchung von Gerstner beispielsweise die Geborgenheit und Sicherheit, die Menschen aus dem Glauben erfahren:

»… ein Gläubiger fühlt sich sicher manchmal mehr geborgen, da er weiß, es gibt Gott.«
»Garnicht, er hat nur etwas, was andere nicht haben, etwas an dem er sich festhalten kann.«[30]

Auch im Blick auf die Ethik werden aber mitunter Veränderungen erwartet:

»Der Mensch, der an Gott glaubt, soll gut leben …«
»Er ist anständiger«
»Gut, weil Gott ist heilig und schenkt ihm Heiligkeit …«[31]

27 Ebd., 335f.
28 Ebd., 336.
29 Vgl. *Ilg u.a.*, 109.
30 *Gerstner*, 343.
31 Ebd., 345.

Auch in diesem Falle ist ebenso deutlich wie beim Thema Gebet, dass die Jugendlichen vielfach Fragen formulieren, die sich unmittelbar als Ausgangspunkt für theologische Gespräche und Klärungsversuche anbieten.

Welche *Arbeits- oder Gestaltungsformen* eignen sich für eine Theologie *mit* Jugendlichen in der Konfirmandenarbeit? Am nächsten liegt natürlich das *Gespräch*, aber es gilt natürlich auch, dass viele Jugendliche nicht bereit sind, sich offen in einem solchen Gespräch zu ihren religiösen Fragen zu äußern. Vielfach befürchten sie, dann bloß ausgelacht zu werden – von den anderen, besonders von den Jungs.

Dem Vorbild einer schriftlichen Befragung folgt die Methode des *Schreibgesprächs*, die auch im Religionsunterricht mit Erfolg eingesetzt wird. Diese Form bietet den Jugendlichen Schutz, besonders wenn die Texte am Ende nicht vorgelesen werden müssen. Auch diese Methode unterliegt allerdings Einschränkungen. Sie empfiehlt sich mehr für gymnasiale Gruppen als für Konfirmandinnen und Konfirmanden aus der Hauptschule, die häufig von vornherein nicht gern schreiben.

Eine andere Möglichkeit könnte deshalb darin bestehen, gemeinsam mit den Jugendlichen eine Sammlung von *Bildern* zu erstellen – geleitet von der Frage, wo der Glaube im Leben von Menschen sichtbar wird.

Viele Jugendliche drehen heute gerne *Filme*. Anstelle der herkömmlichen Fotografien könnte deshalb auch ein Kurzfilm mit der entsprechenden Aufgabe gedreht werden – angesichts der inzwischen rasend schnellen Möglichkeit der digitalen Verbreitung und Kommentierung etwa über »youtube« sind hier zusätzliche Motivationen gegeben.

Theologisch bedeutsame Aussagen enthalten darüber hinaus *Liedtexte* aus dem Bereich der Musik, die den Jugendlichen besonders nahe liegt. Gerstner hat den Jugendlichen bei seiner Befragung deshalb auch folgende Aufgabe gestellt: »Denke an deine Lieblingsmusikgruppe: fällt dir aus einem ihrer Lieder ein Text ein, der dir besonders gefällt? Schreibe ihn hier auf (so gut du dich eben daran erinnern kannst).«[32] Die bei Gerstner wiedergegebenen Beispiele entsprechender Berichte von Jugendlichen zeigen, dass auch in diesem Falle Themen erinnert und präsentiert werden, die wie etwa das Thema Freundschaft den Jugendlichen besonders nahe stehen und zugleich theologisch gehaltvoll sind.[33] Sehnsüchte nach Frieden und Gerechtigkeit sowie nach einer Welt, in der eine gute Ordnung herrscht, sind dafür ein eindrückliches Beispiel.

In jugendtheologischer Perspektive stellt die Konfirmandenarbeit somit eine ebenso herausfordernde wie reiz- und anspruchsvolle Form non-formaler kirchlicher Bildung dar. Aufgrund der hohen inhaltlichen und formalen Gestaltungsfreiheit können hier Lehrende und Lernende gleichsam auf einem gemeinsamen Weg der Glaubenssuche ihre Erfahrungen und Fragen und eigenen Antworten frei und ungezwungen miteinander

---

32 Ebd., 476.
33 Vgl. ebd., 145ff.

austauschen und damit der Konfirmandenarbeit vor Ort ihr eigenes Gesicht und eine erfahrbar lebensdienliche Prägung geben.

5. Jugendarbeit

Schon bei der Grundlegung der Jugendtheologie haben wir auf den Aspekt einer, wie es in theologischer Sprache heißt: *theologia viatorum* – einer Theologie der Wandernden bzw. einer Theologie auf dem Weg – als eine Art sinnbildlicher Bezeichnung unseres Ansatzes hingewiesen.[34] Tatsächlich spielen sich, wie auch die Ausführungen zum Religionsunterricht und zur Konfirmandenarbeit oben deutlich machen, viele jugendtheologischen Erfahrungs-, Kommunikations- und Erkenntnisakte in hochdynamischer prozesshafter Weise ab, die sich nur sehr bedingt eindeutig planen oder gar regulieren lassen. Jugendtheologische Perspektiven zeichnen sich durch den Mut zum Überraschenden und nicht bis ins Letzte hinein Steuerbaren aus. Dies bedeutet dann aber auch, dass die nachhaltigen Wirkungen dieser formalen wie non-formalen Bildung überhaupt nur annäherungsweise prognostiziert oder dann auch festgestellt werden können.

Für diesen offenen Wegecharakter der Jugendtheologie lässt sich nun im Bereich der Jugendarbeit eine überaus anschauliche und eindrückliche Beispielform aufzeigen, die in den letzten Jahren zunehmend an Attraktivität gewonnen hat. Hierbei handelt es sich um die so genannten Jugendkreuzwege, die in vielen Kirchengemeinden und von Mitarbeitenden der kirchlichen Jugendarbeit geplant und durchgeführt werden. Inzwischen liegt auch eine Vielzahl unterschiedlicher Materialien und Anregungen für die Gestaltung und Durchführung dieser Jugendkreuzwege vor[35].

Dies kann exemplarisch am so genannten »Ökumenischen Kreuzweg der Jugend« verdeutlicht werden, der gemeinsam von der Arbeitsstelle für Jugendseelsorge der Deutschen Bischofskonferenz (afj), dem Bund der Deutschen Katholischen Jugend (BDKJ), und der Arbeitsgemeinschaft der evangelischen Jugend in Deutschland e.V. (aej) verantwortet wird. Diesen Kreuzweg gibt es bereits seit 1958. Er sollte ursprünglich bei seiner Gründung auf dem damaligen katholischen Kirchentag die Jugendlichen in Ost und West miteinander verbinden, wodurch sowohl ein religiöses wie ein politisches Zeichen gesetzt wurde. Seit 1972 ist dieser Jugendkreuzweg ökumenisch und verzeichnet jährlich immerhin rund 60 000 Teilnehmende, inzwischen

---

34 Vgl. *Schlag/Schweitzer*, 187.
35 Vgl. dazu *Honecker, S. / Freitag, M.* (Hg.), Vor Augen: Das Kreuz. Ökumenische Kreuzwege der Jugend. Freiburg i.Br. 2006 und der ältere Band von *Bleeser, P. / Seidel, U. / Ziebertz H.-G.* (Hg.), Es ist noch nicht vollbracht. Werkbuch zum Jugendkreuzweg, Düsseldorf 1990 sowie das digitale Archiv auf der Seite von http://jugendkreuzweg-online.de/; vgl. auch *FWU Institut für Film und Bild in Wissenschaft und Unterricht gemeinnützige GmbH*, Was Christen feiern. Passionszeit und Ostern. Online-Medium 12 min f, Bundesrepublik Deutschland (2011).

auch über die Generationen und die Grenzen Deutschlands hinaus. Er findet in der Regel in der Karwoche statt – gelegentlich auch in der ganzen Fastenzeit. Vergegenwärtigt werden soll damit im Sinn einer liturgischen Christusnachfolge der Leidensweg Jesu, seine Passion von der Gefangennahme im Garten Gethsemane bis zum Tod am Kreuz. Jedes Jahr werden dazu als eine Art Handreichung neue Materialien ausgegeben, die die Zielsetzung verfolgen, »Jesus nachzufolgen auf seinem Leidensweg und seine Spuren zu entdecken auf dem eigenen Lebensweg«, um sich so »mit dem eigenen Glauben« auseinanderzusetzen[36]. Interessanterweise wird diese, jeweils von einem Künstler mitgestaltete Materialsammlung mit dem Hinweis verbunden: »Fühl dich frei«. Dies soll offenbar heißen, dass die angebotenen und vorgeschlagenen Materialien je nach Bedürfnis und auch je nach lokalen Gegebenheiten und den Wünschen der Veranstalter ausgewählt und bunt gemischt werden können.

In diesem Angebot lassen sich nun unterschiedliche jugendtheologische Dimensionen entdecken, die im Folgenden etwas eingehender aufgeschlüsselt werden sollen.

Die besondere Zielsetzung wird beispielhaft in einer Ankündigung des Ökumenischen Jugendkreuzweges 2012 deutlich: »Vielleicht fragst du dich, ob ein Kreuzweg nicht eher was für ältere Leute ist. Wir können dir aber versichern, dass dies beim Jugendkreuzweg ganz und gar nicht der Fall ist! Vielmehr geht es darum, die Gedanken und Erfahrungen von Jugendlichen mit dem zusammenzubringen, was sich um den Tod Jesu abgespielt hat. Klar, dass du beim Jugendkreuzweg nicht nur brav in der Kirchenbank hocken musst. Wir machen uns richtig auf den Weg. An verschiedenen, auch ungewöhnlichen Orten in der Göppinger Innenstadt geben dir Bilder, Lieder, Texte und Aktionen Gelegenheit zum Nachdenken. So wird das Thema des diesjährigen Kreuzweges ›er-löse uns‹ für uns erlebbar! Im Anschluss gibt's noch Möglichkeit [sic!] zum Plaudern sowie eine leckere Kleinigkeit zum Essen und Trinken«[37].

Als ein erstes grundlegendes Merkmal fällt der Versuch auf, der jugendlichen Komplexität eigenen Erlebens zwischen individueller Sinnsuche und gemeinschaftlicher Orientierung gerecht zu werden. Der Jugendkreuzweg ermöglicht, wenn man so will, sowohl das eigene wie das gemeinsame Gehen und Denken. Es wird folglich eine Art des freien und doch geführten Mitgehens angeboten.

Besonders gut verdeutlichen lässt sich diese Verbindung eines individuellen und gemeinsamen Pilgerweges am aktuellen Entwurf zum Jugendkreuzweg 2012, der unter der schon angesprochenen Überschrift »Erlöse uns« stand. Dazu wurde unter anderem die Idee eines Perlenbandes ausgearbeitet, wozu es einleitend heißt: »Es ist gut, sich an etwas festhalten zu können, wenn man sich auf schwankenden Boden begibt. Der Glaube ist oft genug ein Bereich, in dem ein Geländer hilft – oder besser gesagt

---

36 http://www.jugendkreuzweg-online.de/index.php/de/allgemeines/geschichte-jkw [Stand: 5.5.2012].
37 http://www.ejgp.de/17-aktuelles/ankuendigungen/188-oekumenischer-kreuzweg-der-jugend-auch-in-goeppingen [Stand: 5.5.2012].

eine Richtschnur, an der man sich entlang hangeln kann«[38]. Vorgeschlagen wird hier, dass jedem der Teilnehmenden am Ende jeder Station jeweils eine Perle und an einer der Stationen ein kleines Kreuz überreicht wird, so dass ein Perlenband entsteht, das diesen Kreuzweg veranschaulicht. Das individuelle und doch für alle gleichzeitig entstehende Perlenband kann dabei als ein Zeichen des eigenen und zugleich des gemeinsamen Stationenweges wahrgenommen werden.

Eine weitere jugendtheologische Dimension dieser Veranstaltung zeigt sich in der Offenheit für unterschiedliche religiöse Traditionen, wodurch das Signal gesetzt wird, dass die Auseinandersetzung mit Glaubensfragen über die bestehenden konfessionellen Grenzen hinweg möglich und auch notwendig ist. So wird in ausdrücklich ökumenischer Ausrichtung fortgesetzt: »Die Katholiken greifen hierfür zum Rosenkranz. Orthodoxe und auch Muslime kennen ähnliche Perlenketten. Auch die Evangelischen haben eine solche Gebetsschnur für sich entdeckt: die Perlen des Glaubens«.

Anhand der Vielfalt der Perlen und der Entstehung des ganzen Bandes wird darüber hinaus die Verbindung mit der ästhetisch-performativen und der inhaltlichen theologisch-ethischen Dimension erkennbar: So verbindet sich mit der schwarzen Perle die Station »Gethsemane« und die Lesung von Lk 22,39–46, mit der blutroten Perle die Lesung von Mk 15,24 sowie Lk 23,49 mit dem Hinweis »Zuschauen, Abstumpfen, was ist normal? Warum: nichts tun? Normal ist, was nicht stört« und mit der grünen Perle die Überlieferung von Jesu Auferstehung und die Lesung von Lk 24,1–12 mit dem Hinweis: »Die Frauen irgendwo zwischen Glaube und Unglaube. Die Erlösung ist noch nicht zu fassen, doch die Zusage gilt«. Es wird auf dem Weg eine Theologie *für* Jugendliche erlebbar, die aber eben durch das gemeinsame Gehen und Erleben zugleich als eine Theologie *mit* Jugendlichen zum Ausdruck kommt.

Ein weiterer, ebenfalls jugendtheologisch deutbarer Aspekt zeigt sich, wenn es heißt, dass die Perlen, »anders als der Rosenkranz, der als meditatives Gebet von der Wiederholung lebt«, zu aktiverer Gestaltung und Besinnung einladen: »Sie helfen, die Passion, die Menschen am Kreuzweg, die eigene Erlösungsbedürftigkeit vor Gott zu stellen und sein gutes Wirken im eigenen Tun und Erleben zu schauen, oder zu erbitten«. Dabei soll zum einen Raum entstehen, »den Glauben in den Alltag zu holen, Gottes Geleit darin zu entdecken«, zum anderen sollen das »eigene Tempo und die eigene Schrittweite« berücksichtigt werden. Hier verbinden sich Elemente einer Theologie *der* Jugendlichen, deren eigene Fragen und eigener Rhythmus in die Gestaltung des Weges selbst mit eingeht, mit einer Theologie *für* Jugendliche, insofern hier die eigenen Lebensfragen vom Ereignis der Passion her eine Deutung erfahren.

---

38 http://www.jugendkreuzweg-online.de/index.php/de/materialbox-zum-jkw-2012/perlenband-2012-vorwort [Stand: 5.5.2012].

In einem konkreten ökumenischen Jugendkreuzweg verschiedener Kirchengemeinden in Kamen ebenfalls im Jahr 2012 ging es etwa darum, an den verschiedenen Wege-Stationen eigene Erfahrungen von »Angst«, »Verleugnung«, »Grausamkeit«, »Schuld«, »Macht des Bösen« mitzuerleben. In einem Bericht dazu heißt es: »Bei der Station Tod wurden in der Stille aktuelle Todesnachrichten aus der Zeitung vorgelesen. Anschließend stellten die Jugendlichen in stillem Gedenken an eine Person oder eine Personengruppe, die gestorben ist, Kerzen in Kreuzform aus. Nach dem Ökumenischen Jugendkreuzweg äußerten viele Jugendliche, dass dieser Kreuzweg sie persönlich berührte und einen Bezug zu ihrem Leben hatte«[39].

Es handelt sich bei diesem Ökumenischen Jugendkreuzweg insofern um ein anschauliches Beispiel non-formaler Bildung, als hier eine Mischung aus Erfahrung und Erlebnis, Musik und Wort, Gespräch und Gebet, Meditativem und Expressivem erkennbar wird. Dabei findet in diesem Erleben insofern religiöse Bildung in einem elementaren Sinn statt, als Sinn und Bedeutung des Kreuzestodes und von Ostern die entscheidende Perspektive des gesamten Weges bilden. Angesichts der gegenwärtig immer wieder erhobenen Klage darüber, dass die Bedeutung der christlichen Feste praktisch kaum noch bekannt ist, ermöglicht diese Annäherung an Ostern Bildung in einem anschaulichen Sinn. Auch das in diesem Zusammenhang regelmäßig eingesetzte »Liederbuch zum Ökumenischen Kreuzweg der Jugend«[40] ist hier in seiner Bedeutung, was die Weitergabe von Liedtradition angeht, nicht zu unterschätzen. Unter dem Aspekt der Bildung ist allerdings zu beachten und bei der praktischen Gestaltung entsprechend konsequent zu berücksichtigen, dass die beteiligten Jugendlichen immer auch Raum zu einer kritisch-reflektierten Aneignung finden müssen. Denn auch hier gilt, dass Erlebnisse allein noch nicht als Bildung gelten können. Jugendtheologie erinnert insofern an die Notwendigkeit einer auch reflexionsorientierten Beteiligung.

Theologisch gesprochen verbindet sich die Erinnerung an die Passion Jesu mit der Erfahrung der passionierten Begeisterung für das gemeinsame Gehen, Entdecken und Feiern sowie Beten und Singen. Indem dieser Weg je für sich und auch gemeinsam beschritten wird, kann hier auch in theologischer Hinsicht der Erlösung verheißende wie der verbindende Charakter des Kreuzwegs deutlich werden. Damit wird zugleich das gegenwärtig ja auch unter Jugendlichen intensive Interesse nach Formen des Pilgerns gleichsam räumlich und zeitlich auf einen bestimmten, klar umrissenen Abschnitt fokussiert, was sicherlich den jugendkulturellen Bedürfnissen in besonderer Weise entgegenkommt.

---

39 http://www.lokalkompass.de/kamen/leute/jugendkreuzweg-worunter-leiden-die-jugendlichen-d149950.html.
40 *BDKJ/Arbeitsstelle für Jugendseelsorge der DBK/aej* (Hg.), Liederbuch zum Ökumenischen Kreuzweg der Jugend, über 100 ausgesuchte Lieder zur Fasten- und Passionszeit, Düsseldorf [7]2001.

Dazu kommt das Miterleben einer größeren Gemeinschaft von Jugendlichen, gerade dann, wenn hier mehrere Kirchengemeinden miteinander ein solches Angebot durchführen. Zudem kann ein solches Angebot deshalb und dann für Jugendliche interessant sein, wenn sie miterleben, wie etwas ältere Peers mit Intensität und Leidenschaft eine solche Möglichkeit gemeinsamer Orientierung gestalten und dafür verantwortlich zeichnen. Dass sich dabei zugleich intergenerationelle Möglichkeiten der wechselseitigen Wahrnehmung und des Austausches ergeben, zeigt sich darin, dass die Jugendkreuzwege in den letzten Jahren immer mehr zu Ereignissen der ganzen Gemeinde geworden sind, an denen auch Erwachsene teilnehmen. In diesem Sinn kann dies dann gleichsam zu einem lokal-regionalen »Großereignis« werden – und dies in ökumenischer Ausrichtung, wie es beim Jugendkreuzweg 2012 durch die gemeinsame Eröffnung der leitenden katholischen und evangelischen Bischöfe Stephan Ackermann und Nikolaus Schneider in Trier mit mehr als 800 Jugendlichen deutlich wurde.

Ein weiterer Aspekt erscheint uns hier gerade auch jugendtheologisch bedeutsam: Es handelt sich um ein gleichsam regelmäßiges Angebot in weitem zeitlichem Rhythmus. Zum einen kann damit Jugendlichen, die sich bekanntermaßen ja mit kontinuierlichen Verpflichtungen nicht leicht tun, ein vergleichsweise niederschwelliges Angebot der Teilnahme gemacht werden. Zum anderen aber kann sich dieses Angebot als ein auf das Kirchenjahr bezogenes in besonderer Weise in die Biographie der Jugendlichen einfügen.

Zusammenfassend ist festzuhalten, dass bei dem Beispiel des Jugendkreuzwegs besonders die Intensität des Erlebens hervortritt, aber eben bei gleichzeitiger intensiver Wahrnehmung und freier Mitgestaltung theologischer Inhalte. So verbinden sich das gemeinsame Feiern, Denken und Reflektieren miteinander, was den besonderen jugendtheologischen Charakter dieses Bildungsangebots ausmacht.

Dass Jugendliche eine solche Form der Weg-Theologie tatsächlich auch als bedeutsam miterleben, wird nicht nur an der oben erwähnten Konjunktur der Jugendkreuzwege deutlich, sondern es zeigt sich auch in dem erheblichen Engagement Jugendlicher bei der Vorbereitung und Durchführung, was in den entsprechenden Berichten über die Veranstaltungen eindrücklich zum Ausdruck kommt.

Schließlich ist auch nicht zu vergessen, dass gerade die von uns immer wieder hervorgehobene Theologie *mit* Jugendlichen als peer-group-Kommunikation an diesem Beispiel besonders gut deutlich werden kann – sei es, weil die entsprechenden Angebote etwa im Rahmen kirchlicher Jugendarbeit gemeinsam vorbereitet werden, oder sei es, weil sich »auf dem Weg selbst« und im weiteren Verlauf entscheidende Gespräche ereignen können.

Leider sind die konkreten Erfahrungen Jugendlicher mit diesem kirchlichen Angebot bislang nicht näher dokumentiert, und auch direkte Äußerungen von ihnen sind noch nicht systematisch dokumentiert worden, was die Basis der Einschätzung der jugendtheologischen Bedeutung dieser Jugendkreuzwege entscheidend vergrößern würde.

Über diese hier exemplarisch aufgenommene jugendtheologische Gestaltungsform hinaus ließen sich im Bereich der Jugendarbeit ohne Frage vielfältige weitere Beispiele non-formaler Bildung aufzeigen, man denke etwa nur an gemeinsame Taizé-Fahrten, an den gemeinsamen Besuch der großen Katholischen, Evangelischen oder Ökumenischen Kirchentage oder auch an regionale Veranstaltungen kirchlicher Jugendwerke sowie Freizeiten und Aus- und Weiterbildungsveranstaltungen. Alle diese Formen bieten, wenn man sich als »Ältere« nur darauf einlässt, gute Möglichkeiten, Jugendlichen Raum für das eigene und gemeinsame Nachdenken über Glaubens- und Lebensfragen zu eröffnen und dabei auch den eigenen Orientierungsbedarf und Orientierungssinn nicht zu verschweigen.

Auch hinsichtlich dieser Angebote besteht für die zukünftige jugendtheologische Forschung, worauf wir im dritten Teil des Buches noch zurückkommen, erheblicher Raum für tiefergehende Analysen und eingehendere Deutungen.

So ist schon an dieser Stelle deutlich, dass eine Jugendtheologie neue Impulse für die Jugendarbeit bieten kann. Umgekehrt bietet der Lernort Jugendarbeit wichtige weiterführende Anregungen für die Jugendtheologie und deren Verständnis in Praxis und Theorie, gerade auch an anderen Lernorten.

Teil 2
Praxisbeispiele und Diskussion

Henrik Simojoki

Jugendtheologie im Bildungskontext der christlichen Ökumene

Soziologische Hintergründe und didaktische Perspektiven

1. Janine – oder: Wie sich Jugendtheologie je nach Kontext anders erschließt

Wie es den Glauben nicht unabhängig von einer Lebenswelt geben kann, so ist auch die Theologie unauflöslich an den Kontext gebunden, aus dem sie erwächst. Das gilt umso mehr, wenn der Begriff der Theologie, wie in diesem Band, auf die glaubensbezogene Reflexion heutiger Heranwachsender bezogen wird. Denn Pointe und Provokation des Ansatzes einer Jugendtheologie bestehen ja darin, dass er sich, im Unterschied zu stärker vermittlungsorientierten Didaktiken, vorrangig an den subjektiven theologischen Konstruktionen der Jugendlichen ausrichtet. Er »denkt konsequent von den Jugendlichen, ihren Fragen und Orientierungsbedürfnissen sowie ihren unterschiedlichen Lebenslagen her«[1]. Dieser spezifische Fokus hat zur Folge, dass sich der Kontext, in dem die Heranwachsenden leben und der ihre religiösen Ansichten und Vorstellungen mit formt, in diesem Konzept noch viel unmittelbarer geltend macht als etwa in den Fachdiskursen der akademischen Theologie. Das tritt sofort zutage, wenn man sich die Beispiele vor Augen führt, die für diese Art von Theologie hervorgebracht werden.

Thomas Schlag und Friedrich Schweitzer greifen in ihrer Programmschrift auf Aussagen einer unterfränkischen Gymnasiastin zurück.[2] Ja-

---

1 Vgl. *Schlag, T. / Schweitzer, F.*, Brauchen Jugendliche Theologie? Jugendtheologie als Herausforderung und didaktische Perspektive, Neukirchen-Vluyn 2011, 17.
2 Ebd., 56–58. Das Interview stammt aus der empirischen Studie von *Ziebertz, H.-G. / Kalbheim, B. / Riegel, U.*, Religiöse Signaturen heute. Ein religionspädagogi-

nine, so heißt das Mädchen, ist 17 Jahre alt. Sie lehnt den Gottesglauben keineswegs pauschal ab. Vielmehr ist sie der Ansicht, dass »jeder Mensch von einer höheren Macht begleitet wird«, weigert sich aber ausdrücklich, diese höhere Macht mit dem Gott der Bibel zu identifizieren. Stattdessen setzt sie zu einem eigenen, im emphatischen Sinne individuellen Glaubensbekenntnis an:

»Ich glaub', dass jeder seinen Gott für sich selbst definieren muss, und wenn man das getan hat, würde ich das auch nicht mehr unbedingt ›Gott‹ nennen, weil, je nachdem, wie man die Vorstellung hat, und wie die Gedanken danach sind, kann es so unterschiedlich ausfallen, dass ich nicht mehr denke, dass ein Name, und sei es jetzt Gott, Jahwe oder irgendetwas, dem noch gerecht wird!«[3]

Das Beispiel ist deshalb so gut gewählt, weil die religiösen und theologischen Optionen, für die es exemplarisch einsteht, religionsdidaktisch engagierten Leserinnen und Lesern unmittelbar vertraut sind. Hochindividualisiert, entkirchlicht und vielfach synkretistisch, so stellen sich die Religion und Theologie evangelischer Jugendlicher in deutschen Klassenzimmern tendenziell dar. Janines individualistisches Gotteskonzept – mit Ulrich Beck könnte man auch sagen: ihr Glaube an den je »eigenen Gott«[4] – fügt sich also gut ins Gesamtbild ein; ihre religiösen Einstellungen und theologischen Vorstellungen erscheinen typisch für die heranwachsende Generation und die Welt, in der sie lebt.

Allerdings verändert sich das Generationsbild merklich, sobald man den deutschen Kontext perspektivisch überschreitet und den Blick auf die globale Religionslandschaft ausweitet. Dann stößt man auf Darstellungen, in denen sich der Zusammenhang von Jugend und Theologie ganz anders erschließt. Das zeigt sich beispielhaft an einer Interviewstudie des amerikanischen Pastoraltheologen Emmanuel Lartey, der im Rahmen eines international-vergleichenden Forschungsprojektes 30 ghanaische Jugendliche zu ihren Einstellungen gegenüber Religion und Globalisierung befragt hat.[5]

Für diese jungen Menschen ist der Glaube an Gott ausnahmslos eine fundamentale und alltagsbestimmende Determinante des eigenen Le-

---

scher Beitrag zur empirischen Jugendforschung (Religionspädagogik in pluraler Gesellschaft 3), Gütersloh/Freiburg u.a. 2003, 344f.

3 *Zieberts u.a.*, Religiöse Signaturen heute, 344. Dem schließt sich ein negatives Glaubensbekenntnis an, in dem Janine sich explizit von den traditionellen Universalitätsannahmen des theistischen Gotteskonzeptes abgrenzt: »Meine Gottesvorstellung ist es nicht, dass es einen ›Allgemeinheitsgott‹ gibt. Ich glaube nicht, dass es ›einen‹ Gott gibt, der die Welt und den Menschen erschaffen hat, der allgegenwärtig ist und über uns ›alle‹ wacht, und für den ›alle‹ gleich sind.«

4 *Beck, U.*, Der eigene Gott. Friedensfertigkeit und Gewaltpotential der Weltreligionen, München 2008.

5 *Lartey, E.Y.*, Globalization, Youth and the Church: Views from Ghana, in: *Osmer, R.R. / Dean, K.* (Hg.), Youth, Religion and Globalization. New Research in Practical Theology (International Practical Theology 3), Wien/Münster 2006, 59–86.

bens. Bezüge zu Gebet und Gottesdienst ziehen sich leitfadenartig durch sämtliche Interviews. Im Unterschied zu vergleichbaren Studien aus Deutschland wird der eigene Glaube von den befragten Jugendlichen ebenso ausdrücklich wie selbstverständlich in einem kirchlichen Horizont reflektiert und praktiziert. Freilich ist das kirchliche Spektrum, auf das sie rekurrieren, wesentlich zerklüfteter als hierzulande – wobei die wachsende Anziehungskraft der Pfingstbewegung unverkennbar ist. Von der generellen Glaubensintensität der Befragten auf Intoleranz zu schließen, greift jedoch zu kurz. Die schärfsten Vorbehalte richten sich gegen die traditionale afrikanische Religion und gegen jede synkretistische Vermischung mit ihr. Dagegen gilt für den Umgang mit anderen Religionen und Konfessionen mehrheitlich der Grundsatz: »No judging!!«[6]

Das Generationsportrait, das Lartey hier entwirft, ist aus jugendtheologischer Sicht deshalb so herausfordernd, weil es dem für diesen Ansatz leitenden Paradigma religiöser Individualisierung erkennbar zuwiderläuft. In quantitativen Vergleichsuntersuchungen gewinnen die kontextbedingten Unterschiede weiter an Konturen. Im Religionsmonitor von 2008 werden 92 % der befragten Nigerianer als hochreligiös eingestuft – gegenüber 18 % in Deutschland.[7] Dabei ist es nicht nur die Intensität ihrer Religiosität, die im Vergleich heraussticht, sondern auch deren apokalyptische Aufladung: 86 % der nigerianischen Christinnen und Christen stimmen der Aussage zu, dass das Ende der Welt nahe ist.[8]

Mit der bloßen Feststellung solcher Differenzen ist freilich noch nichts über ihre religionsdidaktische Bedeutsamkeit für eine jugendtheologisch ausgerichtete Bildungspraxis ausgesagt. Denn Afrika ist ja nicht nur anders, es liegt auch weit weg. Folglich setze ich meinen Untersuchungsgang mit der Frage fort, ob und inwiefern die Vielgestaltigkeit des Weltchristentums tatsächlich jugendtheologisch von Belang ist. Darauf aufbauend soll schließlich nach Möglichkeiten gesucht werden, diese räumlich wie religionskulturell scheinbar so weit auseinanderliegenden Glaubens- und Theologiewelten didaktisch aufeinander zu beziehen.

Dieses Vorgehen erfordert eine referenztheoretische Akzentverlagerung von erheblicher Tragweite: Nicht die Individualisierung, sondern die raumgreifende Globalisierung der christlichen Religion bestimmt nun die Analyseperspektive.[9] Dadurch gerät ins Blickfeld, was ökumenische

---

6 A.a.O., 70.
7 *Huber, S. / Krech, V.*, Das religiöse Feld zwischen Globalisierung und Regionalisierung: Vergleichende Perspektiven, in: *Bertelsmann Stiftung* (Hg.): Woran glaubt die Welt? Analysen und Kommentare zum Religionsmonitor 2008, Gütersloh 2009, 53–96, 58
8 *Hock, K.*, Die Allgegenwart des Religiösen: Religiosität in Afrika, in: *Bertelsmann Stiftung* (Hg.): Woran glaubt die Welt? Analysen und Kommentare zum Religionsmonitor 2008, Gütersloh 2009, 279–311, 296.
9 Vgl. dazu ausführlich *Simojoki, H.*, Globalisierte Religion. Ausgangspunkte, Maßstäbe und Perspektiven religiöser Bildung in der Weltgesellschaft (Praktische Theologie in Geschichte und Gegenwart 12), Tübingen 2012.

Deutungs- und Verständigungsfähigkeit jugendtheologisch so akut macht: die ambivalente Nähe des Entfernten in der globalisierten Welt.

2. Josef – oder: die »neue Kontextualität« des Christentums als jugendtheologische Herausforderung

Was oben in exemplarischer Absicht angerissen wurde, wird in der Religionssoziologie seit Jahren kontrovers diskutiert. Vollends entfacht und in die Öffentlichkeit getragen wurde die Debatte durch den amerikanischen Historiker und Religionswissenschaftler Philip Jenkins. Dieser führt in seinem auch in deutscher Übersetzung vorliegenden Werk »The Next Christendom. The Coming of Global Christianity« plastisch vor Augen, wie sich der Schwerpunkt des globalen Christentums immer mehr in den Süden verlagert.[10] Sein Hinweis auf die sich wandelnden Kräfteverhältnisse lässt sich statistisch eindrucksvoll stützen: 2008 standen ca. 776 Millionen Christen in Europa und den Vereinigten Staaten 1,33 Milliarden in Afrika, Asien, Lateinamerika und Ozeanien gegenüber – wobei allein schon die demographische Entwicklung dafür spricht, dass sich diese Verschiebung innerhalb des globalchristlichen Feldes künftig weiter beschleunigen wird.[11] Die Brisanz von Jenkins' Analyse liegt freilich nicht in der Zusammentragung solcher statistischer Befunde, die zumindest in Fachkreisen längst bekannt sind. Sie erwächst vielmehr aus der Vehemenz, mit der er darauf pocht, dass mit den topographischen Verlagerungen auch substanzielle Transformationen einhergehen. Gegenläufig zu den Erwartungen der aufgeklärten Religionsforschung sei das globale Christentum mehrheitlich charismatisch, biblizistisch, wertekonservativ, supranaturalistisch und apokalyptisch geprägt sind.

Auch wenn Jenkins dazu neigt, dem Gegensatz zwischen dem »liberal West« und dem »traditional rest« allzu scharfe Züge zu verleihen,[12] ist seine Analyse doch fundiert genug, um die zwei jugendtheologischen Ausgangsbeispiele aus der Einleitung in ein neues Licht zu rücken: Was uns vertraut, typisch und zukunftsprägend erscheint, die hochindividualisierte Religiosität Janines, bildet in dieser Perspektive eher die Ausnahme als die Regel. Was uns wiederum ungewohnt oder gar befremdlich anmutet, die charismatische Aufladung, der Rigorismus und die gleichsam selbstverständliche Kirchlichkeit im Glauben der ghanaischen Jugendlichen, hat per se nichts Exotisches an sich, sondern bezeichnet

---

10 *Jenkins, P.*, The Coming of Global Christianity, Oxford / New York 2002; in deutscher Übersetzung: Die Zukunft des Christentums. Eine Analyse zur weltweiten Entwicklung im 21. Jahrhundert, Basel 2006.
11 Vgl. *Ahrens, T.*, Zur Zukunft des Christentums. Abbrüche und Neuanfänge, Frankfurt a.M. 2009, 16–19.
12 Zur Diskussion vgl. *Wijsen, F. / Schreiter, R.* (Hg.), Global Christianity. Contested Claims, Amsterdam / New York 2007.

Grundcharakteristika gelebten Christentums in seinen, global gesehen, derzeit zugkräftigsten Strömungen. Hinzu kommt, worauf der kanadische Religionssoziologe Peter Beyer aufmerksam macht: Die Globalisierung der christlichen Religion verläuft nicht nur extensiv, sondern auch intensiv.[13] Um der Dynamik des globalchristlichen Feldes Ausdruck zu geben, prägt Beyer das Bild nebeneinander laufender, sich durchkreuzender, gelegentlich auch überlappender oder gar zusammenfließender globaler Ströme. Das Neue gegenüber den Anfangszeiten der christlichen Weltmission sieht er darin, dass solche Ströme, wie sich am Einflusszuwachs pfingstlich-charismatischer Frömmigkeitsformen exemplarisch nachverfolgen lässt, mit anwachsender Wucht nach Europa zurückschwappen – durch Migration, Mission und mediale Kommunikation. Das aber bedeutet, dass, um auf unsere Ausgangsbeispiele zurückzukommen, Ghana oder Nigeria gar nicht so weit weg liegen, wie es erst einmal scheint. Spuren des Entfernten lassen sich, in eigentümlicher Brechung, auch in der hiesigen Lebenswelt finden. Der amerikanische Theologe Robert Schreiter spricht in diesem Zusammenhang von einer theologisch herausfordernden »neuen Kontextualität«, die sich von vergangenen Formen christlicher Lebensweltbindung dadurch unterscheidet, dass sie sich im Spannungsfeld des Lokalen und Globalen ausbildet.[14]

Ein jugendtheologisch besonders instruktives Beispiel solcher Kontextualität liefert Christine Müller in ihrer Interviewstudie zur Religion afrikanischer Jugendlicher in Hamburg.[15] Der spezifische Kontext, den sie empirisch anvisiert, ist einerseits außergewöhnlich, andererseits aber auch gar nicht so untypisch für religiöse Biographien in der globalisierten Welt: Befragt wurden zehn junge Flüchtlinge – sechs davon christlich – aus acht verschiedenen afrikanischen Ländern. Beim Lesen der Interviewausschnitte fällt als erstes auf, dass sämtliche Interviewten ihr Leben ausdrücklich in einem theologischen Verweishorizont deuten. Angesichts der oft traumatischen Erfahrungen steht dabei die Frage im Zentrum, wie das eigene Schicksal theologisch sinnvoll gedeutet werden kann. Vor dem Hintergrund der theologischen Leidverarbeitung deut-

---

13 Vgl. *Beyer, P.*, Religions in Global Society, London / New York 2006, 120–155.
14 *Schreiter, R.J.*, Die neue Kontextualität. Globalisierung und Fragmentierung als Herausforderung an Theologie und Kirche, in: *Evangelisches Missionswerk Deutschland* (Hg.): Glaube und Globalität (Jahrbuch Mission 1999), Hamburg 1999, 29–49.
15 *Müller, C.*, Die Bedeutung von Religion für jugendliche Flüchtlinge. Ergebnisse einer empirischen Untersuchung unter afrikanischen Jugendlichen in Hamburg. In: *Müller, L. / Möhle, H. / Oßenbrügge, J. / Weiße, W.* (Hg.): Umbrüche in afrikanischen Gesellschaften und ihre Bewältigung. Beiträge aus dem Sonderforschungsbereich 520 der Universität Hamburg (Afrikanische Studien 22), Berlin 2006, 145–160.

scher Jugendlicher[16] sticht besonders ins Auge, welche Deutungsoptionen die Befragten *nicht* in Betracht ziehen: Ungeachtet aller biographischen Brüche und drastischen Leiderfahrungen finden sich keine Äußerungen, die darauf schließen ließen, dass »Gott sie verlassen haben könnte oder dass es keinen Gott geben könnte«[17]. Und doch gibt es auch hier eine erhebliche Varianz in den Deutungen: Das unfassbare Leid wird mit Verweis auf Gottes unergründlichen Heilsplan plausibilisiert, es erscheint als Strafe oder Prüfung Gottes oder wird auf seinen Gegenspieler, den Teufel, zurückgeführt. Und manchmal bricht aus dem leidenschaftlich bekundeten Zutrauen zu der Fürsorge und Lenkung Gottes dann doch die Warum-Frage heraus. Müller veranschaulicht das sehr eindrücklich an folgender Sequenz aus dem Interview mit dem jungen Migranten Josef:

»Ich kann nicht immer Gott die Schuld geben. Ich kann *nicht immer* fragen, wieso sind die Leute so, nur weil er die Leute geschaffen hat. Das, was Gott gemacht hat, hat er schön gemacht. […] Nein ich bin nicht / nie sauer auf Gott. […] Das, was Gott gemacht hat, hat er schön gemacht. […] Ich habe so / ich habe kein / überhaupt kein. Wo ich / die Richtung wo ich ein bisschen Probleme mit Gott hatte, das *darf* ich nicht sagen. Aber das sage ich Dir, warum hat er / warum hat er die Chance den Leuten gegeben, meinen Vater umzubringen [?] Wieso hat er nicht vorher gesagt, ihr sollt weglaufen?«[18]

Es ist offensichtlich, dass hier ganz andere biographische Erfahrungen und theologische Orientierungen zur Sprache kommen als im Eingangsinterview mit Janine. Würden sich beide Jugendliche zufällig auf der Straße begegnen, würden sie wahrscheinlich wenig Notiz voneinander nehmen. Und für das Zustandekommen eines theologischen Gesprächs liegen die Hürden erst recht hoch. Dabei konstituiert sich die wechselseitige Fremdheit auf mehreren Ebenen: Neben den skizzierten lebensgeschichtlichen und theologischen Unterschieden sind besonders auch die religionskulturellen Differenzen zu berücksichtigen. Der emphatisch bekannte und praktizierte Glaube Josefs wird für Janine ebenso schwer zugänglich sein, wie umgekehrt ihre eigene hochindividualistische Religiosität auf Josef befremdlich wirken dürfte.

Gerade unter dem Gesichtspunkt religiöser Bildung ist es aber wichtig, solche intrareligiösen Differenzen im Religionsunterricht zu thematisieren. Nicht nur, weil die von Janine und Josef repräsentierten Religionswelten räumlich immer näher rücken, sondern weil gebildete Religion sich in der Fähigkeit artikuliert, reflektiert und auch selbstkritisch zwischen Innen- und Außenperspektive zu wechseln.[19] Bislang ist die Frage

---

16 Vgl. bes. *Ritter, W.H. / Hanisch, H. / Nestler, E. / Gramzow, C.*, Leid und Gott. Aus der Perspektive von Kindern und Jugendlichen, Göttingen 2006.
17 *Müller*, Jugendliche Flüchtlinge, 151.
18 Ebd, 156.
19 Vgl. *Dressler, B.*, Unterscheidungen. Religion und Bildung, Stuttgart 2006.

nach dem Umgang mit religiöser Differenz vorwiegend im Kontext interreligiöser Bildung diskutiert worden. Die skizzierten Bewegungen im globalreligiösen Feld legen es jedoch nahe, die wachsende Pluralität des globalen Christentums künftig religionsdidaktisch stärker zu gewichten. Mit anderen Worten: Entgegen der eher sinkenden Konjunktur ökumenischen Lernens in der gegenwärtigen Religionspädagogik ist diese Bildungsdimension heute wohl dringlicher denn je.[20]
Dabei besteht das besondere Potenzial der jugendtheologischen Perspektive darin, dass sie nicht mehr primär auf der Ebene konfessioneller oder denominationaler Differenzen ansetzt, sondern von der gelebten und gedeuteten Religion heutiger Jugendlicher ausgeht.

3. Was können Janine und Josef voneinander lernen? – oder: Erschließungsdimensionen einer ökumenisch sensiblen Jugendtheologie

Wenn ich in einem letzten Schritt Jugendtheologie und ökumenisches Lernen didaktisch aufeinander beziehe, geht es mir darum, den einen Ansatz jeweils für den anderen fruchtbar zu machen. Dass das Konzept einer Jugendtheologie für ökumenisches Lernen viel Potenzial bereithält, wurde oben bereits entfaltet. Nun soll deutlich werden, inwiefern es jugendtheologisch angelegten Bildungsprozessen zugutekommt, wenn sie mit Blick auf die globalisierten Kontexte der christlichen Ökumene bedacht werden. Folglich wird Ökumene im Folgenden nicht nur als Gegenstand, sondern als Dimension jugendtheologischer Bildungspraxis angesprochen. Was ändert sich, wenn jugendtheologische Erschließungsprozesse im ökumenischen Horizont verantwortet und didaktisch angelegt werden?
Die in diesem Beitrag vorgenommene kontextuelle Öffnung zielt erstens darauf, jugendtheologische Reflexionsprozesse expliziter als bisher im *ethisch dimensionierten* Bezugsrahmen der einen Welt zu verorten. Die theologischen Differenzen zwischen Janine und Josef erklären sich nicht nur mit den jeweiligen individuellen Präferenzen, sondern spiegeln ganz klar Erfahrungen und Strukturen globaler Ungleichheit und Ungerechtigkeit wider. In der Zusammenschau beider Positionen wird deutlich, was bei einer alleinigen Fokussierung auf Janines Ausführungen leicht übersehen werden könnte: Theologische Ansichten haben immer ethische Implikationen, die auch dann wirksam sind, wenn sie nicht expliziert werden.
So wichtig es ist, die Gerechtigkeitsfrage im theologischen Gespräch mit und unter Jugendlichen wachzuhalten, darf die theologische Beschäftigung mit der christlichen Ökumene freilich nicht auf diesen Aspekt re-

20 Vgl. dazu *Simojoki, H.*, Ökumenisches Lernen. Neuerschließung eines Programms im Horizont der Globalisierung, in: Zeitschrift für Pädagogik und Theologie 64 (2012).

duziert werden. Denn Differenzwahrnehmung allein garantiert noch kein Relevanzbewusstsein. Eher schon ist das Gegenteil der Fall: Der fremde Glaubenskontext bleibt fremd, solange er keine Berührungspunkte zur subjektiven Erfahrungswelt der Schülerinnen und Schüler aufweist. Solche Kontaktflächen zu finden ist jedoch nicht leicht: Auf den ersten Blick scheinen die theologischen Konzeptualisierungen von Janine und Josef Welten voneinander entfernt zu liegen. Bei näherem Hinsehen zeigen sich jedoch tieferliegende Berührungspunkte, die sich mit Hilfe von Engelbert Groß und dessen Entwurf einer »Eine-Welt-Religionspädagogik« präziser einfangen lassen.[21] Groß geht davon aus, dass die räumlich-kulturelle Distanz zu jungen Christen aus, wie er schreibt, »Dritten Welten« auf der Ebene existenzieller Grunderfahrungen aufgebrochen werden kann. Hier wie dort entzünden sich der Schmerz und die Sehnsucht an der Kluft zwischen der erlebten und der erhofften Lebenswirklichkeit. Und in der Tat: So unterschiedlich, zum Teil auch konträr die Gotteskonzepte von Janine und Josef insgesamt ausfallen, diese Abständigkeit schwingt bei beiden unüberhörbar mit – auch bei Janine, die darauf vertraut, »dass in Situationen, in denen ich Hilfe brauch' und es nicht alleine schaffe, wieder den richtigen Weg zu finden, oder gerne finden möchte, dann glaub' ich, steht einem die Macht zur Seite und hilft einem, den Weg zu finden«[22]. Der von Groß eingeführte Begriff der »touching realities« bringt schön zum Ausdruck, was religionsdidaktisch intendiert ist: Die erfahrungsorientierte Auseinandersetzung mit den Glaubenszeugnissen aus der Distanz soll die fremden Welten so einander zuführen, dass es zum Kontakt kommt, zur Be-Rührung.[23] In diesem Sinne kann eine ökumenische Blickwinkelerweiterung dazu beitragen, die *existenzielle Dimension* juveniler Theologien auch didaktisch stärker zur Geltung bringen.

Damit hängt ein Weiteres zusammen: Wie die Kindertheologie hat auch der jugendtheologische Ansatz eine stark reflexive Note. Er vollzieht sich als diskursiv angelegtes »Denken über religiöses Denken«[24]. Das ist zweifellos eine Stärke, weil dadurch die eigenen glaubensbezogenen Reflexionspotenziale der Jugendlichen aktiviert und weiter gefördert werden. Allerdings besteht auch die Gefahr einer theologisch wie pädagogisch unangemessenen kognitiven Verengung. Diese Gefahr wird besonders dann akut, wenn die Erfahrungsgebundenheit theologischer

---

21 *Groß, E.*, Religion und Gerechtigkeit. Dialogisches religiöses Lernen mit Jugendlichen in Dritten Welten (Forum Religionspädagogik interkulturell 15), Wien/Berlin 2008, bes. S. 41–47.
22 *Ziebertz u.a.*, Religiöse Signaturen, 345.
23 *Groß, E.*, Hört, wir schreien! Provozierende Kinderbotschaften aus Dritten Welten (Forum Religionspädagogik interkulturell 10), Berlin 2010, 425–434.
24 *Schweitzer, F.*, Was ist und wozu Kindertheologie?, in: *Bucher, A.A. u.a.*: »Im Himmelreich ist keiner sauer«. Kinder als Exegeten (Jahrbuch für Kindertheologie 2), Stuttgart 2008, 9–18, 11 (im Original kursiv). Vgl. *Schlag/Schweitzer*, Brauchen Jugendliche Theologie?, 26.

Glaubensreflexion aus dem Blick gerät. In der Religionspädagogik hat Karl Ernst Nipkow eindringlich darauf hingewiesen, dass die Dignität theologischer Konzeptualisierungen stets eine abgeleitete ist: Sie setzen Erfahrungen mit Gott voraus und sind, insofern sie in der originären Glaubenskommunikation in Gebet, Zeugnis und Gottesdienst gründen, lediglich ein »zweites Sprechen *über* das erste Sprechen im Sinne des Auslegens, Unterscheidens, Abgrenzens, lehramtlichen Identifizierens«[25]. Diese Interdependenz zwischen erster und zweiter Glaubenskommunikation macht sich im Bildungskontext der christlichen Ökumene besonders bemerkbar. Auch bei Janine und Josef wurzeln die positionellen Differenzen in kontextuell geformten Unterschieden auf der Ebene der primären Glaubenskommunikation oder, etwas offener formuliert, in den jeweils divergenten religionskulturellen Erfahrungs- und Praxiskontexten, in die ihr theologisches Nachdenken eingebettet ist. Ist dem so, muss eine ökumenisch angelegte Jugendtheologie auch im didaktischen Vollzug stets an die erkenntnisrelevante *Erschließungsdimension der religiösen Praxis* rückgebunden werden.

Das führt uns zur vielleicht heikelsten Frage: Wie ist die – für Ökumene ja eigentlich konstitutive – *kirchliche Dimension* zu gewichten, wenn ökumenische Bildung sich im Sinne der Jugendtheologie an den subjektiven Konstruktionen der Schülerinnen und Schüler ausrichtet? Während der Glaube an Gott für Josef selbstverständlich in einem pfingstlich geprägten kirchlichen Bezugshorizont gelebt und gedeutet wird, kommt die Kirche bei Janine allenfalls als Kontrastfolie ihres individuellen Gottesglaubens in Betracht. Traditionelle Leitbilder ökumenischer »Solidarität«, »Partnerschaft« und »Gemeinschaft« dürften in solchen Konstellationen wenig Wirksamkeit entfalten. Stattdessen – und darin liegt die besondere Leistungsfähigkeit des jugendtheologischen Ansatzpunktes für ökumenische Bildungsprozesse letztlich begründet – kommt es darauf an, die andere Position in ihrer Fremdheit zu erschließen und auch zu belassen.

Allerdings muss diese aus dem interreligiösen Lerndiskurs wohlbekannte Gedankenfigur ökumenisch spezifiziert werden, indem das Differente in den übergreifenden Deutungszusammenhang der globalen Ökumene gerückt wird: Als gleichpartikulare und gleichperspektivische Variante des einen Christentums kommt ihm grundsätzlich der gleiche Anspruch auf Anerkennung und Authentizität zu wie dem eigenen Glaubenskontext. Je transparenter diese potenziell selbstrelativierende Einordnung vollzogen und didaktisch angebahnt wird, desto besser stehen die Chancen, paternalistische Abwertung oder idealistische Verklärung im Umgang mit dem Fremden zu vermeiden. Daraus folgt, dass der didaktische Richtungssinn ökumenischen Theologisierens mit und unter Jugendlichen durch die gängigen Labels einer Konsens- oder Differenzökumene nicht

---

25 *Nipkow, K.E.*, Bildung in einer pluralen Welt. Bd. 2: Religionspädagogik im Pluralismus, Gütersloh 1998, 308.

adäquat abgedeckt wird.[26] Vielmehr ist die unterrichtliche Auseinandersetzung mit dem Fremden in der Perspektive geteilter, verbindender Differenz zu führen. Für Janine würde das bedeuten: Der theologische Austausch mit Josef konfrontiert sie nicht nur mit fremden Welten, sondern auch mit sich selbst. Denn seiner Glaubensposition eignet eine Andersheit, an der sich viel über das Eigene lernen lässt.

---

26 Vgl. dazu *Körtner, U.H.J.*, Wohin steuert die Ökumene? Vom Konsens- zum Differenzmodell, Göttingen 2005, bes. 19.

Veit-Jakobus Dieterich

Themen der Jugendtheologie

Spurensuche für den theologischen Dialog mit Jugendlichen

Themensuche als Thema

Kommunikation unterscheidet sich von Nicht-Kommunikation durch ein Thema, das etwa als »Sinn« der Kommunikation verstanden und interpretiert werden kann und sich insofern von – für uns – sinnlosem Kindergebrabbel, von unverständlichem bzw. unverstandenem »Rauschen«, theologisch: von nicht übersetzter Glossolalie unterscheidet. Kommunikation braucht also ein Thema[1] – und sei es beim Small Talk das Wetter –, religiöse Kommunikation benötigt ein religiöses, das theologische Gespräch ein theologisches Thema. Traditionell wird der Unterricht einer Stunde zu einem bestimmten Thema geplant. Im Folgenden soll es um die Thematisierung des Themas gehen, genauer: um die Frage nach der Themenfindung und -generierung für die theologische Kommunikation insbesondere im Religionsunterricht der Sekundarstufe.
Seit dem Aufkommen des themenorientierten Religionsunterrichts im letzten Drittel des 20. Jahrhunderts scheint es Konsens zu sein: Die Themen des Religionsunterrichts sollen zugleich einerseits Themen der Heranwachsenden und andererseits der theologischen Tradition sein oder werden ... Von Anfang an stellte sich aber eine grundlegende Schwierigkeit ein: Wie kann ein Thema zentraler Gegenstand *einer* Sache (der Bibel, der Theologie) und zugleich eines *völlig anderen* Bereiches (der heutigen Heranwachsenden) sein? Karl Ernst Nipkow meinte seinerzeit, das Problem durch die Forderung nach zwei einander komplementär widersprechenden, aber auch ergänzenden »didaktischen Grundtypen des evangelischen Religionsunterrichts«[2] lösen zu können, den traditionellen »Unterricht über biblische Texte« auf der einen Seite und auf der anderen einen neuen Typus, der das »Thema ›Christus in der Welt‹ nicht am vergangenen Text [...], sondern in den Horizonten der kindlichen und jugendlichen Alltagswelt« verankere, wobei Nipkow das Thema »von hier aus auf die Botschaft der biblischen Schriften zurückbezogen« sehen

---

1 *Kieserling, A.*, Kommunikation unter Anwesenden. Studien über Interaktionssysteme, Frankfurt a.M. u.a. 1999, 194.
2 *Nipkow, K.E.*, Christlicher Glaubensunterricht in der Säkularität. Die zwei didaktischen Grundtypen des evangelischen Religionsunterrichts. In: *ders.*, Schule und Religionsunterricht im Wandel. Ausgewählte Studien zur Pädagogik und Religionspädagogik, Heidelberg/Düsseldorf 1971, 236–263, Zit. hier und im Folg. 236, 256, 258.

wollte, wie denn auch umgekehrt von den bibelorientierten Themen her immer wieder die Schülersituation in den Blick kommen kann und soll. In den amtlichen Planungsvorgaben für den Religionsunterricht – wie wohl sehr häufig auch in der Praxis des Religionsunterrichts – scheint das Ideal eines Brückenmodells mit zwei Pfeilern zur Überbrückung des garstigen Grabens zwischen (biblischer) Tradition und (gegenwärtiger) Situation leider gegenüber einem diastatischen, hiatischen Modell nur wenig realisiert worden zu sein, wie ein Blick auf die Religionslehrplanentwicklung der siebziger und achtziger Jahre des 20. Jahrhunderts zeigt:

»Die *grundlegende Problematik* der zweigleisigen Konzeption von Bibel- und Gegenwartsorientierung ist allerorten mit Händen zu greifen: Die Themen sind *entweder* bibel- *oder* gegenwarts- bzw. schülerorientiert. Bei den biblischen Kursen fehlt der Bezug zum heutigen Leben (bzw. eine echte Elementarisierung), bei den ›aktuellen‹ Themen scheint der biblische Bezug häufig gleichsam ›an den Haaren herbeigezogen‹. Es gelingt dem Lehrplan häufig nicht, sein Versprechen, einen ›Dialog von Glauben und Leben‹ zu initiieren, wirklich einzulösen.«[3]

Eine analoge Diskussion bricht gegenwärtig in der Diskussion um eine »Jugendtheologie«,[4] um »Theologische Gespräche mit Jugendlichen«[5] bzw. um ein »Theologisieren mit Jugendlichen«[6] wieder auf. Im Folgenden sollen vier Fragen bzw. »Themen« aufgenommen werden:
(1) Erlaubt ein vorgeprägter theologischer Themen- bzw. Lehrplankatalog einen echten jugendtheologischen Unterricht?
(2) Oder ist nicht umgekehrt der Ausgangspunkt für die Jugendtheologie bei der Eruierung der bei den Jugendlichen selbst vorhandenen theologischen Themen zu suchen?
(3) Gibt es angesichts der genannten – und möglicherweise wiederum aporetischen – Alternative noch einen dritten Weg einer »interaktiven« Themengenerierung?
(4) Und wie weit bleiben – so die Schlussreflexion – einerseits unverzichtbare Erkenntnisse und Aufgaben wie andererseits unauflösbare Probleme bzw. Grenzen der Generierung von Themen sowie der Pla-

---

3 *Dieterich, V.-J.*, Religionslehrplan in Deutschland (1870–2000). Gegenstand und Konstruktion des evangelischen Religionsunterrichts im religionspädagogischen Diskurs und in den amtlichen Vorgaben, Göttingen 2007, 509.
4 *Schlag, T. / Schweitzer, F.*, Brauchen Jugendliche Theologie? Jugendtheologie als Herausforderung und didaktische Perspektive, Neukirchen-Vluyn 2011. – Im Folg. sind manche wichtigen Erkenntnisse aus diesem grundlegenden Werk aufgenommen, ohne dass dies immer explizit kenntlich gemacht wird.
5 *Freudenberger-Lötz, P.*, Theologische Gespräche mit Jugendlichen. Erfahrungen – Beispiele – Anleitungen. Ein Werkstattbuch für die Sekundarstufe, Stuttgart 2012.
6 *Dieterich, V.-J. (Hg.)*, Theologisieren mit Jugendlichen. Ein Programm für Schule und Kirche, Stuttgart 2012.

nung und Durchführung von Unterricht anhand von Unterrichtsthemen bestehen?[7]

2. »Erfahrungen von Scheitern und Versagen« und die
»Zusage der Vergebung« – Von der Theologie zu den Themen

Der erste Versuch für die Themenfindung für das Theologisieren mit Jugendlichen im Religionsunterricht der Sekundarstufe ist der deduktive Weg, der vom Bildungsplan zu den Unterrichtsthemen führt.
Im Folgenden soll die Kompatibilität des Programms »Theologisieren mit Jugendlichen« mit Rahmenvorgaben für den Religionsunterricht anhand der beiden für die Sekundarstufe I und II maßgeblichen (nicht: normierenden) Papiere auf EKD-Ebene geprüft werden.

Die »*Kompetenzen und Standards für den Evangelischen Religionsunterricht in der Sekundarstufe I*«[8] aus dem Jahr 2011 stellen im zweiten Kapitel die »Schülerinnen und Schüler als Jugendliche« ins Zentrum; als erste von acht »Kompetenzen für den Evangelischen Religionsunterricht in der Sekundarstufe I« wird dann genannt:

»Den eigenen Glauben und die eigenen Erfahrungen wahrnehmen und zum Ausdruck bringen sowie vor dem Hintergrund christlicher und anderer religiöser Deutungen reflektieren.«[9]

Weitere Konkretisierungen erfolgen nicht, zudem sind die folgenden Kompetenzen sehr stark von der Objektseite her definiert, weshalb letztlich unklar bleibt, wie weit der Schülerbezug nur als Absichtserklärung (Lehrplanlyrik) anzusehen ist oder doch unterrichtsbedeutsam werden kann.

Konkretere Aussagen darf man von dem bereits ein Jahr zuvor (2010) von der *EKD* veröffentlichten *Kerncurriculum für das Fach Evangelische Religionslehre in der gymnasialen Oberstufe* erwarten.[10]
Im ersten, allgemeinen Teil wird der Religionsunterricht im Kern als offener Dialog charakterisiert und bestimmt:

---

[7] Bewusst wähle ich im Folgenden Veranschaulichungs-Beispiele vorrangig (aber nicht ausschließlich) aus dem Themenfeld »Anthropologie«, da dieses gegenüber der Gotteslehre und der Christologie im bisherigen jugend- (und kinder-)theologischen Diskurs erstaunlich unterbelichtet geblieben ist.
[8] *Kirchenamt der EKD* (Hg.), Kompetenzen und Standards für den Evangelischen Religionsunterricht in der Sekundarstufe I. Ein Orientierungsrahmen, Hannover 2011.
[9] Ebd., 18.
[10] *Kirchenamt der EKD* (Hg.), Kerncurriculum für das Fach Evangelische Religionslehre in der gymnasialen Oberstufe. Themen und Inhalte für die Entwicklung von Kompetenzen religiöser Bildung, Hannover 2010.

»3.4 Dialogisches Prinzip des Religionsunterrichts«
»Der Dialog ist zentrales Prinzip des Religionsunterrichts.« Damit ist
- erstens gemeint, »dass sich der Unterricht selbst vornehmlich im Gespräch der Schülerinnen und Schüler untereinander und mit der Lehrkraft vollzieht«
- und zweitens, »dass er auf die Begegnung mit Religion in unterschiedlichen Erscheinungsformen zielt, an religiöse Erfahrungen, Deutungsmuster und Entwürfe anknüpft und zur kritischen Auseinandersetzung damit anleitet.«[11]

Grundlegend ist der Religionsunterricht verstanden als offener Dialog unter der leitenden Perspektive des christlichen Glaubens.
Dies wird dann auch in einer Grafik zum Ausdruck gebracht,[12] bei der – in drei Spalten – die »Perspektive des christlichen Glaubens« (zentrale, mittlere Spalte) in einen doppelten Dialog eingebunden ist: auf der einen mit der »biographisch-lebensweltliche[n] Perspektive der Schülerinnen und Schüler« (linke Spalte), auf der anderen mit »Bezugsfelder[n] in der pluralen Gesellschaft« (rechte Spalte). Dies ist ein recht beachtlicher Ansatz, wenn ich auch eine wichtige Korrektur ins Spiel bringen möchte, nämlich in allen drei Spalten anstelle des Singulars die Pluralform »Perspektiven« zu verwenden. Biographisch-lebensweltliche und gesellschaftliche Perspektiven gibt es (gegenwärtig) nur im Plural, und dies gilt auch für die Positionen des christlichen Glaubens (!), alles andere wäre eine Illusion und Verkennung einerseits unserer pluralen Situation und andererseits des Wesens des christlichen, vor allem auch des reformatorischen Glaubens, das nicht zuletzt in seiner Geschichtlichkeit und das heißt: Wandelbarkeit wie Interpretationsbedürftigkeit besteht.
So weit das Grundmodell – und so gut. Wie aber sieht im zweiten Teil die Umsetzung bei den einzelnen »Themenbereichen« aus?

Bei den *Einzelthemen* findet sich in jeweils gleich zu Beginn formulierten »Leitgedanke[n]« immer wieder der Blick auf die Schülerinnen und Schüler, in Formulierungen wie:

»Im Unterricht kommt es darauf an, die eigenen Erfahrungen und Sichtweisen (Vorstellungen) der Schüler« »wahrzunehmen« / »zu reflektieren« / »kritisch zu reflektieren« »und mit der biblischen Tradition [...] in Beziehung zu bringen« / »setzen«.[13]

Bald aber wird klar, dass – in guter, besser: schlechter – alter Tradition die Schülererfahrungen doch primär *defizitäre Erfahrungen* sind, die vor allem als Kontrast dienen für die denen leuchtend gegenübergestellten Erfahrungen im christlichen Glauben – etwa der »Rechtfertigung«:

»Im Unterricht kommt es darauf an, dass die Schülerinnen und Schüler Erfahrungen von Scheitern und Versagen wahrnehmen [und] zur Zusage der Vergebung in Beziehung setzen [...].«[14]

---

11 Ebd., 18.
12 Ebd., 17.
13 Ebd., 29ff.

Nahezu eine völlige Fehlanzeige hinsichtlich eines Schülerbezugs ist dann bei fast allen folgenden Kapiteln festzustellen, was bei Themen wie Gott, Ethik (u.a. Gerechtigkeit) sowie Zukunft doch extrem verwundert (bei der Kirche werden die »unterschiedlichen Erfahrungen mit Kirche«[15] immerhin wenigstens erwähnt).

Eine Chance ist damit nahezu vollständig verpasst, nach einem anfänglichen halbherzigen Versuch beim ersten Thema scheint der Akku bereits leergelaufen, was vorneweg großspurig angekündigt ist, wird konkret keineswegs eingelöst und erweist sich so als Lehrplanlyrik.

Insgesamt lässt sich die *Doppelthese* aufstellen:
- Die *grundlegenden Teile* von Bildungsstandards und Kerncurriculum sind für das Programm des »Theologisierens mit Jugendlichen« mindestens offen und anschlussfähig, ja sie scheinen – im Fall des Kerncurriculums für die gymnasiale Oberstufe – geradezu dazu einzuladen;
- in den *konkreten Ausformulierungen* aber treten diese hehren Absichten dann deutlich in den Hintergrund, ja sie geraten – wie im Fall des Kerncurriculums – wieder in Vergessenheit, so dass die konkreten Vorschläge die zuvor geäußerten großen Absichten geradezu konterkarieren. Insgesamt kann dieser Versuch nur als gründlich misslungen bezeichnet werden. Er verbleibt weitgehend auf der Ebene der systematischen bzw. dogmatischen Theologie, unter Ausblendung bzw. Abwertung der *jugend*theologischen Perspektive.

3. »Mein Blatt ist groß, in meinem Kopf ist nix los« –
Von den Jugendlichen zu den Themen

Der zweite mögliche Weg ist der induktive, also die thematische Spurensuche bei der Theologie *von* Jugendlichen. Einen solchen Weg haben Schlag/Schweitzer[16] – wie bereits Schweitzer andernorts[17] – mit Recht angeregt und eingefordert, ohne freilich Anregungen geben zu können, wie dies konkret geschehen soll. Drei bisher praktizierte Verfahren erweisen sich hier als wenig hilfreich. Der durchaus partnerschaftlich gemeinte Versuch vieler Religionslehrer/innen, zumindest im »Wahlbereich« die Themenfindung in einer sehr offenen Form (also ohne vorgefertigten Themenkatalog) weitgehend der Klasse selbst zu überlassen, führt in aller Regel zu der Erkenntnis, dass den Schüler/innen vorrangig das einfällt, was sie ohnehin vom Religionsunterricht erwarten bzw. was

---

14 Ebd., 32.
15 Ebd., 49.
16 *Schlag, T. / Schweitzer, F.*, 23.
17 *Schweitzer, F.*, Was Kinder und Jugendliche sich aneignen (können). Aneignungsprozesse als Kriterium curricularer Auswahlentscheidungen? In: JRP 27 (2011), 82–90.

dort in den letzten Jahren thematisiert wurde, und sich dann ironischer-, aber auch logischerweise manche mitunter bei der tatsächlichen Thematisierung über die Wiederholungen des Religionsunterrichts beklagen. Die Versuche von Religionspädagog/innen, in den Äußerungen Jugendlicher implizite Theologie dingfest zu machen und diese dann in Themen expliziter Theologie zu überführen, stößt berechtigterweise auf den Widerstand vieler Heranwachsender gegen solche Interpretationen und Zuschreibungen von fremder Seite aus. Und die seit etwa drei Jahrzehnten vor allem im Bereich der Berufsbildenden Schulen, zunehmend aber auch in anderen Schularten praktizierte Erkundung der religiösen und theologischen Einstellungen von Jugendlichen über Schülertexte[18] ist nicht primär als Erkundung ihrer theologischer Themen verstanden worden und zu verstehen, da solche bereits in der Fragestellung vorgegeben werden, allenfalls als »Unterthemen« bzw. »thematische Akzentsetzungen« innerhalb theologischer Themen, wie etwa die berühmt gewordenen »Einbruchstellen« des Glaubens, die Karl Ernst Nipkow aus der Schuster-Sammlung herausdestillierte.[19]

Nach dem zumindest partiellen Scheitern bisheriger Anstrengungen zur Erkundung und Erhebung von theologischen Themen von Jugendlichen möchte ich im Folgenden von über mehrere Jahre verteilten Versuchen berichten, über die »freie Themenwahl«, ein in der Deutsch-Didaktik bereits bekanntes und praktiziertes Verfahren,[20] an die Probleme, Anliegen und Themen Heranwachsender heranzukommen.[21] Die Versuche erwiesen sich als nicht ganz einfach. Zum einen gab es Schüler/innen, die die mündliche Form der Kommunikation der schriftlichen vorzogen (lieber reden als schreiben!), anderen war die Aufgabenstellung zu direkt und persönlich (keine Beichte!), zum dritten fanden einige die Freiheit eher eine lästige Über- denn eine willkommene Herausforderung (die Qual der Wahl!): »Mein Blatt ist groß, in meinem Kopf ist nix los.«[22] Wobei die Gründe für den Verdruss mitunter nicht nur bei der eigenen Person, sondern beim Lehrer bzw. in der Situation gesucht und gefunden werden können: »Wenn ich kein Thema gestellt bekomme, muss ich passen, deshalb bin ich Mechaniker geworden, der hat immer einen über

---

18 Gang und gäbe seit der bahnbrechenden Veröffentlichung: *Schuster, R.* (Hg.), Was sie glauben. Texte von Jugendlichen, Stuttgart 1984.
19 *Nipkow, K.E.*, Erwachsenwerden ohne Gott? Gotteserfahrung im Lebenslauf, Gütersloh [5]1997.
20 Im Gegensatz zum »kreativen Schreiben« (s. dazu *Zimmermann, M. / Hellwig, M.*, Wo glaubst du hin? Kreatives Schreiben im Religionsunterricht, Göttingen 2011) konzentriert sich der Fokus hier nicht auf Prozess und Form, sondern ganz auf Thema und Inhalt der Texte.
21 Im Folgenden stelle ich Aussagen und Tendenzen aus Schülertexten vor, die während mehrerer Jahre im Religionsunterricht an der Berufsschule, d.h. dem dualen Bereich der Berufsbildenden Schulen, gesammelt wurden.
22 FT18-2 (Interne Systematik zur Kennzeichnung der Texte).

sich, der ihm die Arbeit angibt.«[23] Die Schwierigkeit wird bereits in der Literatur – in leicht ironischer Form – geschildert, etwa in »Fritz Kochers Aufsätze[n]« des Schriftstellers Robert Walser:

»Diesmal, sagte der Lehrer, dürft ihr schreiben, was euch gerade einfällt. Ehrlich gestanden, mir will nichts einfallen. Ich liebe diese Art von Freiheit nicht. Ich bin gern an einen vorgeschriebenen Stoff gebunden. Ich bin zu faul, etwas zu ersinnen. Und was könnte das auch sein?«[24]

In aller Regel aber war die Bereitschaft der Heranwachsenden durchaus vorhanden und mitunter sogar erstaunlich groß, sich schriftlich zu äußern. Im Folgenden sollen die in den Texten angesprochenen Themenfelder benannt und an einzelnen Beispielen exemplarisch veranschaulicht werden (Ankerbeispiele).
Eine erste Gruppe von Texten kreist um die *eigene Person*, das »Ich«. Ein Text schwankt zwischen Hoffnung und Resignation: »Ich habe Grund zur Hoffnung, auch wenn mir das Wasser bis zum Halse steht – ich habe Grund.«[25]
Eine zwanzigjährige Jugendliche verfasst einen Text mit in formaler Hinsicht geradezu poetischen Qualitäten, in inhaltlicher Hinsicht jedoch zugleich äußerst bedrängenden und bedrückenden Problemlagen:

»Ich fahre gern Fahrrad. So fahre ich jeden Tag von Sch. nach F., nach W., nach G. Je nachdem. Mir begegnete zweimal ein Mann. Er lauerte mir zweimal auf. Wieso?
Um seine Überlegenheit zu beweisen?
Um mir Angst einzujagen?
Um mir eins auszuwischen, der ich die Autofahrer ›behindere‹, auf einer Straße fahre, auf die nur Autofahrer einen Anspruch haben?
Die Polizei geht nur Fällen nach, bei denen sie ihre Stärke beweisen kann. Wenn mich jemand ermordet, vergewaltigt, verfolgen sie den Täter.
Aber so ...
Sie haben keine Zeit,
Der Fall ist nicht erfolgversprechend.

Ich fahre immer noch gern Fahrrad.
Unsere Regierung, von der Mehrheit gewählt, die Stimme des Volkes.
Sie rüstet, baut Schnellstraßen, subventioniert die Industrie.
Wo bleibe ich?

Es werden Straßen gebaut, immer breitere, schnellere.
Ich suche verbindende Radwege vergebens.
Die Industrie entwickelt Autos, immer bessere, schnellere.
Eine erschütterungsunempfindliche Fahrradbeleuchtung gibt es nicht.
Wer fährt schon Fahrrad in einer Zeit
ohne Zeit?

---

23 FT5-7.
24 *Walser, R.*, Fritz Kochers Aufsätze. Sämtliche Werke in Einzelausgaben, Bd. 1, Zürich / Frankfurt a.M. 1986, 24.
25 FT1-9.

der Bequemlichkeit?
des Umweltbewusstseins?«[26]

Bereits dieser Text macht deutlich, dass der Blick bei der Themenstellung »Ich« auch das Umfeld bis hin zur »Gesellschaft« einbeziehen und dort gar einen deutlichen Akzent setzen kann: Ein Jugendlicher bekennt seine »Erkenntnis, dass das Volk an sich keine oder nur wenig Macht und Einfluss aufs Geschehen hat.«[27] Ein anderer scheint bereits in jungen Jahren ein fertiges, festes pessimistisches Weltbild zu haben, wenn er formuliert: »Ich bin 19 und stinksauer auf die ungerechte Welt.«[28]
Neben der Welt bzw. der Gesellschaft im Ganzen sind natürlich auch die sozialen *Beziehungen* im unmittelbaren Umfeld ein wichtiges Thema, vor allem auch die Beziehungen zum anderen Geschlecht. Ein Mechanikerlehrling im ersten Lehrjahr, der ständig hinter Mädchen her ist, gesteht: »Mein Ziel ist immer nur das eine. Und wenn ich es geschafft habe, bin ich immer glücklich. [...] Aber das ist ja in meinem Alter normal, oder?«[29] Die Folgerung einer jungen Frau lässt sich geradezu als komplementäres Gegenstück zu dem eben genannten Text lesen: »Das Verhalten von Jungs ist dem von Tieren gleich zu stellen.«[30] So dass sich auch die Tierliebe mancher Heranwachsender verstehen lässt: »Ich mag eigentlich fast alle Tiere sehr gern. Tiere sind oftmals zurechnungsfähiger wie Menschen.«[31]
Überhaupt der *Mensch*, ein weiteres, »ein sehr interessantes Thema«, aber »ein schwieriger Fall«[32], in zahlreichen Varianten. Ein originelles Beispiel sei genannt:

»Mir ist in letzter Zeit immer mehr aufgefallen, wie sehr viele Menschen bestimmten Tieren gleichen. Wenn man in den Zoo geht und sich die verschiedenen Tiere anschaut, stellt man oft fest, dass die Gesichter einem irgendwie bekannt vorkommen, weil sie einen an irgendeinen Menschen erinnern.
Oft ist die Äußerlichkeit auch nicht das einzige, in dem sich Tiere und Menschen gleichen. Ich kenne viele Menschen, die ich – wahrscheinlich manchmal zu voreilig – irgendwelchen Tieren ›zuordne‹, weil ich an ihnen Eigenschaften sehe, die für bestimmte Tiere typisch sind, oder von denen ich annehme, dass sie typisch sind.
Natürlich sind es oft auch mehrere verschiedene Tiere, die ich in einem Menschen sehen kann. Das macht die Sache dann schon schwerer.«[33]

Im dualen System ist natürlich auch die *Ausbildung* ein wichtiges Thema, häufig leider ein leidiges: »Jeden Tag dasselbe. Montags fängt

26 FT16-3 – w, 20 J.
27 FT2-2.
28 FT12-14.
29 FT6-24.
30 FT18-2 – w, 18 J.
31 FT6-8.
32 FT18-1 – w, 17 J.
33 FT/1BFZ2 – m, 23 J.

das Theater an.«[34] Eine junge Friseurin, die als Achtzehnjährige weniger Urlaub hat als ihre noch minderjährigen Kolleginnen und zudem für den Berufsschultag am Montag (dem freien Tag) keinen Freizeitausgleich erhält, kommt zum Schluss: »Ich fühle mich am Arbeitsplatz irgendwie hintergangen.«[35]

Man könnte hier – fast beliebig – weiter fortfahren. Eines aber ist bereits klar: Die gestellte Frage bleibt in der Schwebe, die aufgeworfene Aufgabe ist nicht wirklich gelöst, eher verschoben. Denn was hier sichtbar wird, ist allenfalls implizite, man ist geneigt zu sagen: impliziteste, natürlich auch sehr persönliche Theologie. Jetzt stellt sich die eigentliche Aufgabe, die in diesen impliziten Aussagen enthaltenen Formen expliziter oder gar systematisch-dogmatischer Theologie dingfest zu machen. Es lässt sich hier denken an die Suche nach Geborgenheit und Gerechtigkeit, nach Bewahrung und Befriedigung, nach Schlaraffenland oder Paradies, an die Klage über Unrecht, Benachteiligung und Ausbeutung. Dann ergäben sich wohl reiche Anschlussmöglichkeiten aus den Themen der biblisch-christlichen Tradition.

4. »Wenn's den Typen jemals gegeben hat, dann find ich ihn 'ne coole Sau« – Interaktive Themengenerierung

Wir stoßen an dieser Stelle wieder auf das »Problem der Probleme« (Klaus Wegenast), das weder im themenorientierten noch im korrelationsdidaktischen Ansatz befriedigend gelöst wurde. Bei der Verknüpfung von impliziter, persönlicher Schülertheologie mit dogmatischer, systematischer Theologie handelt es um eine abduktive Korrelation,[36] den Prozess einer kreativen, probeweisen, revidierbaren Zuordnung. Dieser Prozess der Themensuche aber kann weder von den Heranwachsenden noch von den Religionslehrkräften allein oder im Voraus abschließend gelöst, allenfalls durchdacht vorbereitet werden. Er ist nämlich Sache des Theologisierens selbst, das sich seiner selbst und seiner Themen bewusst werden muss. Der Prozess der Themensuche ist also als genuine, erste und basale Aufgabe des Unterrichtsprozesses selbst zu verstehen. Unser hier aufgeworfenes Thema muss zum Unterrichtsthema und zum roten Faden aller Unterrichtsthemen werden. Die Generierung von (explizit) theologischen Themen geschieht im Interaktionsprozess *mit* den Jugendlichen selbst.

Wie dies aussehen könnte, soll im Folgenden zuerst an einem außerschulischen Beispiel in Ansätzen gezeigt werden: an den Interviews und

---

34 FT4-8.
35 FT2-3.
36 S. dazu insbes. *Ziebertz, H.-G. / Heil, S. / Prokopf, A.* (Hg.), Abduktive Korrelation. Religionspädagogische Konzeption, Methodologie und Professionalität im interdisziplinären Dialog, Münster u. a. 2003.

Gesprächen eines Theologiestudenten der Pädagogischen Hochschule Ludwigsburg mit zwei jugendlichen Skinheads, in denen er gemeinsam mit diesen die jeweiligen Anschlussmöglichkeiten einer expliziten im Kontext von impliziter bzw. persönlicher auf der einen und systematischer Theologie auf der andern Seite auslotete.[37]

Bei *Beni*, dem ersten Gesprächspartner, blieb die Bedeutung von *Gott* als explizitem Thema in der Schwebe: »Ich glaub' schon irgendwie an 'ne höhere Macht oder sonst was irgendwie ne Art Gott, würd' das aber nicht unbedingt so nennen.« – »Ich glaub' zwar, dass da irgendwas ist, keine Ahnung, weil irgendwie muss auch alles um uns herum irgendwie entstanden sein.«
Beim Thema *Gebet* kam es zu einem Umschwung, ausgehend von der Ablehnung: »Ich kenn' jetzt keine Situation, wo ich sagen würde, jetzt brauch ich 'n Gebet.« Als der Interviewer aber anhand einer konkreten Situation als Zuschauer bzw. Fan beim Fußballspiel nachhakt, fällt die Bemerkung »[...] man könnte es schon als Stoßgebet zählen.«
Jesus wird als Zimmermannssohn und als Zimmermann interessant: »Ja man, der ist voll working class (Lachen) [...]. Es ist besser als das Bild, das man so von ihm kennt. [...] Weil Jesus war einer, der ist halt rumgeschlappt und hat mit den Leuten geredet und hat den Leuten geholfen [...].«
Nur die *Kirche* bleibt in der Bedeutung fürs eigene Leben rein negativ besetzt: »Institution Kirche, kann ich nicht viel [mit] anfangen, weil weiß nicht, irgendwelche Kreuzzüge, Ablässe und auch jetzt noch die ganze Zeit auf Kohle aus [...].«

Auch *Andi*, der zweite Gesprächspartner, hält *Jesus* für ein lohnendes Thema: »Wenn's den Typen jemals gegeben hat, dann find ich ihn 'ne coole Sau [...].« Die Formulierung mag einen zusammenzucken lassen. Der Skinhead fügt hinzu: »Das ist jetzt net so, was en Skinhead so sagt [...].« – »Für mich hat der Typ nicht so viel mit Religion zu tun [...]; wegen seinen Taten, es gibt schon geile Zeilen in der Bibel.«
Ablehnung herrscht vor beim Thema *Religion*: »Religion ist so ein Ding, das braucht kein Mensch [...]. Dafür wurden so viele Menschen getötet [...]. Und wer an solche Dinge glaubt, der hat halt [...] erstens null Selbstbewusstsein und zweitens keine Ahnung vom Leben.«
Auch die biblische *Ethik* liegt zuerst einmal sehr fern: »Ich bin dafür [...] bekannt, dass ich jetzt keine Pöbelei, wenn sie jetzt angebracht ist, lass'. [...] So 100 % Gewaltverzicht geht, glaub' ich, nicht.«
Immerhin blitzt möglicherweise noch eine gewisse Offenheit für eine biblische bzw. jesuanische Ethik auf: »Es sollte schon Praxis oder Praxisanstöße gezeigt werden.«

Als weiteres Beispiel sei noch aus einem groß angelegten Forschungsprojekt von Katrin Bederna zur Anthropologie Jugendlicher eine kurze schulische Gesprächspassage zum Thema »Genmanipulation« zitiert:[38]

---

37 *Lesle, S.*, Theologie von Skinheads. Chancen und Grenzen für eine Theologie von jugendlichen Skinheads ... Hausarbeit PH Ludwigsburg, unveröff. Ms. 2009, folg. Zit. zu Beni 12f., zu Andi 15f. – Namen von VJD geändert.
38 S. dazu auch: *Bederna, K.*, »seele ist mal wieder die einzigartigkeit des menschen« – Jugendtheologien der Seele, In: *Dieterich, V.-J.* (Hg.), Theologisieren mit Jugendlichen, 114–134. – Die zitierte Passage stammt aus bisher unveröff. Material.

»Björn: ich würd sagen nein. es wär ja wirklich kein mensch mehr sondern eher irgendwie maschinell gebaut würd ich sagen. dann könnt man ja schon machen, dass es hundertmal eine person gibt. also erbkrankheiten verhindern da denk ich des wär dagegen nichts einzuwenden. aber weiter irgendwas am menschen zu verändern.
L: mhm
Björn: ist ja nicht gut eigentlich. [...]
Salvatore: also ich wär eher dafür weil dann wären alle menschen gleich und vielleicht gibt's dann weniger streitereien oder so. man kann nicht mehr sagen ich bin klüger als du oder ähm du kannst nicht das was ich kann und dich behaupten im leben. dann wären alle so ziemlich gleich. langweilig aber [...]
Joachim: das is auch jetzt unser nächster punkt, dass ähm gott uns halt intelligenz die wir haben gegeben hat um halt diese gentechnologie zu erforschen, und, ähm, er hätt sie uns wahrscheinlich ja nich gegeben, wenn er das nich gewollt hätte [...].
Lars: ich denk man kann aber nicht über kinder entscheiden, die noch nicht geboren sind, wie dene ihr leben verlaufen soll. also die ham ja ihr recht eigentlich selber zu entscheiden wie se leben. des können eigentlich andere dann dafür entscheiden.«

In der kurzen Passage werden drei Argumente für und drei gegen die Gentechnik vorgebracht: Die Verhinderung von Erbkrankheiten (Björn), die Gleichheit der Menschen (Salvatore) sowie die Forschertätigkeit als Gabe Gottes (Joachim) stehen auf der positiven, die Problematik der Maschinenhaftigkeit von Mensch und Person (wiederum Björn), der Langeweile (wiederum Salvatore) sowie die ungerechtfertigte Verfügung über zukünftige Generationen (Lars) auf der negativen.
Dabei liegt auf der Hand, dass beim Unterrichtsthema »Veränderung des Menschen durch Gentechnologie« die Schüler/innen selbst im Gespräch zentrale weitere (Teil-)Themen (und dann auch Positionen und Argumente) benennen, Gesundheit und Krankheit, Gleichheit der Menschen und Einmaligkeit des Individuums, Schöpfungsauftrag und Zukunft des Menschen, Selbstbestimmungsrecht usw. Und diese Themen und Argumente sind nun eben auch die, die im gesellschaftlichen Diskurs zur Gentechnologie und in den diesbezüglichen Gremien vorgebracht und diskutiert werden.[39] Nur am Rande sei darauf hingewiesen, dass diese unterrichtliche Gesprächsphase, die ja noch der Perspektive einer »Theologie *von* Jugendlichen« zuzuordnen ist (aber durchaus auch Züge eines »Theologisierens *unter* Jugendlichen« trägt), durch das Einspeisen von Elementen einer »Theologie *für* Jugendliche«[40] im Sinne eines dann folgenden »Theologisierens *mit* Jugendlichen« in doppelter Weise bestä-

---

39 Zum Ethikrat der Bundesregierung s. http://www.deutscher-ethikrat.de.
40 Für den Religionsunterricht in der Sekundarstufe II sind eine Reihe von Texten und Stellungnahmen aus der zeitgenössischen Diskussion zur Gentechnologie zusammengestellt in: *Dieterich, V.-J.*, Wirklichkeit (Oberstufe Religion, hg. von *Dieterich, V.-J. / Rupp, H.*), Schülerheft, Stuttgart 2006, 66–73, Kap. 23: Verantwortung für das Leben; dazu Lehrerband, Stuttgart 2007, 65–67.

tigt und bereichert werden kann. Zum einen sehen die Jugendlichen, dass sie mit ihren Themen, Positionen und Argumenten »auf demselben Feld spielen« wie unsere Gesellschaft bzw. die hoch geachteten Experten; zum zweiten aber lässt sich der jugendtheologische Diskurs durch die Anregungen von außen um weitere Themen, Positionen und Argumente erweitern, ausdifferenzieren und vertiefen.[41]

5. Die Themensuche – keine Aporie, sondern ein Thema

Die Themensuche lässt sich als ein zentrales Paradigma der Übergänge und Verbindungen oder Korrelationen der einzelnen Dimensionen der Matrix von Schlag/Schweitzer bzw. der einzelnen Formen von Theologie begreifen. Diese Verbindungen lassen sich nur als abduktiv-korrelativ bzw. konvergenz-divergenztheoretisch (Nipkow) verstehen. Gesucht und hergestellt werden können diese Verbindungen – und das heißt: die eigentlichen Themen – letztendlich nur im *Unterrichtsprozess* selbst. Dies kann sachlogisch auch gar nicht anders sein, stellt doch die Themenfindung bzw. -generierung – als Form des »Agenda-Setting« – bereits ein basales und zentrales Element des Theologisierens selbst dar – wie also könnte man wahrhaft Jugendtheologie betreiben, wenn dieses Element dem Zugriff der Jugendlichen bzw. dem dialogischen Geschehen selbst entzogen wäre und bliebe?[42] Als nicht hintergehbare Prämisse ist vielmehr nur vorauszusetzen: Wir beschäftigen uns mit Theologie. Die Themensuche und -findung fürs Theologisieren im Religionsunterricht bzw. im Kommunikationsprozess, so lässt sich resümieren, kann der Aporie nur dadurch entgehen, dass sie selbst zum Unterrichts- bzw. Kommunikationsthema wird!
Gabriele Faust-Siehl hat bereits vor zweieinhalb Jahrzehnten auf die dreifache Themenkonstitution im Religionsunterricht hingewiesen: zuerst in den amtlichen Vorgaben, dann in der Unterrichtsvorbereitung und

---

41 So wurde die zuletzt genannte Position und Argumentation bei Lars etwa von Jürgen Habermas stark gemacht und im Gedanken weiter ausdifferenziert, dass wir »[g]egenüber unserem Sozialisationsschicksal [...] grundsätzlich eine andere Freiheit« haben »als die, die wir gegenüber der pränatalen Herstellung unseres Genoms haben würden«, da wir uns zur Sozialisation reflexiv und mit einer gewissen Verhaltensvarianz verhalten können, während bei der Genmanipulation nur »die Alternative zwischen Fatalismus und Ressentiment« bliebe; *Habermas, J.*, Die Zukunft der menschlichen Natur. Auf dem Weg zu einer liberalen Eugenik? Frankfurt a.M. 2001, 31.
42 Dies darf freilich nicht kurzschlüssig missverstanden werden. Nicht nur Themen, die die Jugendlichen von sich aus, gleichsam spontan, in den Unterricht einbringen, können und sollen thematisiert werden (naives, romantisierendes Missverständnis), vielmehr auch Themen, die von Lehrplan bzw. Lehrkraft eingespeist werden – sie werden allerdings nur zu Unterrichtsthemen, wenn und sofern sie von den am Unterricht Beteiligten bzw. von der Unterrichts-Kommunikation zu wirklichen Gesprächsthemen gemacht werden.

schließlich im Unterrichtsprozess selbst.[43] Dies ist jedoch gerade nicht linear in nur eine Richtung lesen, vom Bildungsplan über die Unterrichtsvorbereitung zum konkreten Unterricht, vielmehr ebenso in umgekehrter Richtung bzw. vernetzt. Das Augenmerk wäre demnach in dreifacher Hinsicht auszurichten: zuerst und zentral auf den Unterrichtsprozess selbst (das Theologisieren mit Jugendlichen), das auf Themen aufbaut und diese zugleich immer wieder modifiziert, variiert und Themen neu bzw. neue Themen generiert;[44] dann auf die Unterrichtsvorbereitung (im Sinne der Elementarisierung) sowie die diesbezügliche Ausbildung der Religionslehrkräfte, die sich einerseits thematisch vorbereiten, andererseits aber in und aufgrund einer fundierten Vorbereitung die Offenheit für die Heranwachsenden und das Unterrichtsgeschehen erhalten müssen; zuletzt auf die amtlichen Vorgaben (Bildungspläne und -standards), die – auch mit Blick auf den konkreten Unterricht bzw. die Unterrichtsforschung – zum einen nach bestem Wissen und Gewissen eine abduktive Korrelation zwischen Themen der theologischen Tradition und der Theologie der Jugendlichen anstreben und zum andern die »Themengenerierung« als eigenes Thema aufnehmen sollten.

Hilfreich kann dabei die Konzeption der *generativen Themen* (Paulo Freire) sein.[45] Generative Themen spannen unser Leben auf – und generative theologische Themen unser geistliches Leben. Generative Themen können aber, so schon Freire, nur von und mit der betroffen Personengruppe generiert und identifiziert werden, für die sie Geltung haben, in unserem Fall also von und mit den Jugendlichen selbst.

Doch der Begriff »generative Themen« könnte in modifizierter Form auch im Blick auf die Wissenschaft und Theologie Bedeutung haben. Martin Wagenschein etwa hat mit seiner »genetischen« Methode den Versuch unternommen, wissenschaftliche Erkenntnisse in ihren Entstehungs- und Entdeckungszusammenhängen für die Heranwachsenden verständlich und eigenständig vollziehbar zu machen.[46] Im Blick auf die Theologie hat Gerhard Sauter zwischen dem »Entstehungs-« und dem »Begründungszusammenhang« von theologischen Erkenntnissen unterschieden.[47] In viel entschiedenerer Weise als bisher könnte eine Theolo-

---

43 *Faust-Siehl, G.*, Themenkonstitution als Problem von Didaktik und Unterrichtsforschung, Weinheim 1987.
44 Ein Beispiel dafür bietet das Thema »Drogen«, das in den letzten drei Jahrzehnten des 20. Jh. nacheinander unter dem (mitlaufenden) Thema »Abschreckung«, dann »Aufklärung« und zuletzt »Ich-Stärkung« verhandelt wurde.
45 *Freire, P.*, Pädagogik der Unterdrückten. Bildung als Praxis der Freiheit, Reinbek bei Hamburg 1998.
46 *Wagenschein, M.*, Verstehen lehren. Genetisch – sokratisch – exemplarisch, Weinheim/Basel ⁴2008, 75ff.
47 *Sauter, G.*, in Verb. mit *Courtin, J. u.a.*, Wissenschaftstheoretische Kritik der Theologie. Die Theologie und die neuere wissenschaftstheoretische Diskussion. Materialien. Analysen. Entwürfe, München 1973, 308ff (s. auch: 75ff). – Die Unterscheidung von »Wissenschafts-« und »Rechtfertigungszusammenhang« wissen-

gie für Jugendliche die Entstehungskontexte, also die Genese-Bedingungen wichtiger theologischer Streitfragen herausarbeiten und damit für Heranwachsende möglicherweise interessant werden lassen. Angeklungen ist dies bereits bei der neueren Debatte um die Möglichkeiten der Gentechnologie.

Auf jeden Fall sollten die gefunden Unterrichtshemen fluide gehalten werden. Hinter einem Thema scheinen, wie bereits gesagt, andere auf ... So ist die Themensuche und -findung letztlich ein niemals abgeschlossener Prozess, ja vielleicht sogar ebenso sehr mitlaufende Aufgabe und Ergebnis wie Voraussetzung und Grundlage von Lernplanung und Lernprozess, wie dies Ernst Jandl gekonnt lapidar so formuliert hat:

»*themen*
die großen / themen / kommen / mit den tiefen / einsichten.«[48]

schaftlicher Erkenntnisse stammt vom Philosophen und Wissenschaftstheoretiker Hans Reichenbach (erstmals 1938 in »Experience and prediction«; dt.: *Reichenbach, H.*, Gesammelte Werke, hg. von *Kamlah, A.*, Bd. 4: Erfahrung und Prognose, Braunschweig/Wiesbaden 1983, 3).
48   *Jandl, E.*, Poetische Werke 8, München 1997, 28.

Elisabeth Naurath

Umweltethik als Weg zu einer praxisrelevanten Jugendtheologie

1. Praxiserfahrung als Ausgangspunkt

In einer Konfirmationsgruppe wird zum Thema »Umgang mit der Schöpfung« ein Film gezeigt[1], der sehr kritisch die Einführung von Energiesparlampen unter die Lupe nimmt: Insbesondere der Quecksilbergehalt der Leuchtkörper wird hier als hochproblematisch kritisiert, da weder körperliche Schädigungen bei der Produktion, im Fall des Glasbruchs[2] noch bei der Entsorgung zufriedenstellend geregelt seien. Der in handelsüblichen Energiesparlampen beträchtliche Gehalt von mindestens 2,8 Milligramm Quecksilber – der in Leuchtstoffröhren und bei billig produzierten Birnen sogar noch deutlich höher liegt – stelle für den Menschen ein gefährliches Nervengift dar. Auch der Hinweis im Film, dass aus wirtschaftlichen Gründen in der Geschichte der Glühbirne in den 50er Jahren ein verbindlicher Beschluss gefasst wurde, der die Leuchtdauer von herkömmlichen Glühbirnen auf ein Höchstmaß von 1000 Stunden reduzierte, erntet entrüstetes Kopfschütteln in der Konfirmationsgruppe. In einem Filmnachgespräch äußern die 13–14-Jährigen ihre Betroffenheit darüber, dass hier ein vermeintlich umweltethischer Schritt zum Energiesparen mit solchen unabsehbar negativen Folgen für Mensch, Tier und Natur als EU-Richtlinie durchgesetzt wurde. Es kommen Äußerungen[3] wie: »Die verarschen uns doch, wo es geht. Da kann man als einzelner gar nichts machen.«; »Es geht immer nur ums Geld. Bei allem.«; »Mich ärgert vor allem, dass man gar nicht weiß, wie gefährlich das ist. Und keiner kennt sich mit der Entsorgung aus. Die

---

1 Es handelt sich hierbei um die Wissenschaftsdokumentation »Ausgebrannt – Vom Ende der Glühbirne« (Buch und Regie Alexandra Pfeil; Produktion von Spiegel TV GmbH).
2 Deshalb lautet die offizielle Empfehlung: bei Lampenbruch sofort das Fenster aufmachen, Heizung oder Klimaanlage abstellen und den Raum erst nach 15 Minuten wieder betreten. Beim Reinigen das Fenster offen lassen und Gummihandschuhe tragen. Keinen Besen oder Staubsauger verwenden – stattdessen die Glassplitter mit Karton zusammenkehren. Mit feuchten Papiertüchern wischen und alle Reste in ein luftdicht verschließbares Gefäß tun. Dieses muss zum Recyclinghof, Karton und Handschuhe können in den Restmüll. (http://www.hr-online.de/website/fernsehen/sendungen/index.jsp?rubrik=68033&key=standard_document_40720003; 4.4.12)
3 Leider wurde die Gruppendiskussion nicht audio- oder videographiert, sondern kann nur aus dem Gedächtnis sinngemäß wiedergegeben werden.

meisten schmeißen das einfach in den Müll.« Oder: »Mir tun die Menschen in China voll leid. Die werden nicht lang leben und das ist voll fies von der Regierung da.«

Besonders engagiert sind die Äußerungen an zwei Punkten, die natürlich über das Medium Film eindrücklich auf die Bewusstseinsbildung der Jugendlichen wirkten: Zum einen artikulieren die Heranwachsenden deutliche Ängste hinsichtlich möglicher Schädigungen ihrer körperlichen Unversehrtheit. Neben dem bei den Konfirmandinnen und Konfirmanden ausgelösten Ärger und Entrüstung zeigen die Meinungen der Jugendlichen aber auch empathisch-mitfühlende Kompetenzen angesichts der im Film dokumentierten Bilder von jungen Erwachsenen, die in der nach China verlagerten und damit nur mit geringen Auflagen für den gesundheitlichen Schutz der Arbeiter und Arbeiterinnen belegten Produktion von Energiesparlampen beschäftigt sind. Die Visualisierung der direkten Nähe der nur wenig älteren Arbeiter – mit denen sich die Jugendlichen gegebenenfalls identifizieren – zu dem hochgiftigen Stoff Quecksilber und der Prospektive, dass diese jungen Menschen aus beruflichen Zwängen irreparable Schäden für Leib und Leben davontragen, mobilisiert die jugendlichen Emotionen: Deutlich zeigen sich Ärger, Wut, Zorn, Ohnmachtsgefühle wie auch eine Art ›globaler Fatalismus‹, d.h. der Ausdruck eines Gefühls, das angesichts des Komplexitätsproblems globaler Aufgaben als deutliche Resignation hinsichtlich eigener Möglichkeiten von Selbsttätigkeit bzw. -wirksamkeit spürbar wird.

2. Religionsdidaktischer Perspektivenwechsel: Wahrnehmen, was Jugendliche bewegt!

Diese durch den Film ausgelöste Gruppendiskussion zum Thema »Energiesparlampen« zeigt, dass angesichts alltagsnaher und damit lebensrelevanter Fragestellungen Jugendliche ethische Problem- bzw. Konfliktfelder interessiert wahrnehmen, indem sie emotional reagieren und urteilend bewerten. Deutlich wird die Intention, sich selbst zu positionieren und damit einen ihrem Denken und Fühlen gemäßen Platz in der Gesellschaft zu suchen bzw. einzunehmen.[4] Wer bin ich, und was will ich? – diese drängenden Fragen Jugendlicher nach ihrer Identität und auch ihrem möglichen Engagement sind Ausgangspunkt der Ethik als »Theorie der menschlichen Lebensführung«[5]. Hierbei ist vom Lebensbeginn an die Beziehungsdimension evident: Ein Identitätsgefühl entsteht im Wechselspiel von Selbst- und Fremdwahrnehmung. Niemand begründet sich selbst, sondern findet sich schon in Beziehungsnetzen vor, die die

---

4 Vgl. auch *Naurath, E.*, Die emotionale Dimension ethischer Bildung in der Sekundarstufe I. In: KatBl 132 (2007), 26–31.
5 *Rendtorff, T.*, Ethik. Bd. 1, Stuttgart 1980, 11.

Wahrnehmung der eigenen Person prägen. Es sind vor allem Gefühle der Zusammengehörigkeit, Zugehörigkeit, der Achtung und Anerkennung oder ihr Gegenteil, die das ›In-der Welt-Sein‹ jeder und jedes Einzelnen bestimmen. Insofern sind sozialisatorische Einflussvariablen bei der Wertebildung von Kindern und Jugendlichen von evidenter Bedeutung: Aus der frühkindlichen Bildungsforschung wissen wir, wie elementar Erfahrungen im Elternhaus bzw. mit den ersten wichtigen Bezugspersonen auf die moralische Entwicklung einwirken, welche große Bedeutung Peergroups für die Heranwachsenden haben und wie identitätsbildend sich auch der institutionelle Bildungskontext auswirkt.

Wenn es beispielsweise im Niedersächsischen Kerncurriculum heißt, dass »Werte aus dem Glauben«[6] folgen, so ist dies einerseits plausibel und wünschenswert, andererseits jedoch ohne eine erweiterte Perspektive nicht mehr zeitgemäß, weil sich die Bedingungen religiöser Sozialisation in einer plural ausgerichteten Gesellschaft fundamental verändert haben. Während noch vor wenigen Jahrzehnten die Kirchen und christliche Grundüberzeugungen normgebend waren, sind gegenwärtig die jüngeren Generationen – nicht nur in den so genannten neuen Bundesländern – in weltanschaulich pluralen Kontexten eher nach dem Motto »jeder soll nach seiner Façon selig werden« aufgewachsen – und dies in einem gesellschaftlichen Rahmen, der zunehmend mit dem Stichwort ›Entkirchlichung‹ bezeichnet werden kann.

Wenn also der Begründungszusammenhang christlich-ethischer Bildung auf die explizite und/oder implizite Zusage des Evangeliums als Zusage der mitfühlenden Liebe Gottes mit jedem Menschen rekurriert und diese damit als konstitutiv vorausgesetzte Beziehungsebene für alle religionspädagogischen Handlungsbereiche gesehen wird, werden sich große Teile der nachwachsenden Generationen nicht angesprochen respektive einbezogen fühlen. Bezugsgröße ethischen Fühlens, Denkens und Handelns ist aus Sicht gegenwärtiger religiöser Sozialisationsforschung also weniger der Glaube im Sinne einer konfessionell geprägten und gelebten Gottesbeziehung oder einer als normativ adaptierten Handlungsorientierung. Vielmehr gehen die meisten Jugendlichen in ihrer Sensibilität für ethische Probleme zunächst von ihren – auf der Basis ihres individuell bestimmten Weltbildes – gefühlten, gedachten und reflektierten Sichtweisen aus. Wenn es also im Programm der »Jugendtheologie (...) um – explizit und implizit – von den Jugendlichen selbst vertretene Sichtweisen«[7] geht, dann gilt auch für die Ethik ein dezidiert subjektorientierter Zugang. Alle jugendtheologischen Bemühungen um ethische Bildung sind daher mehr als ein ›Reden über christliche Ethik‹, ein Informieren und Kennen von theologisch fundierten Kriterien oder ein Rekurrieren

---

6 *Niedersächsisches Kulturministerium* (Hg.), Kerncurriculum für die Realschule. Studiengänge 5–10. Evangelische Religion, Hannover 2009, 7.
7 *Schlag, T. / Schweitzer, F.*, Brauchen Jugendliche Theologie? Jugendtheologie als Herausforderung und didaktische Perspektive, Neukirchen-Vluyn 2011, 38.

auf biblische Fundierungen. Ausgangspunkt ist vielmehr der oder die Jugendliche selbst in seinem bzw. ihrem lebensgeschichtlichen und -situativen Kontext. Demnach ist in erster Linie ein forschendes Wahrnehmen dessen, welche Themen, Probleme, Konflikte oder Dilemmata Jugendliche als ethisch relevant fokussieren, Ausgangsbasis für alle weiteren Reflexionen.

Auch in didaktischer Hinsicht ist daher ein Perspektivenwechsel nötig: In den meisten Fällen wird es so sein, dass Jugendliche auf der Basis ihres subjektiven Gefühls und Gewissens nach möglichen zugrundeliegenden Kriterien bzw. normativen Begründungszusammenhängen forschen, um die Tragweite ihrer Sichtweisen zu konkretisieren bzw. in Diskussionen ihre Einschätzungen zu begründen. Hierbei können selbstverständlich implizit gesetzte Kriterien durch explizit (schöpfungs)theologische Begründungen fundiert bzw. korrigiert werden und insofern identitätsfördernd sein, woraus sich plausibel die zeitgemäße Legitimation des theologischen Bildungsauftrags begründet. Doch zunächst stellt sich in jugendtheologischer Hinsicht die Aufgabe, die Situationen ethischer Sensibilität und jugendlicher Interessen wahrzunehmen, um von hier aus die je individuelle Konstruktion von Sichtweisen und Begründungszusammenhängen zu sichten.[8]

3. Selbsteinschätzungen Jugendlicher zu umweltethischen Fragestellungen

In einer 2011 durchgeführten Umfrage[9] zur umweltethischen Einstellung von Realschülern und Realschülerinnen wurden mittels eines dreiseitigen Fragebogens 102 am evangelischen Religionsunterricht teilnehmende Schüler und Schülerinnen aus zwei neunten und drei zehnten Klassen befragt: Insgesamt waren an der Erich-Maria-Remarque-Realschule in Osnabrück 15 Neunt- und 21 Zehntklässler (eher städtischer Kontext), an der Heinrich-Christoph-Londy-Schule Rethem (eher ländlicher Kontext im Landkreis Soltau-Fallingbostel) 24 Neunt- und 42 Zehntklässler in die empirische Untersuchung einbezogen.

---

8 Selbstverständlich ist es im Rahmen eines subjektorientierten Zugangs zur Jugendtheologie hilfreich, sowohl soziokulturelle als auch entwicklungspsychologische Bedingungsfaktoren in den Blick zu nehmen, um möglicherweise Strukturen ethischer Urteilsfindung und Handlungsorientierung von Jugendlichen zu entdecken, nicht jedoch, um nur in bestätigendem Interesse jugendliche Äußerungen in bereits vorgegebene Schemata einzuordnen und dabei möglicherweise eigene Reduktionismen in Kauf zu nehmen.
9 Vgl. die von Jutta Dittmer am 25.7.2011 an der Universität Osnabrück im Fach Evangelische Theologie/Religionspädagogik vorgelegte Masterarbeit zum Thema »Umweltethisches Lernen im Religionsunterricht am Beispiel der Diskussion um Atomenergie«.

In einem ersten Fragenkomplex steht das persönliche Interesse der Jugendlichen am Umwelt- und Naturschutz im Vordergrund bzw. deren in diesem Kontext stehendes Alltagsverhalten. So wird die Frage 1 (Wie sehr interessierst du dich für Themen des Naturschutzes? auf einer Skala von 1 = gar nicht bis 5 = sehr stark) von den Schülerinnen und Schülern so beantwortet, dass über 80 % ein mittleres bis sehr starkes Interesse angeben. Nur 2 % der Befragten zeigen kein Interesse für Naturschutz.

Die Antworten auf die Frage 2, welches Thema den Jugendlichen im Zusammenhang mit dem Umweltschutz besonders wichtig ist, lassen sich grob in fünf Themenbereiche einteilen: 33 % der Antworten beziehen sich auf Tierschutz (Tierquälerei, Tierversuche, Artensterben); 28 % auf Abholzung des Regenwaldes (Artensterben); 25 % auf (Atom-)Energie bzw. Erneuerbare Energien; 19 % auf Umweltverschmutzung (von Wäldern, Gewässern bes. durch Ölkatastrophen) sowie 16 % auf Klimaschutz (Klimawandel, Co_2-Ausstoß; Vergrößerung des Ozonlochs).

Bei der dritten Frage (»Wie könnte man sich im Alltag der Umwelt gegenüber verantwortlich verhalten?«) zählen alle Schüler und Schülerinnen mindestens ein Beispiel auf: 88 % der Antworten beziehen sich auf den Bereich der Mobilität (z.B. Verzicht aufs Auto, Öffentliche Verkehrsmittel), 76 % auf Vermeidung bzw. Trennung von Müll und 67 % auf Möglichkeiten, im Haushalt Energie zu sparen.[10]

Ausgehend von der Betonung umweltethischer Impulse in der Religionsdidaktik im Niedersächsischen Kerncurriculum zielen die folgenden Fragen der empirischen Untersuchung Dittmers auf die religionspädagogische Relevanz bzw. den Stellenwert des Religionsunterrichtes bei der Behandlung von Umweltfragen und in einem weiteren Fragenkomplex auf die Bedeutung biblischer Geschichten im Horizont eines umweltethisch ausgerichteten Religionsunterrichts. Ein äußerst interessantes Ergebnis der Befragung stellt die Einschätzung der Schülerinnen und Schüler dahingehend dar, dass sowohl für den Religionsunterricht als auch in der Behandlung biblischer Texte kaum ein Bezug zu umweltethischen Fragestellungen wahrgenommen wird und sich dieses auch in der Meinung der Befragten hinsichtlich der Kirche als vermeintlich weltfremder Institution, »die keine ausschlaggebenden Impulse zur aktuellen politischen oder gesellschaftlichen Debatten beitragen kann«, gesehen wird.

Auf die Frage 6 (»Soll über Themen des Umwelt- und Naturschutzes im Religionsunterricht gesprochen werden und warum / warum nicht«) antworten die Jugendlichen folgendermaßen[11]:

---

10 Mehrfachnennungen führen zu den Prozentangaben.
11 *Dittmer*, Umweltethisches Lernen, 35.

7 %	Keine Angabe
53 %	»Nein«, z.B. – »Ich sehe keinen Zusammenhang zu Gott/Religion. Die Thematik passt besser in den Biologie- oder Erdkundeunterricht.« – Im Religionsunterricht sollten eher »die Kirche und andere Religionen« sowie »Glaubensfragen« besprochen werden.
5 %	»Nicht nur im Religionsunterricht«, z.B. – »Aktuelle Themen [können im Religionsunterricht] ruhig angesprochen werden (Atomunglück in Fukushima), aber in anderen Fächern sollten sie ausführlicher thematisiert werden.« – »Man kann nicht genug über solche Themen sprechen«, deswegen sollte man auch im Religionsunterricht die Gelegenheit dazu nutzen.
35 %	»Ja« – davon 12 %: Bezug zur Schöpfungsthematik, z.B. • »Gott hat uns die Erde geschenkt und wir sollen darauf achten, wie wir mit der Natur umgehen.«

Dass umweltethische Fragestellungen bei der überwiegenden Mehrheit der Jugendlichen so fern von Gott/Religion und theologischen Zusammenhängen gesehen werden, ist aufschlussreich: Neben der individualisierenden Vorstellung, dass Glaube nichts mit Politik und insofern auch wenig mit gesellschaftspolitischen Themen zu tun hat, scheint hier die Verbindung einer ethischen Beziehungsstruktur Gott-Mensch, Mensch-Mensch und Mensch-Natur am wenigsten für den Bereich der Umwelt zum Tragen zu kommen. Schöpfungstheologische Implikationen werden anscheinend bei diesen Neunt- und Zehnt-Klässlern – selbst im Religionsunterricht – nur rudimentär wahrgenommen und als wenig plausibel oder handlungsleitend eingeschätzt.

Auch die Frage, ob biblische Texte bei der Diskussion umweltethischer Themen eine Rolle spielen sollten, wird von der Hälfte (genau 50 %) der Jugendlichen verneint: »Nein, weil das Umweltthema nichts mit Religion zu tun hat« / »Nein, weil die Texte nicht mit der heutigen Zeit zu tun haben und sie manchmal schwer verständlich sind« / »Nein, weil die Bibel nicht bei jedem Thema eine Rolle spielen (sollte), weil Vieles davon ja auch nicht wahr ist.« 23 % der Realschüler und -schülerinnen machen zu dieser Frage keine Angabe, während 27 % die Frage bejahen, zum Beispiel »weil ausgehend von biblischen Texten viele Dinge besser verständlich sind.« Immerhin scheint es doch bei mehr als einem Viertel der befragten 15–16jährigen die Vorstellung zu geben, dass die Beschäftigung mit biblischen Texten hilfreich zum Selbst- bzw. Weltverständnis sein könnte. Allerdings wirkt es angesichts einer seit fast zehn Jahren erfahrenen religiösen Bildung via Religionsunterricht durchaus ernüchternd, dass die Schülerinnen und Schüler auf die folgende Frage »Welche biblische Erzählung könnte in diesem Zusammenhang wichtig sein und warum?« ihre Vorkenntnisse kaum aktivieren konnten bzw. wollten. Obwohl die Schöpfungsthematik seit der Grundschule immer wieder aus verschiedenen Perspektiven im Lehrplan Thema ist, können 78 % der Neunt- und Zehntklässler keine Antwort auf diese Frage geben. Lediglich von 9 % der Jugendlichen wird der Begriff ›Schöpfung‹ genannt, genauere Erläuterungen zu den Texten fehlen auch hier.

Resümierend stellt Jutta Dittmer in ihrer Untersuchung das grundsätzliche Interesse Jugendlicher an Umwelt- und Naturschutzthemen sowie einen guten Informationsstand zum umweltbewussten Alltagsverhalten fest. Die innere Kohärenz zu umweltethischen Fragestellungen zum Religionsunterricht scheint jedoch für Schülerinnen und Schüler im Jugendalter kaum sichtbar zu sein: »Der Gedanke, dass ein Christ ein besonderes Verständnis von und Verhältnis zu seiner Umwelt haben könnte, ist ihnen nicht unbedingt geläufig.«[12] Diese Einschätzung bestätigt sich auch in der Konkretisierung der Fragebogenuntersuchung angesichts der – der Studie zeitlich nahen – atomaren Katastrophe in Fukushima. 49 % der Realschülerinnen und -schüler verneinen, »dass es nötig sei, die Meinung der Kirche zu dieser Diskussion heranzuziehen«, denn es »handelt sich um ein wissenschaftliches Problem, mit dem die Kirche nichts zu tun hat«; »Man sollte besser Politiker, Bio- oder Ökologen fragen«; »Die Kirche hat heute keinen großen Einfluss mehr«; »Nein, sie (die Kirche, E.N.) hat keine Ahnung. Die Meinung der Kirche bezieht sich immer auf die Bibel. Das ist falsch.« Oder »Die Kirche denkt unrealistisch, weil sie religiös ist.« Während 19 % keine Angabe machen, 13 % meinen, dass jeder seine Meinung zu diesem Thema beitragen dürfe, bejahen 19 % diese Frage aus folgenden Gründen: zum einen, weil viele Menschen ums Leben gekommen seien (seelsorgliche Funktion), und zum anderen, weil die Kirche Spenden sammeln könne (karitative Funktion).

Zusammenfassend bestätigt die Studie die Dringlichkeit eines Perspektivenwechsels, der didaktisch im Sinne einer Jugendtheologie bzw. Jugendethik bei den Sichtweisen der Schülerinnen und Schüler selbst einsetzt und realisiert, dass vom gravierenden Verlust einer christlichen Prägung auszugehen ist. Weder biblischen Texten noch kirchlichen Verlautbarungen noch langjährigem Religionsunterricht kann demnach eine direkt nachweisbare Aktualitätsrelevanz im Blick auf ethische Einstellungen zugesprochen zu werden. Dies aber bedeutet meines Erachtens, dass die umweltethische Bildungsaufgabe darin liegt, die vorhandenen Einschätzungen der Jugendlichen zunächst wahrzunehmen und insofern wertschätzend aufzugreifen, dass allein schon der individuellen Positionierung eine durch subjektiv bestimmte Gründe zuzusprechende Legitima-

12 Ebd., 52.

tion eignet. Nur die zunächst wertfreie Sichtung der Positionen kann ein bildungstheoretisch fundierter Ausgangspunkt für alle weiteren Diskurse sein. Letztlich kann ein durch Toleranzfähigkeit bestimmter Dialog nur dann gelingen, wenn den Dialogpartnern ein Recht auf ihre lebensgeschichtlich gewordene bzw. situativ bestimmte Positionierung zugesprochen wird und auf diese Weise Verstehensprozesse für individuelle Begründungszusammenhänge initiiert werden. Ein nächster Schritt kann dann sein, jugendlichen Suchbewegungen nach implizit oder explizit zugrundeliegenden Gründen oder Kriterien ihrer ethischen Gefühle, Gedanken und Vorstellungen auf dem Weg behilflich zu sein, dass sie theologische Argumentationsstrukturen kennenlernen und möglicherweise in ihre ethische Urteilsbildung bzw. Handlungsorientierung einbeziehen. Insbesondere neuere Impulse einer subjektorientierten Bibeldidaktik, die kreative Formen im Umgang mit den Texten wie beispielsweise beim Bibliolog favorisieren, scheinen notwendig, den Jugendlichen die Bibel quasi in die eigene Hand zu legen und ihnen hierbei – neben einem selbstverständlich fortzuführenden biblisch-theologischen Bildungsauftrag – für ihre eigenen Deutungswege Mündigkeit zuzusprechen.

Hierbei zeigt sich meines Erachtens deutlich, dass eine religiöse Fundierung ethischer Vorstellungen von Jugendlichen im Kontext einer – mit der Lebensgeschichte eng verbundenen – allgemeinen Werte-Bildung zu sehen ist, in der die subjektive Einbettung in sinnstiftende und im wahrsten Sinne des Wortes wert-schätzende Beziehungsstrukturen zum Tragen kommt. Dass die Wahrnehmung, Realisierung und Reflexion der Beziehung zu Gott, zum Mitmenschen und zur Umwelt durchaus nicht nur kognitiv konnotiert ist, sondern in ihrer erfahrungsbezogenen Qualität immer auch emotional fundiert ist, wird gerade im Diskurs mit Jugendlichen leicht aus den Augen verloren. Selbstverständlich ist es berechtigt, im Jugendalter aufgrund der fortgeschrittenen rationalen Entwicklung von einem höheren Abstraktionsniveau auszugehen und kognitive Anreize zur ethischen Urteilsfindung wie auch für durchdachte Argumentationsstrukturen zu bieten. Doch Subjektorientierung christlich verantworteter Bildung als Selbstbildung intendiert einen persönlichen und selbstreflexiven Weg der Urteilsfindung und Handlungsorientierung in ethischen Entscheidungsprozessen. Es geht um das ›Ich‹, das sich zu Gott, aber auch zum Anderen als Fremdem und zur Welt schlechthin in Beziehung setzt und vor die Frage der Gestaltung dieser Beziehungsebene stellt. Dieses ›Sich-in-Beziehung-setzen‹ umfasst den Menschen in seiner leibseelischen Einheit. Aktuelle neurophysiologische Forschungen zeigen deutlich die bislang unterschätzte Bedeutung der ethischen Einstellungen und damit auch ethischer Bildung zugrundeliegenden Emotionalität. Daher sind Kognition und Emotion zwar zu differenzieren, jedoch nicht dualistisch zu trennen, denn erst der Zusammenhang von kognitiven Erkenntnisstrukturen und emotionalem Selbstbezug initiiert religiöse wie ethische Lernprozesse.

4. Zur Wahrnehmung der emotionalen Dimension ethischer Bildung

Katharina (10, 8 Jahre), die die 5. Klasse eines Gymnasiums besucht, stürzt mittags zur Haustüre herein und verkündet, dass sie auf keinen Fall jemals wieder Schweinefleisch essen wolle. Im Erdkundeunterricht wurde ein Film über Massentierhaltung bei Schweinen gezeigt, der sie entsetzt und wütend gemacht hat. In großer Entschiedenheit hat sie mit ihren Freundinnen sofort die Gründung einer Art Tierschutzbewegung beschlossen, mit der sie alle Menschen über dieses schreckliche Vorgehen der ›Fleischproduktion‹ informieren und Unterschriften dagegen sammeln wollen. Noch vor dem Mittagessen, das wegen seines Fleischgehaltes problematisch zu werden verspricht, sitzt sie am Küchentisch und schreibt folgende Petition:

> Rettet die Schweine!
>
> Kaufen Sie einfach Bio-Fleisch oder werden Vegetarier damit unterstützen Sie nähmlich arme Schweine die in Massenzucht gezüchtet werden. Außerdem ist Schweinefleisch das ungesündeste Fleisch der Welt! Wenn Sie es einfach nicht aushalten auf Würstchen oder Fleisch zu verzichten und es von einem Bio-Bauern zu teuer ist dann essen Sie doch einfach Tofu-Würstchen, die sind sogar gesund! Oder essen Sie Gummibärchen aus Agar-Agar und nicht die von Haribo die aus Knochenpulver (Gelatine) gemacht sind. Unterstützen sie die Schweine die nur 5 Monate leben können und bei denen der Schwanz ohne Betäubung abgeschnitten wird. Die Schweine vom Bio-Bauern haben zumindest ein gutes Leben! Die anderen stehen in ihrer eigenen Kacke! Bitte haben Sie Verständnis! Schweine sind doch auch Lebewesen.

Interessant wird die Diskussion am Mittagstisch mit den beiden älteren Brüdern. Klaus (7. Klasse und in einer Naturschutzjugendgruppe enga-

giert) stimmt inhaltlich völlig zu, während er jedoch unverdrossen sein Schweinefleisch-Gyros isst. Sehr überzeugend problematisiert er mit Faktenwissen, dass nicht nur Schweine von der Massentierhaltung betroffen seien: »*Dann darfst du aber gar kein Fleisch mehr essen. Außer vielleicht Biofleisch. Aber das ist teuer, und die Tiere müssen auch geschlachtet werden.*« »*Aber die hatten dann wenigstens ein gutes Leben!*«*, kontert die 10-Jährige. Da schaltet sich Karl ein (11. Klasse):* »*Stell dir das nicht so einfach vor. Wenn du jetzt kein Schweinefleisch mehr isst, bringt das gar nichts. Und Gummibärchen darfst du dann auch nicht mehr essen, denn da ist Gelatine von Schweinen drin. Und in manchen Keksen ist auch was davon drin.*« *Da er weiß, wie gerne seine Schwester Süßigkeiten isst, vermutet er wohl, dass sie dann von ihren Radikalforderungen Abstand nehmen wird.* »*Aber es ist so schrecklich, wie die Tiere gequält werden. Du hättest mal sehen sollen, wie ...*«*, schüttelt sich Katharina bei der Erinnerung an die eben gesehenen Bilder. Sie springt auf, nimmt zärtlich den Hund in den Arm und spricht zu ihm als anscheinend einzigem Verbündeten in der Familie:* »*Ihr seid doch tolle Tiere, die es gut haben wollen.*« *Im Blick auf den Hund sind sich natürlich alle einig; im Blick auf die so genannten Nutztiere scheiden sich jedoch die Geister und die Handlungsbereitschaften.*

Deutlich zeigt sich in dem aus dem Alltag gegriffenen Dialog das Ringen der 10-Jährigen um Argumente für eine Legitimierung ihrer Gefühle und Einschätzungen, wobei sie von einem eher diffusen Begriff von ›gutem Leben‹ und dass alle Lebewesen ein Recht darauf hätten, es ›gut zu haben‹, ausgeht. Während ihre Sichtweise sehr stark auf ihr Gefühl rekurriert, das man einerseits als ›Ehrfurcht vor dem Leben‹ und andererseits als ›Mitgefühl‹ bezeichnen könnte, differenzieren die älteren Brüder derartige impulsive Reaktionen, indem sie die Komplexität der Zusammenhänge, die notwendige, aber nur schwer zu realisierende Radikalität einer mitfühlend-verantwortlichen Tierethik und auch die Problematik der gesellschaftlichen Wirkmächtigkeit eines/r Einzelnen aufzeigen. Sehr viel stärker scheint hier eine Ausrichtung an Konventionen deutlich zu werden, ebenso eine psychologisch zu erklärende Dimension von Verdrängung via Rationalisierung. Dies bestätigt Eindrücke aus dem Bereich der Umwelterziehung, die einerseits ein stark gewachsenes Umweltbewusstsein und andererseits wenig Handlungsalternativen in den Bemühungen um Umwelt- und Naturschutz konstatieren. Auch wenn heutige Schüler und Schülerinnen ein fundiertes Wissen über Ursachen, Folgen und Wirkungen menschlichen Handelns auf die Umwelt haben bzw. umweltethische Problematiken und Zusammenhänge sehen können, werden hieraus kaum lebenspraktische Konsequenzen gezogen. Insofern stellt sich die Frage, welchen Bedingungen ethische Sichtweisen von Jugendlichen unterliegen und was dies für ethische Bildungskontexte der Religionspädagogik impliziert.

In Anlehnung an jugendtheologische Prämissen befördert eine dezidierte Subjektorientierung die Möglichkeit, dass Kompetenzen zur Selbstwahrnehmung bzw. Selbstreflexion gestärkt werden, indem den Heranwachsenden Raum gegeben wird, aus eigener Perspektive zu artikulieren, welche Themen für sie auf welche Weise ethisch relevant sind. Die Eröffnung von Freiheit im Fühlen, Denken und Handeln auf der Basis einer durch das Gewissen des/der Einzelnen bestimmten Beziehungsfähigkeit kann so Diskurse eröffnen, die in wertschätzender Haltung nach Positionen fragen und zugleich nach Wegen suchen, den Horizont im Sinne einer religiösen Fundierung ethischer Kriterien zu erweitern, auch in theologischer Hinsicht Differenzierungsvermögen zu entwickeln und alternative Handlungsmöglichkeiten auszuloten. So kann ein Bewusstsein dafür entstehen, religiöse Bezugspunkte und theologische Begründungen zur Klärung der eigenen ethischen Motive einzubeziehen bzw. diese überhaupt erst im Kontext eigenen Glaubens entstehen zu lassen. Gerade die Offenheit und das Interesse Jugendlicher für ethische Themen kann so als Weg zum Theologisieren gesehen werden – allerdings für alle religionspädagogischen Bemühungen mit einem hohen Maß an Frustrationstoleranz, d.h. mit der Akzeptanz, dass Jugendliche Perspektiven und Überzeugungen christlichen Glaubens für sich – zumindest in der Momentaufnahme – nicht adaptieren. Insofern bedarf es für alle Kontexte des Theologisierens mit Jugendlichen eines Klimas von Freiheit und Offenheit für das Subjekt.

Weitere Literatur

Blasberg-Kuhnke, M. / Mokrosch, R. / Naurath, E. (Hg.), Werte-Bildung – interdisziplinär. Fachbezogene und fächerübergreifende Grundlagen und Konkretionen, Werte-Bildung interdisziplinär Bd.1 (erscheint Göttingen 2012)
Lachmann, R., Ethische Kriterien im Religionsunterricht. Dargestellt am Beispiel des Agapekriteriums, Gütersloh 1980
Lachmann, R. / Adam, G. / Rothgangel, M. (Hg), Ethische Schlüsselprobleme. Lebensweltlich – theologisch – didaktisch, TLL 4, Göttingen 2006
Mokrosch, R. / Regenbogen, A. (Hg.), Werte-Erziehung und Schule. Ein Handbuch für Unterrichtende, Göttingen 2009
Naurath, E., Mit Gefühl gegen Gewalt. Mitgefühl als Schlüssel zur ethischen Bildung: eine religionspädagogische Herausforderung, Neukirchen-Vluyn ³2010
Neitzel, W., Tiere als Mitgeschöpfe. Eine pädagogische Herausforderung, Frankfurt/Main 2003
Pirner, M. / Schulte, A. (Hg.): Religionsdidaktik im Dialog – Religionsunterricht in Kooperation, Jena 2010
Schlag, T. / Schweitzer, F., Brauchen Jugendliche Theologie? Jugendtheologie als Herausforderung und didaktische Perspektive, Neukirchen-Vluyn 2011
Szagun, A., »Mein Vogel ist der einzige, dem ich alles anvertrauen kann.« Zur Präsenz des Göttlichen in Tiergestalt im Erleben der Kinder. In: Arbeitsgemeinschaft der evangelischen Religionslehrerinnen an Allgemeinbildenden Höheren Schulen in Österreich (Hg.)., Kindertheologie – Bildungskompetenz, Wien/Berlin 2006, 39–62

Katja Dubiski

Und was glaubst du?

Jugendtheologie in der Konfirmandenarbeit am Beispiel »Credo«

1. Konfirmandenarbeit und Jugendtheologie

Etwa 30 % aller 14-Jährigen in Deutschland lassen sich konfirmieren[1]. Das entspricht mehr als 90 % der evangelischen Jugendlichen im entsprechenden Alter. Die Konfirmandenarbeit erfolgt in 70 % der Gemeinden in wöchentlichen Treffen, in der Landeskirche Württemberg liegt diese Quote sogar bei 99 %[2]. Damit ist die Konfirmandenarbeit mit ihrer Regelmäßigkeit und trotz aller Unterschiede im Hinblick auf Teilnehmende und Organisationsformen, die sich im Detail bundesweit zeigen, neben dem Religionsunterricht der im Blick auf die Anzahl der Teilnehmenden sowie die zeitliche Ausdehnung umfangreichste Raum, in dem Jugendtheologie innerhalb eines institutionalisierten Rahmens stattfinden kann. Bereits die Orientierungshilfe »Konfirmandenarbeit und Konfirmation im Wandel« der Evangelischen Kirche in Deutschland (EKD) aus dem Jahr 1998 betont, dass neben Kindern und Erwachsenen eben auch Jugendliche »als Subjekte des Lernens«[3] wahrzunehmen sind, woraus als Zielsetzung von Konfirmandenarbeit die Förderung religiöser Selbstständigkeit und christlicher Mündigkeit resultiert. Daran anknüpfend bezieht sich z.B. die Rahmenordnung für Konfirmandenarbeit der Landeskirche Württemberg aus dem Jahr 2000 ebenfalls auf diesen »Perspektivenwechsel«[4]: Kinder und Jugendliche als Subjekte der Konfirmandenarbeit sollen in deren Planung und Gestaltung mit einbezogen werden. Die württembergische Rahmenordnung wird dabei im Blick auf die Methoden relativ konkret und legt als Vorgehensweise für Planung und Durchführung von Konfirmandenarbeit nahe, vom Vorverständnis der Jugendlichen und deren Lebenswirklichkeiten aus einen Kontakt mit Inhalten und Formen der christlichen Überlieferung bzw. Tradition herzustellen,

---

1 Vgl. *Ilg, W. / Schweitzer, F. / Elsenbast, V.*, Konfirmandenarbeit in Deutschland, Gütersloh 2009, 39.
2 Vgl. ebd., 43, 45. Da die Verfasserin von Erfahrungen in der Konfirmandenarbeit in der württembergischen Landeskirche ausgeht, nehmen nachfolgende Betrachtungen exemplarisch die dortige Rahmenordnung bzw. Praxis auf.
3 *EKD*, Konfirmandenarbeit und Konfirmation im Wandel (1998) (abgerufen am 14.05.2012 unter http://www.ekd.de/EKD-Texte/44603.html).
4 *Evangelischer Oberkirchenrat* (Hg.), Mit Kindern und Jugendlichen auf dem Weg des Glaubens. Rahmenordnung für die Konfirmandenarbeit, Stuttgart 2000, 9, 19.

der den Jugendlichen als Orientierung beim Finden eines eigenen Standpunkts dienen soll[5]. Im Bezug auf die didaktische Umsetzung dieser Kontaktherstellung wird eine Vielfalt an Methoden gewünscht, die unterschiedlichen Begabungen Raum geben und so möglichst viele Jugendliche am Unterricht beteiligen sollen[6]. Wie die Orientierungshilfe der EKD hebt auch die württembergische Rahmenordnung hervor, dass Jugendliche mit eigenen religiösen Interessen und Fragen bzw. Anfragen an der Konfirmandenarbeit teilnehmen, die sie zumeist in nicht-kirchlicher Sprache ausdrücken – die Berücksichtigung dieser impliziten Theologie der Jugendlichen wird als eines der grundlegenden Unterrichtsprinzipien bezeichnet[7].

Dass Jugendtheologie im Sinne der von Schlag/Schweitzer beschriebenen »Theologie *der* Jugendlichen, *mit* Jugendlichen und *für* Jugendliche«[8] in der Konfirmandenarbeit eine zentrale Rolle spielen soll, ist also zentrales Anliegen der beiden genannten Grundlagenpapiere. Wie ist dies in der Konfirmandenarbeit praktisch umsetzbar? Am Beispiel der Arbeitseinheit »Credo« wird nachfolgend zunächst dargestellt, welche Anregungen eine Auswahl gängiger Arbeitshilfen und Materialien zur Konfirmandenarbeit bieten und auf welche Weise und in welchem Umfang diese den Anliegen der Jugendtheologie Raum geben. Abschließend wird beispielhaft eine Arbeitseinheit umschrieben, welche die theoretischen Anliegen der Jugendtheologie mit den Praxisvorschlägen zu verbinden versucht.

2. Die Jugendlichen und das Glaubensbekenntnis

Da Konfirmandinnen und Konfirmanden mit der Konfirmation ihre Taufe bestätigen und ihre Kirchenzugehörigkeit bejahen, indem sie persönlich und öffentlich ihren Glauben bekennen, gehört in den meisten Kirchengemeinden der Text des Apostolischen Glaubensbekenntnisses zum zentralen Lernstoff für die Konfirmation. Deshalb spielt das Credo auch eine bedeutende Rolle unter den katechetischen Themen, die in der Konfirmandenarbeit behandelt werden[9]. Durch die enge Bindung des Credo an die Konfirmation liegt für die Lehrenden der Gedanke nahe, diesem als »Haupt-Sitz im Leben« den (Konfirmations-)Gottesdienst zuzuordnen und seine Bedeutung mit der Gemeinschaft der weltweiten

---

5 Vgl. ebd., 10, 19.
6 Vgl. ebd., 24f.
7 Vgl. Rahmenordnung, 19f. Vgl. auch *EKD*, Konfirmandenarbeit und Konfirmation.
8 Vgl. *Schlag, T. / Schweitzer, F.*, Brauchen Jugendliche Theologie? Jugendtheologie als Herausforderung und didaktische Perspektive, Neukirchen-Vluyn 2011, 177.
9 Das gilt v.a. für Pfarrerinnen und Pfarrer. Die Jugendlichen wurden dazu in der Konfirmandenstudie aus Platzgründen nicht befragt, vgl. *Ilg/Schweitzer/Elsenbast*, Konfirmandenarbeit in Deutschland, 106.

Christenheit[10] sowie seiner langen Tradition zu erklären. Gerade »Gottesdienst« und »Kirchengemeinde« sind allerdings Themen, die bei den Konfirmandinnen und Konfirmanden in der KU-Studie auf besonders geringes Interesse stießen[11]. Dass durch eine solche Verknüpfung des Glaubensbekenntnisses mit »Gottesdienst« und »Kirchengemeinde« leicht ein angespanntes ›entweder – oder‹ zwischen christlicher Tradition bzw. Theologie und den lebensweltlichen Fragen von Jugendlichen entstehen kann[12], das nur in wenigen Fällen zu spannenden Prozessen einer Theologie mit Jugendlichen bzw. zu einer entspannten Bildung persönlicher Theologie führt, liegt auf der Hand. Zum einen liegen Sprache und Deutungsmöglichkeiten ihrer eigenen Lebenswelten den Jugendlichen sehr viel näher als die der Tradition[13], zum anderen steht – ausgesprochen oder nicht – die Frage im Raum, was Sinn und Zweck eines persönlich und öffentlich gesprochenen Bekenntnisses ist und wofür es sich in solcher Weise persönlich und öffentlich einzutreten lohnt.

Nach diesen theoretischen Überlegungen ist weiter zu prüfen, wie der inhaltliche Zweischritt von Sinn und Zweck von Bekenntnissituationen einerseits und Annäherung bzw. Aneignung des Textes des Apostolischen Glaubensbekenntnisses andererseits in der Konfirmandenarbeit praktisch umgesetzt werden kann. Dazu werden nachfolgend zunächst die Vorschläge verschiedener Arbeitshilfen zur Konfirmandenarbeit in Auswahl herangezogen.

3. Konzeptionen für die Praxis – Betrachtung verschiedener Arbeitshilfen zum KU

Die Arbeitshilfen zur Konfirmandenarbeit unterscheiden sich in ihrer Herangehensweise v.a. in der Akzentuierung der Textarbeit mit dem Apostolischen Glaubensbekenntnis.[14] Einige Entwürfe knüpfen direkt am Text an und setzen einen großen Anteil an Arbeitszeit und Methoden dafür ein, den Jugendlichen das Apostolische Glaubensbekenntnis nahezubringen. Andere legen den zeitlichen und inhaltlichen Schwerpunkt auf die Frage, welche Rolle »Bekenntnissituationen« im Leben von Menschen haben.

---

10 Dass gerade das Apostolicum keineswegs in allen christlichen Kirchen dieselbe Anerkennung genießt, wird dabei nicht weiter beachtet.
11 Vgl. *Ilg/Schweitzer/Elsenbast*, Konfirmandenarbeit in Deutschland.
12 Vgl. die Analyse von *Schlag/Schweitzer*, Jugendtheologie, 13.
13 Vgl. ebd., 16.
14 Nachfolgend wird die Gliederung der Arbeitseinheit »Credo« in den Materialien grob umrissen, wobei nur eine Auswahl der jeweiligen Methoden zur Veranschaulichung genannt wird.

KU-Grundkurs (Starck u.a. 2008)
Das Credo in Text und Bild – oder: Tradition als »Haus des Glaubens«
Der KU-Grundkurs[15] arbeitet mit dem Arbeitsbuch und der ergänzenden Homepage www.ku-kurs.de. Zum Thema »Glaubensbekenntnis« ermöglichen dabei verschiedene Fotografien, z.B. von Fußballfans, den Jugendlichen einen Zugang zum Thema »Farbe bekennen«. Zur Diskussion regt die Frage nach der Rechtfertigung von Auseinandersetzungen mit der Polizei an, in der die Jugendlichen ihre implizite Theologie zum Ausdruck bringen können. Deren explizit theologische Deutung wird im nächsten Arbeitsschritt anhand von Material zu den ersten Christenverfolgungen vollzogen, wobei sich der Unterrichtsinhalt allerdings vom Alltag der Jugendlichen entfernt. Letzteres kann z.B. mit einer Weiterarbeit mit den auf der Homepage vorgeschlagenen alltagsnahen Umsetzungen bei www.eingreifen.de vermieden werden. Eine erste Arbeitsphase mit dem Apostolischen Glaubensbekenntnis erfolgt u.a. über ein Glossar zum Text sowie weiteren Informationen zu Leben und Tod Jesu, veranschaulicht durch Kunstwerke und Texte verschiedener Epochen. Bilder und Texte werden anhand des Glaubensbekenntnisses durch die Jugendlichen theologisch gedeutet. Ob dabei Jugendtheologie im Sinne eines gemeinsamen Wahrnehmungs-, Reflexions- und Artikulationsprozesses »im Sinn experimentellen und prozessualen Geschehens«[16] stattfinden kann, ist allerdings fragwürdig, da vor allem die Fülle des Materials bei gleichzeitiger methodischer Einseitigkeit ein mögliches Hindernis sein könnte. Unter anderem mit der kreativen Gestaltung selbst formulierter oder »übersetzter« Sätze eines persönlichen Glaubensbekenntnisses werden den Jugendlichen abschließend Anregungen gegeben, ihrer persönlichen Theologie Ausdruck zu verleihen und bei der Präsentation der Texte in einen Prozess der Theologie mit Jugendlichen einzusteigen.

Kursbuch Konfirmation (Lübking 2001)
»Jeder Mensch glaubt an etwas« – individuelle Zugänge zu glauben, zweifeln und vertrauen
In der Einleitung zum Praxisbuch »Neues Kursbuch Konfirmation«[17] macht Hans-Martin Lübking darauf aufmerksam, dass im Konfirmandenunterricht zu oft Fragen beantwortet würden, die Jugendliche nicht selbst gestellt hätten, und es würden von ihnen Diskussionen zu Themen gefordert, mit denen sie keine Erfahrungen verbänden – was Diskussion

---

15 *Starck, R. / Hahn, K. / Szepanski-Jansen, S. / Weber, J.*, Grundkurs KU – Neuausgabe. Arbeitsbuch für Konfirmandinnen und Konfirmanden / Handbuch für Unterrichtende, Gütersloh 2008. Die Einheit zum Credo umfasst im Arbeitsbuch die Seiten 41–54, im Handbuch die Seiten 47–54.
16 Vgl. *Schlag/Schweitzer*, 179.
17 *Lübking, H.M.*, Neues Kursbuch Konfirmation. Ein Praxisbuch für Unterrichtende in der Konfirmandenarbeit / Ein Arbeitsbuch für Konfirmandinnen und Konfirmanden, Düsseldorf 2001.

unmöglich mache¹⁸. Wohl aus diesem Grund beginnt die Arbeitseinheit Glaubensbekenntnis¹⁹ nach einer kurzen Einleitung u.a. zu verschiedenen Bedeutungen des Verbs »glauben« mit der Formulierung persönlicher Kritik bzw. Fragen zu christlichen Glaubensinhalten, die im Anschluss an exemplarische Aussagen eines jungen Erwachsenen zum Thema »Was ich nicht glauben kann« notiert werden, anonym gesammelt und durch die Gruppenleitung beantwortet werden. Lübking betont dabei zwar, »dass diese Stellungnahme nicht immer das letzte Wort ist und dass abweichende Meinungen […] respektiert werden«²⁰, jedoch besteht an dieser Stelle doch eine geradezu ideale Chance, den Jugendlichen einen Austausch über ihre Fragen und Antworten zu ermöglichen und eben Theologie *mit* ihnen zu betreiben. Erst in einem dritten Arbeitsschritt setzen sich die Jugendlichen mit dem Apostolischen Glaubensbekenntnis selbst auseinander, indem sie ihre Zustimmung bzw. Ablehnung zu einzelnen Aussagen mit verschiedenen Symbolen markieren und in der Gruppe über Zustimmung bzw. Ablehnung zu einzelnen Sätzen abstimmen. Abschließend wird u.a. die individuell für am wichtigsten erachtete Aussage kreativ gestaltet oder werden mithilfe von Vorlagen eigene Glaubensbekenntnisse verfasst.

Konfis auf Gottsuche (Keßler/Nolte 2009)
Annäherung, Aneignung, Neuformulierung und Konsensfindung – wie Konfis sich »die Sache mit Gott« denken
In der Einleitung zur praxisorientierten Arbeitshilfe »Konfis auf Gottsuche« stellen Hans-Ulrich Keßler und Burkhardt Nolte ihr Lern- und Lehrmodell als gleichseitiges Dreieck zwischen Jugendlichen, Lehrenden und Gott dar.²¹ Im Bezug auf die von Schlag/Schweitzer vorgestellte Jugendtheologie sind dabei besonders zwei Aussagen anschlussfähig: Die Jugendlichen werden zum einen als Subjekte ernst genommen²², die »nicht prinzipiell weiter von Gott entfernt«²³ sind als Lehrende. Zum anderen wird gleichzeitig mit der Wahrung der Distanz zwischen Lernenden und Lehrenden damit ernst gemacht, dass beide »unterschiedliche Menschen mit unterschiedlichen Lebenshorizonten«²⁴ sind und deshalb in einen sinnvollen Austausch treten können und sollen. Die Grundannahme, Jugendliche seien in ihrem Leben bereits der »wirklich

---

18 Vgl. *Lübking*, Praxisbuch, 7f.
19 Die Arbeitseinheit »Credo« umfasst im Praxisbuch die S. 114–118, im Arbeitsbuch die S. 156–160.
20 *Lübking*, Praxisbuch, 114.
21 Vgl. *Keßler, H.-U. / Nolte, B.*, Konfis aus Gottsuche. Praxismodelle für eine handlungsorientierte Konfirmandenarbeit, Gütersloh 2009, 19–23.
22 Vgl. *Schlag/Schweitzer*, 28. So auch explizit formuliert bei *Keßler/Nolte*, Gottsuche, 38.
23 *Keßler/Nolte*, Gottsuche, 19.
24 Ebd.

wirkenden Wirklichkeit Gottes«[25] begegnet – auch ohne dies in explizit theologischer Sprache ausdrücken zu wollen bzw. zu können –, entspricht nach Schlag/Schweitzer der impliziten Theologie der Jugendlichen. Da diese Wirklichkeit für Lernende und Lehrende gleichermaßen gilt, zielen Didaktik und Methoden von Keßler/Nolte neben einer umfassenden Bearbeitung der beschriebenen impliziten Theologie vor allem auf die Dimension der persönlichen Theologie, in der die Rollen von Lernenden und Lehrenden da verschwimmen, wo ein Austausch über das »Affiziert-Sein durch Gottes Wirklichkeit«[26] stattfindet. Die Arbeitseinheit zum Credo[27] beginnt mit einer unmittelbaren Konfrontation mit dem Apostolischen Glaubensbekenntnis. Die Jugendlichen lesen den Text in einer Art Sprechmotette, markieren ihnen bedeutsame Textstellen etc. Ein besonderes Gewicht erhalten unverständliche Textpassagen, die übersetzt oder neu formuliert werden. In Form eines Konsensbildungsprozesses wird dann zunächst in Einzelarbeit, später in verschiedenen Kleingruppen und im Plenum aus den Glaubensbekenntnissen der Einzelnen ein Credo der Gruppe gestaltet. Insgesamt fällt auf, dass sich alle – methodisch vielfältigen – Arbeitsschritte in der Dimension expliziter Theologie bewegen, während vom theoretischen Vorwort her ein Einstieg bei den Erfahrungen und Einstellungen der Jugendlichen zu erwarten gewesen wäre. Die von Keßler/Nolte betonte Dimension der impliziten Theologie kommt in dieser Einheit nicht vor, die der persönlichen Theologie gewinnt erst bei der Formulierung des persönlichen bzw. des Gruppen-Credos an Bedeutung.

Anknüpfen (Wildermuth/Hinderer/Ebinger 2005)
Wie Tradition an die Inszenierung von (Lebens-)Bekenntnissen anknüpfen kann
Der Ansatz des Handbuchs »Anknüpfen«[28] baut auf den oben genannten »Perspektivenwechsel«[29], weshalb die Ziele der Konfirmandenarbeit nach diesem Konzept von den Jugendlichen aus festgelegt und die zu behandelnden Inhalte an deren Lebensgeschichte und Lebenswelt orientiert formuliert werden sollen, damit diese ihre bereits erworbenen Deutungen einbringen (können). Diese implizite Theologie der Jugendlichen soll im Idealfall in der Konfirmandenzeit durch den Kontakt mit »christlich-kirchlicher Tradition«[30] zur expliziten Theologie werden. Da die

---

25 Ebd., 36.
26 Ebd., 22.
27 Vgl. ebd., 161–167.
28 *Wildermuth, B. / Hinderer, M. / Ebinger, T.* (Hg.), Anknüpfen. Praxisideen für die Konfirmandenarbeit, Stuttgart 2005.
29 Vgl. Literaturhinweise oben und *Wildermuth, B.*, Perspektivenwechsel als Grundlage der Konfirmandenarbeit – Konfirmation, Ziele und Planung, in: *Wildermuth/Hinderer/Ebinger*, Anknüpfen, 11–13.
30 *Wildermuth*, Perspektivenwechsel, 11.

Praxisidee zum Glaubensbekenntnis »Dazu stehe ich!«[31] von Bernd Wildermuth und Martin Hinderer davon ausgeht, dass Lebensbekenntnisse heute eher inszeniert als verbalisiert werden und u.a. deshalb der katechetische Lerntext »Apostolisches Glaubensbekenntnis« in der Lebenswelt der Jugendlichen »keinen direkten Anknüpfungspunkt mehr«[32] habe, erfolgt der Einstieg zunächst über verschiedene Fotografien, zu denen die Jugendlichen Vermutungen äußern, wozu bzw. wofür die abgebildeten Personen (u.a. ein Polizist, ein Punk) stehen. Anschließend überlegen sie, wofür sie selbst einstehen, wie sich ihre Einstellungen entwickelt haben und mit welchem Psalmzitat sich ihre Erinnerungen in Worte fassen lassen. Auf diese Weise wird eine theologische Deutung der eigenen Biographie angeboten. Zum Abschluss wird anhand der Fotos besprochen, ob eine innere Haltung – wie z.B. bei einem Fußball-Fan – an der Kleidung erkennbar sein sollte. Der zweite Arbeitsschritt knüpft mit einem Musikstück (»Woran glaubst du? Was bleibt?«, Beatbetrieb) an der Lebenswelt der Jugendlichen an. Mit dem Bau von Skulpturen bringen die Jugendlichen ihre Antworten auf die Frage zum Ausdruck, die anschließend mit dem Songtext und einem Interview mit dessen Verfasser Tobias Wörner abgeglichen werden. Erst dann erfolgt – relativ abrupt – die Konfrontation mit dem Apostolischen Glaubensbekenntnis, das gesprochen und wiederum mit den Skulpturen verglichen wird. Einzelne Sätze werden in die Skulpturen integriert, und diese werden dem anderen Halbplenum präsentiert, das die Skulptur interpretiert. Es fällt auf, dass an keiner Stelle auf unverständliche oder fragwürdige Formulierungen des Apostolischen Glaubensbekenntnisses eingegangen wird. Stattdessen leitet die folgende Einzelarbeit unter dem Titel »Ein Nein zu Gott hat genauso Konsequenzen für dein Leben wie ein Ja« zum dritten Arbeitsschritt über, der mit dem Rollenspiel »Am Tag nach der Konfirmation«, bei dem sich Klassenkameraden über die Konfirmation unterhalten, die Lebenswelt der Jugendlichen mit der Konfirmation verknüpft. Es folgt eine liturgische Übung zum Credo im Kirchenraum und eine Einzelarbeit zur Frage »Wozu sage ich JA?«, deren Antworten zunächst schriftlich, dann wiederum in liturgischer Form verlesen und mit dem Konfirmationsversprechen der Agende verglichen werden. Eine persönliche Zusammenfassung der gesamten Einheit erfolgt mit dem Arbeitsblatt »Wozu stehe ich?« u.a. zu den Themenbereichen Outfit, Eigenschaften, Bibelwort.

---

31 Es wird von den zwei vorgegebenen Praxisideen diese Einheit gewählt, da sie vom Verfasser des theoretischen Vorwortes ist und somit ein Abgleich des Vorhabens mit der Umsetzung besonders interessant ist, vgl. *Wildermuth, B. / Hinderer, M.*, »Dazu stehe ich!« In: *Wildermuth, B. / Hinderer, M. / Ebinger, T.* (Hg.), Anknüpfen. Praxisideen für die Konfirmandenarbeit, Stuttgart 2005, 256–271.
32 *Wildermuth/Hinderer*, »Dazu stehe ich!«, 256.

4. Und was glaubst du? Umsetzung in eine Arbeitseinheit zum Credo

Wird die Prämisse, Jugendliche als Subjekte bzw. als Theologen im Sinne der Jugendtheologie zu würdigen, ernst genommen, ist es m.E. wie oben bereits beschrieben erforderlich, nicht unmittelbar mit dem Text des Apostolischen Glaubensbekenntnisses einzusteigen. Vielmehr ist ein Anknüpfungspunkt zu wählen, der Raum gibt für Artikulation und Reflexion der impliziten Theologie Jugendlicher. Erforderlich hierfür sind Impulse, die geeignet sind, die Jugendlichen zu einer Auseinandersetzung mit persönlichen Bekenntnissituationen anzuregen. Erst danach sollte das Apostolicum u.a. sprachlich bearbeitet werden, um den Text für die Jugendlichen verständlich zu machen. Auf dieser Ebene ist m.E. der Austausch der Jugendlichen untereinander sowie mit den Lehrenden von zentraler Bedeutung. Auf diese Weise wird es u.a. möglich, neue und sinngebende »Übersetzungen« zu erstellen, die den Jugendlichen gleichzeitig einen Zugang zum alten Text ermöglichen. Dann sind die selbst verfassten bzw. umformulierten Glaubensbekenntnisse fundierte Theologie der Jugendlichen mit ihren persönlichen Akzentuierungen im Abgleich mit der christlichen Tradition. Bei der Umsetzung dieser Arbeitsschritte ist zum einen darauf zu achten, dass sich durch kurze Plenumseinheiten und einen Wechsel von Einzel-, Partner- und Gruppenarbeit möglichst viele der Jugendlichen aktiv in das Geschehen einklinken können[33]. Zum anderen ist wichtig, dass diese Arbeitsformen auch verschiedene Kompetenzen erfordern, durch die Jugendliche in möglichst gleichem Maße zum Gelingen der Arbeitseinheit beitragen können[34]. Aus diesen Überlegungen sowie aus den Unterrichtsideen der vorgestellten Arbeitsbücher ergibt sich in Feingliederung folgender Ablauf, durchführbar in 4–5 Gruppenterminen à 90 min.

1. Warum überhaupt bekennen?
Um an der Lebenswelt Jugendlicher anzuknüpfen, legt sich – wie im KU-Grundkurs und in Anknüpfen vorgeschlagen – ein Einstieg mit Fotografien unterschiedlicher aktueller Bekenntnissituationen nahe. Dazu könnten Bilder von Fußballfans, demonstrierenden Schülerinnen und Schülern sowie Nonnen im Sitzstreik[35] genauso herangezogen werden wie von Polizisten, Punks oder anderen Jugendlichen[36]. Im Gespräch diskutieren Jugendliche, wofür die abgebildeten Personen bzw. Gruppen (ein-)stehen, wie diese die Zuschreibungen der anderen empfinden mögen, ob die innere Haltung – wie bei einem Fußball-Fan, einem Punk

---

33 Vgl. Rahmenordnung, 25.
34 Vgl. *Naurath, E.*, Heterogenität und Differenzierung, in: *Böhme-Lischewski, T. / Elsenbast, V. / Haeske, C. / Ilg, W. / Schweitzer, F.* (Hg.), Konfirmandenarbeit gestalten, Gütersloh 2010, 108.
35 Vgl. *Starck u.a.*, KU-Grundkurs, 42.
36 Vgl. *Wildermuth/Hinderer*, »Dazu stehe ich!«, 263, 265.

oder einer Nonne – an der Kleidung erkennbar sein sollte[37] und ob bzw. warum es von den dargestellten Personen aus zu Konflikten mit der Polizei kommen könnte und dürfte[38].

2. Wozu bekenne ich mich?

Eine Übertragung in den Alltag der Jugendlichen bietet sich z.b. über die im KU-Grundkurs zitierte Internetseite www.eingreifen.de an, auf der Rollenspiele vorgeschlagen werden, die verschiedene Problemsituationen aufgreifen und Verhaltenshinweise zur Zivilcourage geben[39]. Sowohl die dort zitierten Beispiele aus dem Alltag Jugendlicher als auch die Übungen können die Konfirmandinnen und Konfirmanden dazu anregen, sich mit der Bedeutung des persönlichen »Farbe-Bekennens« und »Bekennens« auseinanderzusetzen. Einzelarbeit[40] und Positionsspiele in der Gruppe vertiefen die Frage »Wofür stehe ich ein?« und ermöglichen den Einzelnen, auch in der Gruppe unterschiedliche Positionen zu vertreten und Respekt für die eigene Meinung zu erfahren. Eine Ausweitung der Frage »Wofür stehe ich ein?« auf die religiöse Dimension anhand verschiedener Aussagen kann bereits im Positionsspiel erfolgen oder erst z.B. durch das in Anknüpfen genannte Musikstück »Woran glaubst du? Was bleibt?« (Beatbetrieb), auf das die Jugendlichen in Kleingruppen mit dem Bau von Skulpturen antworten[41], die für das stehen, woran sie selbst glauben[42]. Durch den Abgleich der entstandenen Skulpturen mit dem Songtext und dem Interview mit dessen Verfasser[43] entsteht mit einer nicht-kognitiven und kreativen Methode, die alle Jugendlichen beteiligt, Raum für implizite und explizite, auf jeden Fall aber persönliche Theologie mit Jugendlichen.

3. Wozu bekennen sich Christen mit dem Apostolischen Glaubensbekenntnis?

Ohne ausführliche Erklärung erfolgt eine erste Begegnung mit dem Apostolischen Glaubensbekenntnis. Die Jugendlichen markieren mit verschiedenen Zeichen ihre Zustimmung, Ablehnung bzw. Unklarheiten zu einzelnen Sätzen des Textes[44]. Erfahrungsgemäß reagieren viele Jugend-

---

37 Vgl. ebd., 257–259.
38 Vgl. *Starck u.a.*, KU-Grundkurs, 42.
39 Vgl. http://www.ku-kurs.de/index.php?id=36 (abgerufen am 14.04.2012).
40 Ideen zur (biographischen) Einzelarbeit bietet Anknüpfen (vgl. *Wildermuth/Hinderer*, »Dazu stehe ich!«, 257f.), Thesen für Positionsspiele könnten z.B. mit den Konfirmandinnen und Konfirmanden gesammelt werden.
41 Vgl. *Wildermuth/Hinderer*, »Dazu stehe ich!«, 259f., 267.
42 Die in Anknüpfen empfohlene Erarbeitung in geschlechtsspezifischen Kleingruppen erscheint plausibel, zieht man Elisabeth Nauraths These einer möglicherweise auftretenden Arbeits- bzw. Gesprächsblockade durch geschlechterstereotypes Verhalten heran. Vgl. *Naurath*, Heterogenität, 105.
43 Vgl. *Wildermuth/Hinderer*, »Dazu stehe ich!«, 259f., 267.
44 Vgl. *Lübking*, Arbeitsbuch, 158.

liche positiv auf die Möglichkeit, Fragen bzw. Kritik zu äußern und mit Gleichaltrigen über ihre Fragen ins Gespräch zu kommen. Gelingt es, das theologische Gespräch von Fragen und Antworten, von Argumenten und Gegenargumenten weitgehend in der Hand der Jugendlichen zu belassen, ergeben sich angeregte und theologisch anregende Gespräche über explizit theologische Themen. Am Ende des Gesprächs gebündelte offene Verständnisfragen werden in Partnerarbeit bzw. Kleingruppen wie von Keßler/Nolte vorgeschlagen mit einer Art »Wörterbuch« oder per »Telefonjoker« beantwortet und die Ergebnisse der Großgruppe präsentiert[45]. Diese sprachlich fokussierte Erarbeitung des Textes ist m.E. ein notwendiger, wenn auch nicht hinreichender Aspekt der Auseinandersetzung mit dem Apostolischen Glaubensbekenntnis, will man die Jugendlichen mit ihren Fragen – und eben auch ihren Fragen an die Formulierung – ernst nehmen.

4. Wie stehe ich zum Apostolischen Glaubensbekenntnis?
Die persönliche Aneignung des Glaubensbekenntnisses nimmt sowohl sprachliche als auch emotionale und pragmatische Herangehensweisen auf, um nicht bestimmte Jugendliche von vornherein zu bevorzugen bzw. zu benachteiligen[46]. Hierzu wird das Apostolische Glaubensbekenntnis wie in der Praxisidee »Anknüpfen« mit der erstellten Skulptur verglichen, und einzelne Sätze werden – wenn möglich – in die Skulpturen integriert[47]. Bei der Präsentation interpretieren die Kleingruppen ihre Skulpturen gegenseitig und kommen hier wiederum ins Gespräch.

5. Wie möchte ich mich als Christin bzw. Christ zu Gott bekennen?
Die abschließende Phase eigener Formulierung bzw. Gestaltung von Glaubenssätzen erfolgt wie von Keßler/Nolte vorgeschlagen als Konsensbildungsprozess von Einzelarbeit, über Arbeit in Kleingruppen und Halbplena bis zu einem Credo der gesamten Gruppe[48]. Für die Einzelarbeit werden neben dem Apostolischen Glaubensbekenntnis verschiedene moderne Glaubensbekenntnisse ausgelegt[49], die es allen Jugendlichen ermöglichen sollen, mit einem fertigen Text die Einzelarbeit zu beenden, ohne jeden Satz notwendigerweise selbst formulieren zu müssen. Wird ein solcher Text z.B. bei der Konfirmation oder in einzelnen Gemeindegruppen anderen Mitgliedern der Kirchengemeinde zugänglich gemacht und mit ihnen diskutiert[50], kommt die Theologie der Jugendli-

---

45 Vgl. *Keßler/Burkhardt*, Gottsuche, 166.
46 Vgl. *Naurath*, Heterogenität, 110.
47 Vgl. *Wildermuth/Hinderer*, »Dazu stehe ich!«, 259f.
48 Vgl. *Keßler/Nolte*, Gottsuche, 167.
49 Vgl. z.B. *Lübking*, Arbeitsbuch, 159 oder die Links auf http://www.kukurs.de/index.php?id=36 (abgerufen am 14.05.2012).
50 So schlägt Gerald Jetter vor, mit anderen Gemeindegliedern per Brief in Kontakt zu treten, vgl. *Jetter, G.,* Dein Glaube – unverwechselbar und wertvoll. In: *Wildermuth/Hinderer/Ebinger*, Anknüpfen, 245–255.

chen in der Theologie mit Jugendlichen so zur Geltung, dass die Jugendlichen erfahren, dass sie als Subjekte ihres Lebens und ihres Glaubens ernst genommen werden. Dies könnte eine Erfahrung sein, durch die die Jugendlichen »Kirchengemeinde« auf eine positive Weise erleben.

Jörg Conrad / Rainer Kalter

Was soll Franz tun?

Bericht über einen jugendtheologischen Versuch in einer sechsten Hauptschulklasse anlässlich einer Dilemmageschichte

Im Folgenden berichten wir über eine Doppelstunde im Religionsunterricht einer sechsten Klasse in einer Hauptschule in Stuttgart. Vor dem Bericht geben wir Einblick in die leitenden Gesichtspunkte bei der Planung und Durchführung der Stunde und benennen am Ende des Beitrages mögliche Weiterentwicklungen unseres Entwurfes.

1. Unser Ausgangspunkt – eine Dilemmageschichte als Anlass für Jugendtheologie

Mit Jugendlichen darüber ins Gespräch zu kommen, welche Werte für sie wichtig sind, was für sie handlungsleitend ist und von wem sie sich etwas sagen lassen, das war unser Ziel. Das Ganze fand statt im Religionsunterricht in einer sechsten Hauptschulklasse in Stuttgart, in einer Doppelstunde am Nachmittag. Wir konstruierten dazu im Vorfeld eine Dilemmageschichte, die u.E. der Lebenswelt der Jugendlichen nahekommt und mit den Themen Freundschaft, Stehlen, Wahrheit und Familie wichtige Dimension dieser Lebenswelt enthielt. Die Dilemmageschichte beschreibt eine Zwickmühle, in die Franz gerät:
– Welche Entscheidung der Protagonist trifft, sie hat immer auch negative Konsequenzen.
– Es ist keine Lösung in Sicht, die zu einem für alle guten Ergebnis führt.
– Welchem seiner Prinzipien er auch folgt, er verletzt zugleich ein anderes Prinzip, das für ihn ebenfalls Geltung hat.

Dadurch, dass es keine einfache oder klare Lösung gibt, ist die Geschichte ein produktiver Anlass für Schülerinnen und Schüler, um ins Nachdenken zu kommen. Sie diskutieren, was die Person in der Geschichte tun kann, und kommen dabei sich selbst und dem, was für sie handlungsleitend ist, auf die Spur. Bei der Geschichte von Franz wurde die Zwickmühle, in die er geraten ist, zum Gegenstand weitgehender gemeinsamer Überlegungen dazu, was Freundschaft und Familie bedeuten, wann die Wahrheit zu sagen ist und auf wen man hören kann, wenn man einen Rat braucht.

Als jugendtheologischer Beitrag versteht sich dieser Entwurf insofern, als die Jugendlichen hier anlässlich einer moralischen Fragestellung motiviert werden, über ihre handlungsleitenden Konzepte nachzudenken und diese zu erkunden. Dahinter steht die Überzeugung, dass moralische Fragestellungen eng verbunden sind mit den jeweiligen Vorstellungen darüber, was wichtig und gut ist und welche Bedeutung etwas für einen selbst hat. Der Übergang von moralischen zu religiösen und theologischen Fragestellungen ist fließend, denn mit der Frage nach dem, was richtig ist, stellt sich zugleich die Frage nach dem, was gut ist.
Anders als bei Kohlberg angedacht, zielen wir also mit dem Einsatz einer Dilemmageschichte weniger auf eine Weiterentwicklung der moralischen Urteilskompetenz im Sinne eines Überganges von einer Stufe zur anderen. Ziel ist vielmehr, dass die Jugendlichen den Zusammenhängen von Weltverständnis und zugeschriebener Bedeutsamkeit (hier im Blick auf Freundschaft und Familie, Wahrheit und Betrug, Richtig und Falsch und moralischen Autoritäten) einerseits und Handlungsorientierung andererseits auf die Spur kommen. Die Ergebnisse des Unterrichtsprozesses sind dabei noch offen. Es geht nicht darum, fertige (richtige) Antworten vorzusetzen, so dass sie nur noch von den Jugendlichen entdeckt werden müssen. Vielmehr wird gemeinsam mit den Jugendlichen so gearbeitet, dass diese erkunden können, was sie in ihrem Handeln verpflichtet und von wem oder was sie sich in ihren Entscheidungen bestimmen lassen (Theologie der Jugendlichen). Zugleich werden diese Einsichten erneut zum Thema weitergehender Reflexionsprozesse (Theologie mit Jugendlichen), in die durchaus Impulse von den Unterrichtenden einfließen (Theologie für Jugendliche). Am Ende sollen die Jugendlichen eigene Antworten auf die folgenden Fragen gefunden haben:
→ Was soll ich tun?
→ Woher weiß ich, was richtig und gut ist?
→ Auf wen kann und will ich hören? Wer gibt mir guten Rat, Orientierung?
→ Auf wen muss ich hören? Wer hat mir zu sagen, was zu tun ist?

Über die Dilemmageschichte und die darin steckende Herausforderung für die eigene Handlungsorientierung wollten wir zu theologischen Fragen gelangen. Dabei setzten wir auf die Jugendlichen und deren Fragen und Interessen. Wir ließen es also bewusst offen, an welcher Stelle die Jugendlichen den Übergang von der Geschichte und der konkreten Handlungssituation zu den Themen der Theologie (Was ist und was soll sein?) vornehmen würden.

Merkmale des Entwurfes sind damit
– die produktive Offenheit der Dilemmageschichte, die Anlass zum theologischen Arbeiten wird,
– eine »produktive Verlangsamung« durch den Wechsel von Gruppenprozessen und individualisierenden Zwischenschritten,

- die lebensweltliche Bedeutsamkeit des Anlasses (Freundschaft, Eltern, Wahrheit, Lügen, Stehlen, Strafe),
- die existentielle Dimension des Themas durch die oben benannten elementaren Fragen,
- die Angabe eines Themenkorridors und Zielareals für das theologische Nachdenken (siehe unten),
- die Offenheit der Lernergebnisse,
- kreative Gestaltungsprozesse zur Visualisierung der Meinungen (Sprechblasen, Leuchtturm/Kompass),
- das Sichtbarwerden der *Theologie der Jugendlichen*,
- das gemeinsame dialogische Erkunden der Meinungen und Positionen von Unterrichtenden und Jugendlichen (Dimension der *Theologie mit Jugendlichen*),
- das Einbringen der religiösen Dimension im Rahmen einer *Theologie für Jugendliche* als Impuls und Deutungsangebot für die eigene Handlungsfähigkeit.

2. Die Vorbereitung

Zunächst konstruierten wir in Anlehnung an bestehende Dilemmageschichten die Geschichte von Franz und seinem Freund Paul. Wir achteten darauf, dass diese Geschichte im Alltag der Jugendlichen möglich sein könnte und dass in ihr zentrale Themen jugendlicher Lebenswelt vorkommen. Von der Geschichte ausgehend erstellten wir zur Vorbereitung eine Mindmap, die die Fülle möglicher Assoziationen abbilden sollte, die durch die Geschichte hervorgerufen werden können. Aus dieser Fülle wiederum entwarfen wir für den Unterricht einen Themenkorridor, der die Grenzen der unterrichtlichen Themen festlegt und zugleich ein bestimmtes Zielareal beschreibt, in dem wir mit den Jugendlichen ankommen wollten. Diese Festlegungen sind Teil der pädagogischen und theologischen Verantwortung der Unterrichtenden. Sie müssen die Vielfalt strukturieren und auch Grenzen dessen markieren, was in ihrem Unterricht zum Thema gemacht werden soll bzw. nicht zum Thema werden soll.

Dieser so genannte *Themenkorridor* sah so aus:

Beziehung	**Moralische**	Gesetz und Strafe
Eltern	**Orientierung**	Stehlen
Wahrheit/Lügen	**Werte/Prinzipien**	Kommerz
Scheitern	**Richtiges/falsches**	Kaufhaus/Polizei
Versagen	**Tun**	Freundschaft
Schuldig werden	**Moralische**	
	Autoritäten	

Der Themenkorridor mündet in ein *Zielareal*, das wir so bestimmten:
Ziel ist es, dass die Jugendlichen
- sich selbst mit den handlungsorientierenden und sie handlungsleitenden Konzepten auf die Spur kommen und diese benennen können.
- sprachfähig werden im Blick auf Werte, Normen und Prinzipien, so dass sie Auskunft über ihre Meinungen geben und in einen Dialog eintreten können.
- sich der Quellen ihrer moralischen Orientierungen bewusst werden und deren unterschiedlichen Charakter verstehen und beschreiben können.

3. Die Durchführung

Wir sind in die Stunde eingestiegen mit der Ankündigung, dass wir heute die Geschichte von Franz und seinem Freund Paul erzählen wollen. Zuvor aber baten wir einen der Schüler, während der Geschichte nach draußen zu gehen. Die zurückgebliebene Gruppe hörte die Geschichte und hatte anschließend die Aufgabe, dem abwesenden Schüler die Geschichte zu erzählen. Dabei wurde die Geschichte nicht nur wiederholt, sondern wir erhielten zugleich Aufschluss, ob das Dilemma mit seinen wesentlichen Aspekten von den SchülerInnen aufgenommen worden und welche Interpretationen bereits in die Erzählung eingeflossen waren. Gegebenfalls hätten wir also noch einmal nachjustieren können, so dass das zu bearbeitende Problem für alle deutlich werden konnte.

Die Geschichte von Franz und Paul geht so:
Franz und Paul sind mal wieder im Müller. Beide spielen dort gerne an der PS-3 (hier ist die aktuelle Spielekonsole einzusetzen) und vertreiben sich so die Zeit am Nachmittag. Für heute haben sie genug. Schon auf dem Weg nach draußen, hält Paul noch einmal an. »Franz, wart mal noch kurz, ich möchte noch etwas bei den Spielen schauen«, sagt Paul und verschwindet zwischen den Reihen. Plötzlich taucht er wieder auf. »Schnell«, raunt er Franz zu, »lass uns gehen.« »Was ist los?«, fragt Franz. Aber Paul schüttelt nur den Kopf. Da sieht es Franz. Paul hält den Arm ganz komisch. Er versteckt etwas unter seiner Jacke. Da ist der Ausgang fast erreicht. Paul ist draußen. Da stellt sich ein Mann Franz in den Weg. »Halt Bürschchen!« Der Kaufhausdetektiv und gleich dahinter eine Verkäuferin: »Ja, der war auch dabei. Mit dem anderen. Aber der andere hat das Spiel geklaut.« »Wie heißt du und wo wohnst du«, fragt der Kaufhausdetektiv. »Franz Maier, in der Gartenstraße ...«, stottert Franz und verstummt. Ganz heiß ist ihm. Was soll er denn jetzt machen? »O.K. Ich sehe, dass du das Spiel nicht hast. Das hat dein Freund mitgehen lassen. Jetzt sagst du uns einfach, wie der heißt, und dann kannst du gehen.« Aber Franz sagt gar nichts mehr. Ihm schwirrt es im Kopf. Tausend Gedanken. Am Besten nichts sagen ... »So, du willst also nichts sagen. Dann rufe ich die Polizei.«

Was soll Franz tun?

Franz sitzt in einem kleinen Zimmer hinten im Müller. Bald kommt die Polizei. Aber er nimmt sich vor, nichts zu sagen. Ihm kann ja nichts passieren. Er hat nichts Unrechtes getan. Es klopft. Zwei Polizisten betreten den kleinen Raum. Franz hat Angst. »Also, sag uns einfach, mit wem du unterwegs warst, dann brauchen wir dich auch nicht länger festzuhalten.« Franz schweigt. »Wenn du nichts sagst, dann fahren wir mit dir zu dir nach Hause und müssen deinen Eltern sagen, dass du die Ermittlungen behinderst.« Franz schweigt. »Na dann, fahren wir in die Gartenstraße.«
Im Polizeiauto geht es Franz auch nicht besser. Soll er nicht doch einfach sagen, dass er mit Paul unterwegs war? Aber da fällt ihm ein, dass Paul ihm einmal erzählt hat, wie er von seinem Vater mal richtig arg Schläge und zwei Wochen Hausarrest aufgebrummt bekommen hat. Und das nur, weil er mit dem Modellflugzeug seines Vaters gespielt hat und dabei ein kleines Stück vom Flugzeug abgebrochen ist. Was Pauls Vater wohl mit Paul macht, wenn er von dem Diebstahl erfährt?
Das Polizeiauto hält. Es sind nur ein paar Treppen, dann stehen die beiden Polizisten und Franz vor der Wohnungstür. Seine Mutter macht auf. »Oh je, Junge, was ist passiert«, ruft die Mutter. »Machen sie sich keine Sorgen, Frau Maier. Ihr Sohn hat nichts getan. Aber er will uns nicht verraten, mit wem er im Müller unterwegs war, denn dieser andere Junge hat dort ein Spiel gestohlen.«
»Franz, jetzt sag halt, mit wem du unterwegs warst! Warst du denn nicht mit dem Paul zusammen?«

Gemeinsam mit den SchülerInnen arbeiteten wir nun die beiden Möglichkeiten heraus, die Franz offenstehen. Wichtig war uns, beide Möglichkeiten positiv zu formulieren. In unserem Beispiel also: »Der Mutter die Wahrheit sagen und also selbst ehrlich bleiben ...« bzw. »Den Freund schützen und also dem Freund gegenüber loyal bleiben ...« (und nicht: Der Mutter die Wahrheit sagen oder die Mutter anlügen bzw. den Freund schützen oder den Freund nicht schützen). Denn nur so wird die Zwickmühle wirklich deutlich, die durch das Dilemma gegeben ist.

Methodisch wählten wir die Form des »Doppelns«, um die Fülle der Argumente für die beiden Alternativen herauszuarbeiten. Dazu stellten wir drei Stühle auf. Der mittlere symbolisierte den »Franz-Stuhl«. Die beiden äußeren Stühle standen je für eine der beiden Optionen (der Mutter die Wahrheit sagen bzw. den Freund schützen). Durch dieses methodische Arrangement wird der innere Konflikt nach außen getragen, die Zwickmühle auch optisch deutlich und dadurch bearbeitbar. Einer der Lernenden, der sich mit der Entscheidung schwer tat, setzte sich auf den »Franz-Stuhl«. Alle anderen konnten nun auf einem der beiden anderen Stühle Platz nehmen oder auch beide ausprobieren. Ihre Aufgabe war es, einen Satz zu formulieren, mit dem sie ihre Wahl begründen: »Ich sage der Mutter die Wahrheit, weil die Mutter es ja doch raus bekommt.«

Oder »Ich beschütze den Freund, weil Freunde das füreinander so machen.« Im Weggehen nahmen sich die Jugendlichen einen Sprechblasenzettel und notierten ihren Satz und ihre Begründung. Dieses Blatt legten wir dann zum entsprechenden Stuhl, so dass die Fülle der Sätze und Argumente sichtbar im Raum stand. Wir bemühten uns, mit dieser Runde nicht zu schnell aufzuhören, auch wenn eine Zeitlang niemand von den SchülerInnen mehr nach vorne ging. Das hat sich aber gelohnt, da sich durch diese Verzögerung nochmals neue und andere Argumente bildeten, die die SchülerInnen dann auf den Stühlen zum Ausdruck brachten. In unserer Stunde war es dennoch so, dass sich die SchülerInnen eigentlich einig waren, dass Franz der Mutter eine ehrliche Antwort zu geben habe.[1] Daraufhin klinkten wir uns selbst in das Doppeln ein und formulierten Argumente dafür, den Freund zu schützen. Dabei ging es uns nicht darum, »richtige« Argumente zu bringen, sondern für eine größere Bandbreite der Argumente zu sorgen, damit der Raum weiter offen und damit produktiv blieb. Zum Abschluss dieser Runde fragten wir den Schüler auf dem Franz-Stuhl, ob er sich nun für eine der beiden Möglichkeiten entscheiden könne und was bei ihm dafür den Ausschlag gegeben hat. Auch er antwortete mit dem Satz: »Ich ..., weil ...«
Im Anschluss hielten alle SchülerInnen ihre Entscheidung auf einem Arbeitsblatt fest, auf dem sie neben ihrer Entscheidung auch das für sie ausschlaggebende Argument notierten.

Nachdem die Jugendlichen ihre eigene Entscheidung an Franz' Stelle zu Papier gebracht hatten, eröffneten wir eine neue Unterrichtsrunde mit folgenden Fragen: »Woher weiß der Franz jetzt, woher wisst ihr jetzt, dass eure Entscheidung richtig und gut ist? Wer sagt einem denn, was richtig ist? Der Franz, der hat ja ganz viele Sätze gehört hier vorne auf dem Stuhl. Manche waren vielleicht seine eigenen Sätze, manche hatte er von seinen Eltern in sich. Gab es eigentlich auch Sätze von Gott? Woher stammen diese Sätze? Wer spricht da zu einem? Und wem ist zu folgen?«

Wir forderten die SchülerInnen auf, sich die ausliegenden Sprechblasen anzusehen und zu überlegen, wer diesen Satz und das dazugehörende Argument sagt bzw. von wem Franz so einen Satz zu hören bekommen könnte. Wichtig war uns, dass dieser Schritt wirklich gemeinsam erfolgt. Dabei zeigte sich schnell, dass es Sätze gab, die ganz verschiedenen Quellen zugeordnet werden konnten. Wir nahmen das auf, indem wir einfach die verschiedenen Quellen als Stichworte zu den entsprechenden Sprechblasen notierten. Im Anschluss an diesen Arbeitsschritt, der

---

1 In wieweit es sich dabei um das Phänomen des »Religionsstunden-Ichs« handelt und also die SchülerInnen so geantwortet haben, wie sie denken, dass es dem Religionsunterricht angemessen sei, konnten wir nicht beurteilen, da wir die Klasse nicht kannten.

durchaus auch schon zu einigen Diskussionen führte – z.B. ob man die Stimme der Vernunft wirklich hören kann oder ob sich das nicht alles im Herzen abspielt –, ordneten wir die Sätze nach ihren Quellen und erhielten so ein neues Bodenbild. Dazu mussten wir einige Sätze erneut notieren, da wir sie verschiedenen Quellen zugeordnet hatten. Gemeinsam mit den SchülerInnen suchten wir für die verschiedenen Quellen Symbole: Eine Glühbirne für die Vernunft, ein Herz für das Herz/Gefühl, eine Bibel für Gott, ein Gesicht für Eltern, eine Hand für Freunde, das Paragraphenzeichen für das Gesetz, einen Zeigefinger für das, was sich gehört (Sitte, Konvention). Es ging uns in diesem Schritt darum, nochmals zu einer vertiefenden Auseinandersetzung mit den unterschiedlichen Moralquellen und moralischen Autoritäten zu kommen. Durch die Suche nach geeigneten Symbolen dachten die Jugendlichen nochmals miteinander über Merkmale der genannten Quellen nach und konnten die Besonderheiten der einzelnen Quellen deutlicher wahrnehmen.

Vor dem nächsten Arbeitsschritt hielten wir kurz inne und vergewisserten uns zusammen mit den Jugendlichen, ob es über die von uns anlässlich der Franz-Geschichte erarbeiteten Moralquellen und Autoritäten hinaus noch andere gibt. Dabei erzählte einer der Jugendlichen, dass er immer seinen Hamstern erzähle, was ihn bedrückt, und diese ihm sagen würden, was er tun solle. Daran schloss sich eine spannende Diskussion an, in deren Verlauf der Jugendliche seine Aussage präzisierte und erklärte, dass es nicht die Hamster wären, die ihm antworteten, sondern er durch das Gespräch mit den Tieren seine inneren Stimmen hören könnte. Wir diskutierten dann gemeinsam, ob das dem entspricht, was wir mit dem Stichwort der Vernunft schon notiert hatten bzw. mit dem Stichwort Herz/Gefühl, oder ob es sich nochmals um etwas anderes handle. Wir als Unterrichtende brachten das Gewissen an dieser Stelle ein, was aber von den Jugendlichen nicht aufgenommen wurde. Darüber hinaus spielten wir auch noch die Kirche, den Heiligen Geist, die Medien als Quellen der Moral und moralische Autoritäten ein. Auch hier suchten wir gemeinsam nach Symbolen (Kirchturm, Taube, Fernseher).

Die Jugendlichen bekamen im Anschluss die Aufgabe, Leuchttürme zu gestalten, in die hinein sie diejenigen Symbole einzeichneten, die für sie bedeutsam wären. Und zwar in der Größe, wie sie Autorität hätten. Die Jugendlichen sollten dadurch zwei Überlegungen anstellen: Welche Quellen sind für mich bedeutsam, und welches Gewicht haben sie? Die Jugendlichen stellten ihre Leuchttürme einander vor, und wir gerieten über das Besprechen und Vergleichen der verschiedenen Türme nochmals in eine Diskussion darüber, woran man sich orientieren kann. So endete die Doppelstunde.

4. Auswertung und Weiterentwicklungen

Wir waren nach der Doppelstunde zweigeteilt in unseren Einschätzungen. Zum einen waren wir sehr zufrieden, wie die Jugendlichen ins Arbeiten gekommen waren und sich auf Dilemmageschichte, Moralquellen und Leuchttürme eingelassen hatten. Zum anderen aber sind die von uns angestrebten Übergänge in explizitere theologische Fragestellungen nicht von den Jugendlichen selbst erfolgt, sondern wir mussten sie einbringen. Gleichwohl halten wir an der Möglichkeit der impliziten Thematisierung der Jugendtheologie in allen drei Dimensionen fest.

Dabei stellt sich für uns die folgende Herausforderung: Um die Diskussion zu vertiefen und die religiöse und weltanschauliche Tiefendimension von Moral deutlich werden zu lassen, müssten die vielen Moralquellen gegeneinander profiliert und hierarchisiert und zugleich das Zusammenspiel der verschiedenen Moralquellen miteinander dynamisiert werden. So dass mit der Frage nach der Autorität der einzelnen Moralquellen zugleich deutlich wird, dass es eben doch jeder einzelne ist, der letztlich – seinem Gewissen nach – entscheiden muss, welcher Stimme er folgt und zu welchen Handlungskonsequenzen ihn das bringt.

Konkret führt dies zu folgenden Vorschlägen:

(1) Gemeinsam mit den Jugendlichen sollte die Wertigkeit und Autorität der einzelnen Quellen in den Blick genommen werden. Dazu bietet sich z.B. an, eine Bedeutungspyramide zu legen oder die verschiedenen Quellen gegeneinander abstimmen zu lassen.

(2) Gemeinsam mit den Jugendlichen ist nach weiteren Visualisierungsmöglichkeiten neben dem Leuchtturm als eher statischem Abbild moralischer Orientierung zu suchen. So führt z.B. der Kompass zu einem anderen Verständnis: Er bietet verschiedene Orientierungspunkte und erfüllt seinen Zweck erst dann, wenn der Besitzer sich für ein Ziel und dessen Lage entschieden hat. Dann weist der Kompass ihm den Weg. Der Kompass bietet also Raum für vier Moralquellen und steht zugleich dafür, dass der Nutzer sich selbst für die einzuschlagende Richtung entscheiden muss – es neben den moralischen Wegweisern eben auch ein anzustrebendes Ziel geben muss, das in der klassischen Moralphilosophie als »höchstes Gut« benannt wird.

(3) Das Zusammenspiel von Moralquellen und deren Autorität auf der einen und der eigenen Entscheidung in bestimmten Situationen auf der anderen Seite sollte nicht nur diskutiert, sondern erfahren und erprobt werden. Dazu bietet es sich an, die Unterrichtssequenz mit einer weiteren Dilemmageschichte fortzuführen, für deren Bearbeitung die Jugendlichen nun ihre Leuchttürme oder Kompasse zu Hilfe nehmen. Gemeinsam erproben sie so deren Orientierungsleistung und Anwendbarkeit in einer anderen Situation. Und sie erleben zugleich, dass sie selbst es sind, die am Ende zu einer Entscheidung kommen müssen.

Dabei kommt ein neues Thema in den Blick, das nun Theologie ganz explizit ins Spiel bringt: Schuld und Vergebung. Der Dilemmasituation entspricht es, dass jedes Handeln zugleich dazu führt, einem anderen etwas schuldig zu bleiben oder an ihm schuldig zu werden. Damit ist eine zentrale Dimension unseres Lebens angesprochen: All unser Handeln hat Konsequenzen für uns und die Umwelt ... gute und schlechte. Mit den Jugendlichen gemeinsam der Frage nachzugehen, wie wir damit umgehen können, immer wieder schuldig werden zu müssen, und welchen Beitrag dazu der Glaube bieten kann, scheint uns eine sehr lohnenswerte Weiterentwicklung.

Wolfgang Ilg

Ich nehm' dich ernst, ich stell' dir Fragen

Jugendarbeit als jugendtheologischer Experimentierraum

Jugendtheologie on the beach – eine Freizeiterfahrung

Mit 34 Jugendlichen und 11 Mitarbeitenden (durchweg Ehrenamtliche) sind wir am Lago Idro in Italien unterwegs. Mountainbiken, Surfen, Wandern stehen tagsüber auf dem Programm. Die Abende in der Mitte unseres Zeltcamps sind actionreich und stimmungsvoll – es herrscht das typische Flair einer Jugendfreizeit. Aber mit diesen aufgedrehten Jugendlichen zwischen 14 und 17 über theologische Fragen sprechen – wie soll das gelingen? Die in der evangelischen Jugendarbeit üblichen Andachten bieten auch wir an, mit eher mäßigem Zulauf. Die Jugendlichen sind nicht an einen italienischen See gefahren, um über die großen Fragen des Lebens zu philosophieren, zumal sie das von zuhause nicht gewohnt sind. Wie lassen sich unsere Jugendlichen trotz der eher gesprächsmüden Atmosphäre für Inhaltliches gewinnen, fragen wir uns in der Teambesprechung. Und beschließen dann ein Experiment: Wir bringen die Theologie mal ganz ausdrücklich, aber kontrovers, ins Spiel.

Zwei von uns bereiten den Abend vor: Ich selbst, durch mein Theologiestudium klar als Christenmensch identifizierbar, und ein Mitarbeiter, der kurzfristig als Mountainbike-Spezialist in unserem Freizeit-Team gestoßen war, obwohl er mit Glaube und Kirche nach eigenem Bekunden nicht viel am Hut habe. Eine prima Ausgangssituation, empfinden wir beide. Der Themenabend startet mit klaren Spielregeln: Jeder von uns beiden hat fünf Minuten Zeit, um zu erläutern, warum ihm der Glaube so wichtig – oder eben ganz unwichtig ist.

Deutlich wird: Wir beide haben große Sympathien für den Standpunkt des anderen und lassen uns in unserer Unterschiedlichkeit stehen. Der persönliche Einstieg verfehlt seine Wirkung nicht: »Was ist eigentlich mein Standpunkt?« – die Frage schwebt unausgesprochen im Raum. Das »Zahnrad-Spiel« schließt sich an: Die Jugendlichen stellen sich in einem Innen- und einem Außenkreis einander gegenüber. Auf eine Impulsfrage (z.B. »Welche Rolle spielt Glauben in deinem Elternhaus?«) tauschen sich die jeweils gegenüberstehenden Paare aus, so offen, wie es für sie passt. Nach zwei Minuten dreht sich der Außenkreis um eine Position nach rechts, und es geht mit einer neuen Frage und einem neuen Gesprächspartner in das nächste Kurzgespräch. Bei der anschließenden Podiumsdiskussion im Plenum lassen sich mein »atheistischer« Kollege und ich Löcher in den Bauch fragen. Einige Jugendliche und andere

Mitarbeitende schließen sich mit eigenen Statements unterschiedlichster Couleur an, fragen gezielt nach, manche hören nur zu. Gelangweilt wirkt fast keiner. Das Experiment ist geglückt, die jugendtheologische Debatte im Gemeinschaftszelt verläuft lebhaft – und wird in manchen Einzelgesprächen während der nächsten Tage fortgeführt.

1. Jugendarbeit: Arbeit für junge Menschen –
Arbeit mit jungen Menschen

Welcher Stellenwert kann der Jugendtheologie in der kirchlichen Jugendarbeit zukommen? Diese Frage soll im vorliegenden Beitrag nach einer grundsätzlichen Reflexion anhand von Beispielen für die drei Dimensionen der Jugendtheologie konkretisiert werden. Im Hintergrund der Darstellung steht dabei durchweg das Konzept einer Jugendtheologie, wie es in dem Band »Brauchen Jugendliche Theologie?« entfaltet wurde.[1] Die hier berichteten Erfahrungen aus der Jugendarbeit sind geprägt von meinem eigenen Erleben und Gestalten kirchlicher Jugendarbeit im Kontext des Evangelischen Jugendwerks in Württemberg (ejw) – zunächst ehrenamtlich, mittlerweile hauptamtlich.

Wenn von Mitarbeitenden die Rede ist, handelt es sich in der Jugendarbeit zumeist um Ehrenamtliche, die oftmals selbst noch Jugendliche sind: 29 % der im Bereich des ejw engagierten Gruppenmitarbeitenden sind selbst noch nicht volljährig, weitere 31 % befinden sich im Altersbereich der jungen Erwachsenen zwischen 18 und 26 Jahren.[2] Der Altersvorsprung der Mitarbeitenden gegenüber den bei Gruppen, Freizeiten und weiteren Aktivitäten betreuten Jugendlichen beträgt oft nur wenige Jahre. Insofern kommt ehrenamtlichen Mitarbeitenden hinsichtlich der Jugendtheologie eine doppelte Rolle zu: Einerseits sind sie Orientierungspersonen für Jugendliche, die als »ältere Peers« eine Zwischeninstanz zwischen den Gleichaltrigen und der Eltern-Generation einnehmen. Zum anderen sind sie – auch in der Rolle derjenigen, die inhaltliche Programmpunkte in der Jugendarbeit gestalten – selbst junge Menschen, die ihre theologische Identität suchen und formulieren. Wenn ein 17jähriger den Morgenimpuls bei einer Konfirmandenfreizeit hält, handelt es sich also sowohl um Theologie *für* Jugendliche als auch um Theologie *der* Jugendlichen. Entsprechend bleiben die Abgrenzungen der drei Dimensionen von Jugendtheologie im Kontext der Jugendarbeit notwendigerweise unscharf.

---

1 *Schlag, T. / Schweitzer, F.*, Brauchen Jugendliche Theologie? Jugendtheologie als Herausforderung und didaktische Perspektive, Neukirchen-Vluyn 2011.
2 *Frieß, B. / Ilg, W.*, Evangelische Jugendarbeit in Zahlen. Die Statistik 2007 des Evangelischen Jugendwerks in Württemberg, Stuttgart 2008, 44.

2. Partizipation als Merkmal von Jugendarbeit – auch bei den Inhalten?

Betrachtet man die Grundanliegen der Jugendtheologie, so scheint auf den ersten Blick kaum ein anderes religionspädagogisches Arbeitsfeld so geeignet dafür zu sein wie die Jugendarbeit. Der bei der EKD-Synode 1994 geforderte »Perspektivenwechsel« wurde in der Kinder- und Jugendarbeit breit aufgenommen[3] und entspricht dem der Jugendarbeit sogar gesetzlich vorgegebenen Prinzip der Partizipation (§11 Kinder- und Jugendhilfegesetz). Die groß angelegte Studie zur Realität und Reichweite evangelischer Jugendarbeit in Deutschland plädierte für die Subjektorientierung als Kern dieses Arbeitsfelds.[4] Das in solchen Begrifflichkeiten konvergierende Selbstverständnis der Jugendarbeit lässt sich darin zusammenfassen, dass Jugendliche mit ihrer Persönlichkeit und ihren Ansichten ernst genommen werden sollten. In den konzeptionellen Umbrüchen der letzten Jahre erweisen sich dann auch gerade diejenigen Modelle als besonders erfolgreich, in denen Jugendlichen eine hohe Kompetenz und Eigenverantwortung zugeschrieben wird.[5] Obwohl Partizipation von Jugendlichen in vielerlei Hinsicht also als Grundparadigma der Jugendarbeit bezeichnet werden kann, haben sich partizipative Zugänge zu theologischen Fragen noch keineswegs als selbstverständliche Arbeitsform etabliert. Die Hinderungsgründe hierfür liegen sowohl bei den Mitarbeitenden als auch bei den Jugendlichen selbst.

Bei den *Jugendlichen* äußert sich das Bedürfnis zu einer kontrovers geführten theologischen Urteilsbildung oftmals eher zurückhaltend. Abstrakt wirkende philosophische oder theologische Debatten erscheinen gerade im Konfirmandenalter als wirklichkeitsfremd. Theologie hat aus Sicht vieler Jugendlicher ein entscheidendes Problem: Sie antwortet auf Fragen, die keiner gestellt hat. Wer aber keine Fragen zu Glaubensdingen hat, wird sich auch mit den anregendsten Methoden nicht für eine jugendtheologische Debatte begeistern lassen. Wo keine Relevanz für das Leben gesehen wird, erscheint Theologie als ein Relikt aus dem gedanklichen Heimatmuseum früherer Generationen. So steht die Aussage einer Konfirmandin aus der Bundesweiten Studie zur Konfirmandenarbeit exemplarisch für viele 13- und 14jährige: »Ich fände es besser,

---

3 Vgl. *Spenn, M. / Brandt, R. / Corsa, M.* (Hg.), Evangelische Kinder- und Jugendarbeit im Perspektivenwechsel. Entwicklungen seit der EKD-Synode 1994 in Halle/Saale, Münster 2005.
4 *Fauser, K. / Fischer, A. / Münchmeier, R.*, Jugendliche als Akteure im Verband. Ergebnisse einer empirischen Untersuchung der Evangelischen Jugend, Opladen / Farmington Hills 2006.
5 Exemplarisch aus dem Kontext des ejw genannt sei das Prinzip der Aktivgruppen (*Krebs, R. / vom Schemm, B.*, Aktivgruppen. Jugendliche entfalten Talente und entdecken den Glauben, Stuttgart 2006) und das Trainee-Programm, mit dem schon unter 16jährige zu Mitarbeitenden ausgebildet werden (*Kalmbach, S. / Kehrberger, J.* [Hg.], Das Trainee-Programm. Kompetenzen trainieren, Jugendliche gewinnen, Engagement fördern, Stuttgart 2011).

wenn man in der Konfi-Zeit mehr über menschliche und soziale Probleme reden würde und nicht nur von Gott und Jesus!« Ein Bezug zwischen den theologischen Topoi und ihren Alltagsfragen hat sich diesem Mädchen in ihrer Konfirmandenzeit offensichtlich nicht erschlossen. Bei der Aussage im Konfirmanden-Fragebogen »In der Konfi-Zeit kamen auch meine Glaubensfragen zur Sprache« ist nicht nur der geringe Zustimmungsgrad von 34 % bedenkenswert, sondern auch der hier besonders hohe Anteil von 29 % der Konfirmanden, die die Aussage weder bejahen noch verneinen wollen – oftmals wohl deshalb, weil sie von sich nicht behaupten könnten, überhaupt Glaubensfragen mit sich herumzutragen.[6] Heutige Jugendliche plagen sich offensichtlich nicht mehr mit der Frage des jungen Luther »Wie bekomme ich einen gnädigen Gott?«, sondern lassen den lieben Gott, solange sich religiöse Fragen nicht unmittelbar in ihrer Lebensrelevanz stellen, entspannt einen guten Mann sein. Aus dem Gesagten wird deutlich, welche Herausforderung es bedeutet, jugendtheologische Fragen zu einem spannenden Thema in der Jugendgruppe zu machen.

Hinzu kommen Hinderungsgründe auf Seiten der *Mitarbeitenden:* Es stellt insbesondere für junge Ehrenamtliche eine Hürde dar, sich überhaupt mit inhaltlichen Impulsen bei Jugendlichen einzubringen. Das Nachdenken über Grundfragen des Lebens gilt nicht gerade als »cool«. Zudem berühren religiöse Fragen die subjektiven Innenseiten der Persönlichkeit und machen den, der hier etwas von sich preisgibt, potenziell verletzlich.[7] Wer sich als glaubensunsicherer junger Mensch also bereit erklärt, in der Jugendarbeit auch inhaltliche Impulse zu gestalten, der sucht oftmals eine eindeutige Aussage und keine ambivalente Positionierung zwischen Glauben und Zweifeln. Gepaart mit der für die Jugendphase typischen Sehnsucht nach Klarheit und Radikalität eines Lebensentwurfs halten sich etliche Jugendmitarbeiter daher gerne an theologisch eindeutigen Aussagen fest und sind dankbar für pointierte Andachtshilfen mit einer »kernigen Message«. Dialogische Formen, die im Sinne der Jugendtheologie die Gruppenmitglieder zu eigenen Aussagen ermuntern, erscheinen vor diesem Hintergrund als eine inhaltliche Herausforderung, die einiger persönlicher Standfestigkeit und Ambiguitätstoleranz bedarf, demnach also kaum von heranwachsenden Mitarbeitenden automatisch erwartet werden kann. Zur inhaltlichen Unsicherheit gesellt sich die methodische Fragestellung: Formen einer dialogisch orientierten Verkündigung gehören im kirchlichen Bereich bislang eben nicht zum Standardrepertoire der Glaubenskommunikation. Der Inbegriff der kirchlichen Rede von Gott, die Predigt, prägt Jugendlichen spätestens

---

6 *Ilg, W. / Schweitzer, F. / Elsenbast, V.*, in Verbindung mit *M. Otte*, Konfirmandenarbeit in Deutschland. Empirische Einblicke – Herausforderungen – Perspektiven, Gütersloh 2009, 110 und 370.
7 Zur Scham bei religiösen Äußerungen in der Peer group vgl. auch *Schweitzer/Schlag*, 31.

in den Gottesdiensterfahrungen der Konfirmandenzeit ein, dass Antwort, Rückfrage oder gar Widerspruch in theologischen Fragen weder erwartet noch akzeptiert werden.

Trotz dieser Hinderungsgründe auf Seiten der Jugendlichen und Mitarbeitenden hat Jugendarbeit ein großes Potenzial für jugendtheologische Gehversuche. Weil Jugendarbeit von ihrem Selbstverständnis ein Experimentierraum ist, in dem gesellschaftliche und kirchliche Normen spielerisch durchbrochen werden können, bietet sie ein Labor für Formen gemeinsamen theologischen Nachdenkens, die im Gottesdienst, aber weithin auch im Religionsunterricht für viele Jugendliche nicht vorstellbar sind. Da Jugendarbeit, anders als schulische Aktivitäten, von der Freiwilligkeit der Teilnahme ausgeht, sind Aktivitäten und Inhalte meist positiv besetzt. Das gilt insbesondere für die Wahrnehmung der Mitarbeitenden, die – gerade bei Jugendfreizeiten – als Vertrauenspersonen »auf Augenhöhe« erlebt werden.[8] Mit Menschen, denen man vertraut, stellt sich das Gespräch über persönliche und theologische Fragen naturgemäß einfacher ein als mit Rollenträgern, die beispielsweise als Religionslehrkraft in der Schule eine professionelle Distanz wahren müssen. Mit Jugendmitarbeitern ist man auf »Du«, teilt Interessen, Hobbies und Lebensfragen. Günstige Voraussetzungen also, um in der Jugendarbeit auch theologische Inhalte partizipativ zu gestalten.

Ähnlich wie Partizipation in der Programmgestaltung nicht einfach bedeutet, die Jugendlichen sich selbst zu überlassen, sollten sich allerdings auch inhaltliche Fragestellungen nicht von einer verklärten Form von Partizipation leiten lassen. Ein Jugendmitarbeiter wird eine Gruppe von 14jährigen Jungen bei einer Freizeit zwar ermutigen, ein Geländespiel zu konzipieren. Bevor die Freizeitgruppe dann aber über die selbstgebaute Seilbrücke eine Schlucht überquert, gehört es zur Pflicht des Mitarbeiters, die Sicherheit der Konstruktion zu überprüfen. Ähnlich ist auch für den jugendtheologischen Experimentierraum zwar ein weiter Rahmen zu empfehlen, dennoch gehört es zur Verantwortung der haupt- und ehrenamtlichen Mitarbeitenden, die Inhalte in den Blick zu nehmen, die von den Jugendlichen präsentiert werden. Wenn zwei enthusiastische Jugendliche mit einer Andacht über das Wort Jesu »Wenn jemand zu mir kommt und hasst nicht seinen Vater, Mutter, Frau, Kinder, Brüder, Schwestern und dazu sich selbst, der kann nicht mein Jünger sein« (Lukas 14,26) die Gleichaltrigen bei einer Konfirmandenfreizeit dazu aufrufen wollen, doch endlich dem Elternhaus den Rücken zu kehren, ist theologischer Rat gefragt. Dabei wird es nicht darum gehen, den Jugendlichen »die Flausen auszutreiben«, sondern sie beispielsweise mit einem Verweis auf die Parallelstelle Matthäus 10,37 darauf aufmerksam zu machen, dass hier zum unbedingten Vorrang des Gottesbezugs, kei-

---

8 Vgl. *Ilg, W.*, Freizeiten auswerten – Perspektiven gewinnen. Grundlagen, Ergebnisse und Anleitung zur Evaluation von Jugendreisen im Evangelischen Jugendwerk in Württemberg, Bremen ²2005, 125–128.

neswegs aber zum Hassen der Familie aufgerufen wird. Wer Jugendliche nicht vor solcherlei Missverständnissen bewahrt, indem er für ein Mindestmaß an Verständnis sorgt, leistet einer Pseudo-Jugendtheologie Vorschub, die Jugendliche nicht ernst nimmt, sondern sie der Lächerlichkeit vor der Gruppe preisgibt.[9]

3. Jugendtheologie in der Jugendarbeit – notwendige Aufbrüche

Auf dem Weg zu einer gelingenden jugendtheologischen Arbeit mit Jugendlichen sind Gelingensbedingungen sowohl bei Mitarbeitenden als auch bei Teilnehmenden erforderlich, die nicht automatisch gewährleistet sind: Auf Seiten der *Mitarbeitenden* ist dafür zu werben, dass Verkündigung zwar nicht leidenschaftslos, aber doch ergebnisoffen vom Glauben spricht. Wenn kirchliche Jugendarbeit die Unverfügbarkeit des Glaubens ernst nimmt und dem Heiligen Geist ein Wirken abseits aller menschlichen Machbarkeit zuspricht (ubi et quando visum est deo – Confessio Augustana V), dann wird ihr missionarischer Impetus nicht auf eine Vermittlungshermeneutik setzen,[10] sondern ihr Ziel darin sehen, Jugendliche ins Fragen über ihr Leben und den Glauben zu bringen. Wenn die Intention kirchlicher Jugendarbeit darin liegt, Fragen zu wecken, dann lösen sich einige der oben beschriebenen Verkrampfungen gerade junger Mitarbeitender auf. Sie müssen nicht überzeugen oder gar bekehren, sie sollen vielmehr »nur« Anstöße dazu bieten, dass Jugendliche sich mit Fragen des Glaubens beschäftigen. Antwort-Impulse auf solche Fragen sollen selbstverständlich nicht versteckt werden, aber weil das Ziel schon dann erreicht ist, wenn Fragen entstehen, sind die Antwortvorschläge vom Druck befreit, etwas erreichen zu wollen oder gar zu müssen.

Aufseiten der *Jugendlichen* liegt die entscheidende Herausforderung darin, Glaubensthemen als relevant für das eigene Leben zu erkennen. Es müssen also Wege gefunden werden, wie Theologie sich als alltagstauglich erweist. Eine als »pragmatisch« beschriebene Jugend (so die über Jahre hinweg perpetuierte Terminologie der letzten Shell-Jugendstudien[11]) erwartet auch von Jugendtheologie Anknüpfungen an die eigene

---

9 Ähnliches gilt für eine furchteinflößende Verkündigung eines unbarmherzigen Gottesbildes o.ä., vgl. *Schweitzer/Schlag*, 104.
10 Zur »Hermeneutik der Vermittlung« versus einer »Hermeneutik der Verständigung« vgl. ebd., 123. Inwieweit das dort ausgesprochene Verdikt über den EMMAUS-Glaubenskurs dem Anliegen des Kurses gerecht wird, wäre allerdings eine eigene Ausführung wert. So finden sich auf der begleitenden Webseite www.emmaus-dein-weg-mit-gott.de/emmaus etliche Aussagen, die den diskursiven Charakter des Kurses betonen.
11 Man vergleiche die Untertitel der letzten drei Shell-Jugendstudien: »Zwischen pragmatischem Idealismus und robustem Materialismus« (2002), »Eine pragmatische Generation unter Druck« (2006), »Eine pragmatische Generation behauptet sich«

Lebenspraxis. Die Interessenlagen für die Diskussion theologischer Fragen sind unter Jugendlichen selbstverständlich heterogen verteilt. Kirchliche Jugendarbeit erreicht dabei überproportional viele Jugendliche, die beispielsweise aufgrund ihres familiären Hintergrunds eine Nähe zur Kirche haben. Dennoch darf sich ein jugendtheologischer Ansatz nicht der Illusion hingeben, dass ein Großteil der Jugendlichen für explizite Theologie direkt ansprechbar ist.

Die von Schweitzer/Schlag entwickelten fünf Formen einer Jugendtheologie[12] dürften empirisch kaum in gleichmäßiger Intensität bei Jugendlichen vorzufinden sein. Vielmehr ist anzunehmen (auch wenn empirische Untersuchungen dazu leider fehlen), dass das Interesse an einer entsprechenden jugendtheologischen Form mit zunehmender theologischer Intensität abnimmt – wie es die hier abgebildete Pyramidenskizze verdeutlicht. Aus der Tatsache, dass in Publikationen theologisch gehaltvolle Aussagen einzelner Jugendlicher zitiert werden, darf nicht der leicht unterlaufende Fehlschluss gezogen werden, eine solche Form der theologischen Reflexion sei bei Jugendlichen standardmäßig anzutreffen – Entsprechendes gilt natürlich auch für die Kindertheologie. Vor solcherlei Illusionen bewahrt nur der regelmäßige direkte Umgang mit Kindern und Jugendlichen, bei dem sich leicht feststellen lässt, dass theologische Themen von jungen Menschen in ihrem Alltag nur äußerst selten berührt werden – wenn nicht ein äußerer Anlass dazu besondere Gelegenheit bietet.

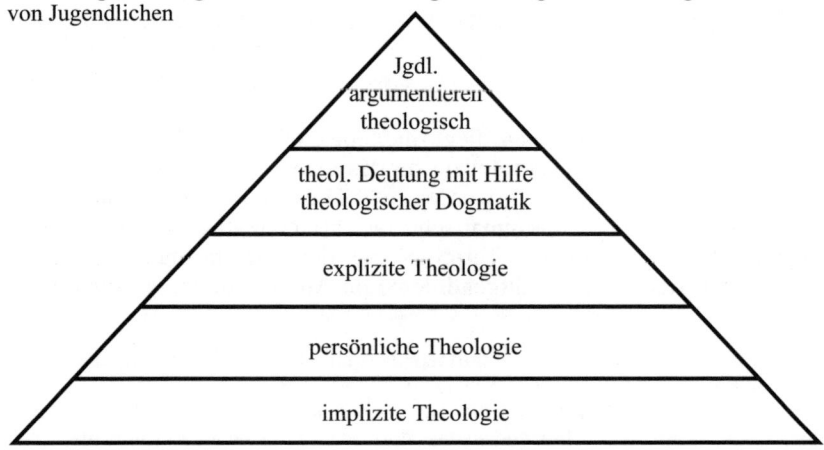

Abbildung 1: Häufigkeit der Formen von Jugendtheologie in der Alltagskonversation von Jugendlichen

- Jgdl. argumentieren theologisch
- theol. Deutung mit Hilfe theologischer Dogmatik
- explizite Theologie
- persönliche Theologie
- implizite Theologie

(2010); vgl. *Deutsche Shell* (Hg.), Jugend 2002. Zwischen pragmatischem Idealismus und robustem Materialismus. 14. Shell Jugendstudie, Frankfurt a.M. 2002, *Deutsche Shell* (Hg.), Jugend 2006. Eine pragmatische Generation unter Druck. 15. Shell Jugendstudie, Frankfurt a.M. 2006, *Deutsche Shell* (Hg.), Jugend 2010. Eine pragmatische Generation behauptet sich. 16. Shell Jugendstudie, Frankfurt a.M. 2010.
12 *Schweitzer/Schlag*, 59–62 und 177ff.

4. Jugendliche zu eigener Theologie locken – Praxis-Beispiele

Wie Anlässe und Gesprächseinstiege im Kontext der kirchlichen Jugendarbeit initiiert werden können, wird in den folgenden Praxisbeispielen verdeutlicht.[13] Die Methodenvorschläge spiegeln eine kleine Auswahl heutzutage gängiger Arbeitsformen wider, die oftmals seit Jahren in der Jugendarbeit praktiziert werden, wenngleich nicht unter der expliziten Bezeichnung von Jugendtheologie.

Die Einordnung in die drei Perspektiven: Theologie *der* Jugendlichen, Theologie *mit* Jugendlichen und Theologie *für* Jugendliche dient als Ordnungshilfe, die aber nicht statisch verstanden werden soll. Je nach Umsetzung einer Methode ergeben sich daraus viele weitere Möglichkeiten der praktizierten Jugendtheologie. Die Anordnung erfolgt hier nach zunehmender Herausforderung für die Mitarbeitenden – unter der Annahme, dass eine Theologie *für* Jugendliche noch am ehesten den konventionell bekannten Methoden entspricht, während die Theologie *mit* Jugendlichen und das Anregen einer Theologie *der* Jugendlichen ein weitergehendes methodisches Umdenken erfordert.

Theologie *für* Jugendliche
- Schon geringfügige methodische Abänderungen der konventionellen Einbahnstraßen-Verkündigung sorgen dafür, dass theologische Arbeitsformen sich für Jugendliche überraschend lebensnah erschließen. Besonders eindrücklich gestalten sich inhaltliche Impulse, wenn sie mit äußeren Erfahrungen verbunden werden. Wer mit interessierten Teilnehmern morgens vor Sonnenaufgang zu einem Bergspaziergang aufbricht, wird den Sonnengesang des Franz von Assisi im ersten Licht der aufgehenden Sonne anders erfahren, als wenn dieser am Ende des Frühstücks hastig vorgelesen wird. In ähnlicher Weise kann ein Morgenlob auch während des Durchschwimmens eines Sees gefeiert werden – die Verkündigungsteile bleiben hier garantiert kurz und werden nicht vom Blatt gelesen.
- Große Chancen bieten die Kirchraumpädagogik und die Nutzung religiös konnotierter Orte: Auch Jugendliche mit nur geringer religiöser Sozialisation entdecken in einer nachts von Kerzenlicht erleuchteten Kapelle die besondere Bedeutung »heiliger Räume«.
- Eine Mischung aus konventioneller »Angebots-Verkündigung« und individualisierten Zugängen ergibt sich, wenn parallel mehrere Angebote zur Verfügung stehen. Insbesondere bei Freizeiten mit vielen Jugendlichen können beispielsweise morgens verschiedene Formen des Morgenlobs stehen. Bewährte Beispiele sind eine Sing & Pray-Zeit, ein Spaziergang in Stille oder das »Gebet für die Welt«, bei dem ge-

---

13 Alle benannten Formen habe ich, zumeist im Kontext von Jugendfreizeiten, selbst durchgeführt und auf ihre Praxistauglichkeit hin überprüft.

meinsam die Radio-Nachrichten gehört und dann die Konfliktherde der Welt fürbittend vor Gott gebracht werden.

Wie die beschriebenen Beispiele zeigen, spielen herausgehobene Zeiten und Orte für eine Theologie für Jugendliche eine besondere Rolle. Gerade der Anfang und das Ende eines Tages können, alter christlicher Tradition der Tagzeitengebete folgend, mit Jugendlichen theologisch neu entdeckt werden. Freizeiten bieten daher eine deutlich größere Resonanzfläche für jugendtheologische Angebote als eine wöchentliche Gruppenstunde.

Theologie *mit* Jugendlichen
- Entscheidend ist hier das Anliegen, eine Diskussion mit Jugendlichen in Gang zu bringen. Dafür können verfremdete Diskussionszugänge hilfreich sein. Das im Eingangsbeispiel genannte Zahnradbeispiel sorgt für leitfragengesteuerte Kurzgespräche, bei denen jeder Teilnehmer die Intensität seiner Selbstoffenbarung individuell bestimmen kann. Auch Rollenspiele können die Diskussion in Gang bringen, weil sie ermöglichen, eine Meinung vehement zu vertreten, die nicht die eigene sein muss. Für gesprächsmüde Gruppen kann das Schreibgespräch (Plakat mit Impulsfragen, Kommunikation ist nur per Stift erlaubt) einen alternativen Einstieg bieten. Eine aktionsgeladene Variante besteht in der Papierflieger-Diskussion, bei der man Fragen und Antworten zu einem Thema auf selbst gefaltete Papierflieger schreibt, die dann im Raum zu einem zufälligen Empfänger weiterfliegen.
- Ein geeignetes Modell, verschiedene Beiträge zu Wort kommen zu lassen, ist nach dem »Speaker's Corner« im Londoner Hyde Park benannt. Eine einfache Holzkiste wird an verschiedenen Stellen des Programms aufgestellt. Wer auf der Kiste stehend spricht, dem hört man zu. Wenn Mitarbeitende den Anfang machen und Jugendliche ermuntern, ihrem Beispiel zu folgen, kann sich so eine bunte Sammlung von Statements beispielsweise über eine Freizeit hinweg ergeben.
- Elemente des Bibliodrama und des Bibliologs ermöglichen, biblische Geschichten aus der Innenperspektive neu zu entdecken. Entlastend ist dabei der Grundansatz, dass es nicht um richtiges Verstehen eines Bibeltextes, sondern um die eigene Einfühlung geht. Man kann also – anders als in der Klassenarbeit des Religionsunterrichts – nichts »falsch machen«.
- Elemente aus der Lebenswelt von Jugendlichen, beispielsweise Lieder aus den Charts, bieten ebenfalls Einstiege in religiöse Fragen. Allerdings sorgt die Diversifizierung der Musikstile mittlerweile dafür, dass es von allen Jugendlichen gemeinsam favorisierte Lieder immer seltener gibt.
- Workshop-Gottesdienste, in denen jeder eine Aufgabe hat, gehören zu den Klassikern der Jugendarbeit, die auch für den Ansatz der Jugend-

theologie reizvolle Möglichkeiten bieten. Ob ein Jugendlicher sich an der Predigt versucht oder ein anderer seine Theologie nonverbal mit einem Altar aus Naturmaterialien zum Ausdruck bringt: Der Gottesdienst entsteht im Prozess und ermöglicht eine hohe Identifikation aller Beteiligten.

Theologie *der* Jugendlichen
Dass Jugendliche untereinander über theologische Themen sprechen, entzieht sich der Verfügbarkeit von Mitarbeitenden. Impulse, die eine solche theologische Gesprächskultur wie ein Katalysator unterstützen, können jedoch gesetzt werden.
- Bei einer Skifreizeit kann jeder Tag unter einer Tagesfrage stehen, zum Beispiel:»Was macht mich glücklich?« Wird diese Frage auf die Skispitzen geklebt, stehen die Chancen gut, dass die Fahrt im Sessellift zum Diskussionsort im Sinne persönlicher Theologie wird.
- Viele Jugendliche sind nicht darin geübt, über Grundfragen des Lebens nachzudenken. Schon eine gemeinsame Phase der Stille, beispielsweise eingebaut in ein Abendabschluss-Ritual, kann solches Nachdenken befördern. Intensiver wird die Auseinandersetzung mit sich selbst, wenn Jugendliche mit einer Reflexionsfrage bewusst eine Stunde alleine zu einem Waldspaziergang gebeten werden. Wer nicht nur Nachdenken, sondern Austausch initiieren will, gibt jeweils einem (per Los zusammengestellten) Zweierteam von Jugendlichen drei Impulsfragen mit und schickt sie auf eine ausgeschilderte einstündige Wanderstrecke.
- Im Sinne der Verschränkung des Heiligen und Profanen können geistliche Impulse an unerwarteten Orten für produktive Irritationen sorgen. So wurde schon manche Freizeittoilette zum Ort intensiver Schreibgespräche, weil ein Mitarbeiter zu Beginn der Freizeit ein Plakat mit provokantem Spruch und viel Leerraum auf die Toilette gehängt hatte – inklusive Kugelschreiber für die Fortsetzung der Debatte.
- Die Erlebnispädagogik bietet wertvolle Möglichkeiten, Grunderfahrungen beispielsweise von Vertrauen und Gemeinschaft am eigenen Körper zu erfahren und diese in der Gruppe zu reflektieren. Auch theologische Inhalte lassen sich erlebnispädagogisch einbetten.[14] Der besondere Vorteil erlebnisorientierter Methoden liegt im nicht-kognitiven Zugang, der auch Jugendliche mit geringeren Verbalisierungsfähigkeiten Themen am eigenen Leib erfahren lässt.

---

14 Theoretische Hintergründe: *Pum, V. / Pirner, M. / Lohrer, J.* (Hg.), Erlebnispädagogik im christlichen Kontext. Religionspädagogische Perspektiven, Bad Boll 2011; Praktische Entwürfe: *Lohrer, J. / Oberländer, R. / Wiedmayer, J.* (Hg.), Sinn gesucht – Gott erfahren 2. Erlebnispädagogik im christlichen Kontext, Stuttgart 2012.

Für alle hier aufgeführten Formen gilt, dass sie lediglich methodische Möglichkeiten bieten, um Jugendtheologie in der Jugendarbeit zu befördern. Jugendtheologie besteht jedoch nicht in einem Methodenrepertoire, sondern ist eine Frage der inneren Haltung. Wenn Mitarbeitende das gemeinsame theologische Nachdenken mit Jugendlichen als eine Kern-Aufgabe betrachten, dann ergeben sich solche – oftmals seelsorgerliche – Gespräche und Begegnungen auch und vor allem außerhalb des eigentlichen Programms. Entscheidend ist das Verwobensein von theologischen Fragen mit Fragen des eigenen Lebens. Das Vorbild der Mitarbeitenden spielt daher eine wichtige Rolle. Wenn Mitarbeitende sich – am besten kontrovers – vor der Gruppe (wie im Eingangsbeispiel beschrieben) oder im Einzelgespräch zu Fragen impliziter oder expliziter Theologie äußern, dann hat das Modellcharakter auch für die Jugendlichen. Orientierung entsteht für junge Menschen bevorzugt durch die Auseinandersetzung mit Positionen, die einem erlebbaren Menschen zugeordnet werden können.

5. Wider die Versuchung des Antwortgebens – Jugendliche zum Fragen locken

Wenn Jugendliche ernst nehmen bedeutet, Fragen in den Mittelpunkt der Jugendarbeit zu stellen und nicht vorgefertigte Antworten, dann muss in vielen Bereichen der Jugend- und Gemeindearbeit umgedacht werden. Allzu leichtfertig werden bislang die fertigen, scheinbar einfachen Antworten an Jugendliche vermittelt. Diese Tendenz zeigt sich besonders deutlich in dem mancherorts fast monokulturell verwendeten Liedgut der Lobpreislieder. Ein Beispiel für den kraftvoll-konfessorischen Gehalt solcher Lieder gibt der bekannte Liedtext von Albert Frey:

Etwas in mir zeigt mir, dass es dich wirklich gibt.
Ich bin gewiss, dass du lebst, mich kennst und mich liebst.
Du bringst mich zum Lachen, machst, dass mein Herz singt.
Du bringst mich zum Tanzen, meine Seele schwingt.
Ich atme auf in deiner Gegenwart.
Herr, du allein
gibst mir Freude, die von innen kommt,
Freude, die mir niemand nimmt.
Herr, du machst mein Leben hell mit dem Licht deiner Liebe![15]

Vielleicht, so scheint es mir, dienen solche Aussagen vor allem dem Zweck, die eigentlich dahinter stehenden inneren Fragen zu beruhigen. Das genau sollte aber nicht Anliegen der Jugendarbeit sein. Mir jedenfalls ist für meine Jugendarbeits-Praxis wichtig, Fragen zu wecken und –

---

15 Abgedruckt beispielsweise in »Feiert Jesus 2«, Nr. 71. © Hänssler Verlag.

ganz im Sinne der alttestamentlichen Psalmen und ihrer Weite von der Klage bis zum Lob – diese zuzulassen. Daher singe ich mit Jugendlichen gerne nach der Originalversion meine in Fragen abgeänderte Fassung des Liedes:

Etwas in mir fragt sich, ob es dich wirklich gibt?
Wie werd ich gewiss, dass du lebst, mich kennst und mich liebst?
Wie mach's ich im Leiden, dass mein Herz singt?
Warum ist's so selt'n, dass meine Seele schwingt?
Wo spür ich sie denn, deine Gegenwart?
Nicht ich allein
habe Fragen, die von innen komm'n.
Fragen, die nach Antwort schrei'n.
Mache doch mein Leben hell! Wo find ich deine Liebe?

Jugendliche ernst zu nehmen heißt, ihnen nicht einfache Antworten vorzusetzen, sondern sie zum eigenen Fragen zu ermutigen – im Sinne einer Jugendtheologie, die mit dem Wehen des Heiligen Geistes gerade in den offenen Fragen des Lebens und Glaubens rechnet.

Anton A. Bucher

Sind Jugendliche auch für Jugendliche Theologen?

Eine Pilotstudie und konzeptuelle Überlegungen

1. Einleitung

Sind Jugendliche Theologen? »Nie und nimmer!« hätten zahlreiche bedeutende Theologen und Pädagogen geantwortet, ein Augustinus beispielsweise, für den das Jugendalter die sündige Lebensphase schlechthin war.[1] Oder Luther, welcher sagte, Jugend sei wie wilder Most, der sich nicht halten lasse, sondern gären müsse.[2] Entsprechend seien junge Menschen unbesonnen und unerfahren; sie würden, weil aufsässig und voll Schwelgerei, nur dummes Zeug denken – alles andere als theologisch Bedeutsames. Dieses Lamento über die Jugend, schon von den Sumerern und alten Ägyptern angestimmt,[3] setzte sich in den folgenden Jahrhunderten fort. Aloys Söll schrieb in seiner zu Beginn des 19. Jahrhunderts erschienenen »Abhandlung über die Unschuld«: »Man klaget allgemein über das mehr und mehr einreißende Sittenverderbnis der Jugend, und man hat auch gewiß Ursache mehr, als genug. Es ist ein großer Zweifel, ob einmal, so lang das Christenthum besteht, die Sitten so verdorben, die Jugend so ausgelassen gewesen sey, wie heut zu Tage.«[4] Jugendliche als Theologen zu würdigen, wie im Gefolge der Kindertheologie und aufgrund des Impctus von Friedrich Schweitzer[5] in den letzten Jahren mehr und mehr üblich geworden,[6] hätte beim Prälaten Söll Unverständnis ausgelöst – oder Entrüstung. Theologie als Erkenntnis des Göttlichen und Heiligen in den Händen vergnügungssüchtiger und verdorbener Jugend: unvorstellbar! Und jetzt: Jugendliche als Subjekte *ihrer* Theologie ist eines der kräftigsten religionspädagogischen Zug-

---

1 *Augustinus, A.*, Bekenntnisse, Zürich 1950, 56f.
2 Dazu: *Schweitzer, F.*, Die Religion des Kindes. Zur Problemgeschichte einer religionspädagogischen Grundfrage, Gütersloh 1992, 55.
3 Vgl. die instruktive Sammlung von Zitaten von *Stepken, G.*, Verfall von Sitte, Moral und Anstand der Jugend. In: http://www.little-idiot.de/teambuilding/JugendvonHeute.pdf (10-5-2012).
4 *Söll, A. von*, Abhandlung über die Unschuld. Oder Beschreibung, wie vortrefflich und glückselig der Stand der Unschuld ist, Augsburg [4]1807, 231f.
5 *Schweitzer, F.*, Auch Jugendliche als Theologen? Zur Notwendigkeit, die Kindertheologie zu erweitern. In: Zeitschrift für Pädagogik und Theologie 57 (2005), 46–53.
6 *Schlag, T. / Schweitzer, F.*, Brauchen Jugendliche Theologie? Jugendtheologie als Herausforderung und didaktische Perspektive, Neukirchen-Vluyn 2011.

pferde! Notabene: Vielleicht ist das Nachwirken des pessimistischen Jugendbildes einer der Gründe, warum sich »Kindertheologie« zuerst etablierte. Kindliche Neugierde, Unbefangenheit, Naivität und weitere Komponenten des romantischen Kindbildes scheinen eher theologiefähig als puberaler Zweifel.

Es ist hier nicht der Ort, den Gründen dafür nachzugehen, warum sich die entsprechende Perspektive auf die Jugend um 180 Grad drehte. Ursächlich ist sicherlich die Konturierung der (eigenständigen) Jugendphase im Ausdifferenzierungsprozess der Moderne, die damit einhergegangene Etablierung einer spezifischen Jugendpsychologie (spätestens mit dem 1904 erschienenen Klassiker »Adolescence« von G. Stanley Hall), die Subjektorientierung als Signatur der Postmoderne und des Konstruktivismus, der in Religionspädagogik und -didaktik mittlerweile fest beheimatet ist.[7] Aber eines ist den beiden diametral entgegengesetzten Bildern der Jugend gemeinsam: *Sie stammen von Erwachsenen.* Sagen Jugendliche von sich selber, verdorben, unflätig, dumm zu sein? Mitnichten! Und: Beanspruchen sie selber, auch Theologen zu sein? Das ist zu prüfen. Bisher handelte es sich hierbei um einen Diskurs, den Erwachsene führten, weniger mit Jugendlichen selber, sondern vielmehr *über* sie. Dies hat in der Religionspädagogik Tradition, und zwar selbst dort, wo beansprucht wurde, ihre subjektiven Sichtweisen zur Geltung zu bringen. Darauf verweist Meyer-Blanck zu Beginn seiner Reflexionen über Jugendtheologie[8] im Hinblick auf die äußerst kontrovers diskutierte ›qualitative‹ Studie von Heiner Barz über die Religion postmoderner Jugend.[9] Diese sei »das beste Beispiel dafür, dass die Frage ›Wie denken die Jugendlichen theologisch?‹ massiv von den Erwachsenen beeinflusst wird, die diese stellen ...«[10]

Im Folgenden wird – auf der Basis einer Pilotstudie – u.a. der Frage nachgegangen, was Jugendliche selber davon halten, wenn sie als Theologen bezeichnet werden. Ihre entsprechenden Reaktionen hängen maßgeblich davon ab, was sie unter »Theologe« bzw. »Theologie« verstehen. Anders als bei Kindern, deren Denken noch konkreter und gegenständlicher ist, lässt sich mit Jugendlichen durchaus darüber reden, was sie zu diesen Begriffen assoziieren. Dies umso mehr, als es zu den Entwicklungsaufgaben dieser Lebensphase gehört, im Zuge der Identitätsbildung über das eigene Selbstverständnis zu reflektieren. Und warum nicht auch darüber, ob dazu das Theologe-Sein gehören könnte? Zu »Theologie« fallen ihnen durchaus Assoziationen ein, unterschiedliche und teils sehr originelle: »*Theologie ist griechisch und bedeutet Gottes*

---

7 *Büttner, G. u.a.* (Hg.), Jahrbuch für konstruktivistische Religionsdidaktik, Hannover 2010.
8 *Meyer-Blanck, M.*, Jugend – Theologie – Bekenntnis. Theologisches Denken bei Lehrenden und Lernenden in der Konfirmandenarbeit. In: http://www.rpi-loccum.de.
9 *Barz, H.*, Postmoderne Religion. Am Beispiel der jungen Generation in den Alten Bundesländern, Opladen 1992.
10 *Meyer-Blanck* (Anm. 8).

Wort und auch Lehre. Und ich schätze, sie ist schon 2012 Jahre alt« – so ein fünfzehnjähriger Gymnasiast in Salzburg. Oder: »*Der Theologe unterrichtet Religion. Theologen sind Lehrer von Gott. Ich finde Theologen lustig.«* So ein Zwölfjähriger. Und ein Sechzehnjähriger: »*Theologie ist die Wissenschaft, die sich mit den verschiedenen Religionen befasst ... Theologen sind gläubig, aber sie kritisieren auch die Kirche. Theologen sind meistens alt.«*

Protagonisten der Jugendtheologie engagieren sich für dieses Programm auch deswegen, um so ihren Respekt vor und ihre Wertschätzung gegenüber Jugendlichen auszudrücken, weil sie diesbezüglich wirklich »Kompetenz« an den Tag legten: »Sie lassen sich also wie als Philosophen so auch als eigenständige Theologen bzw. Theologinnen ansehen.«[11] Aber was, wenn sie mit »Theologie« wenig Lobenswertes verbinden, beispielsweise ein Vierzehnjähriger: »*Theologie: Das ist Kirche, Religion, Friedhof, uninteressant, langweilig.«* Das Lob, ein Theologe zu sein, dürfte bei ihm geradezu diametral Entgegengesetztes bewirken.

Umso notwendiger ist es, auch in Erfahrung zu bringen, woran Jugendliche die auch ihnen zugemutete Theologie denken lässt. Dazu leistet diese Pilotstudie einen zugegebenermaßen bescheidenen Beitrag. Schriftlich befragt wurden 70 Salzburger Jugendliche, zwischen 12 und 16 Jahren alt, paritätisch Jungen und Mädchen. Zunächst wurden sie gebeten, ganz spontan alles aufzuschreiben, was ihnen zu den Begriffen »Theologe« bzw. »Theologie« einfällt. Im zweiten Teil beurteilten sie thematisch relevante Items, jeweils von »stimme sehr zu« (5) bis »stimme gar nicht zu« (1), beispielsweise »Jugendliche, die nach Gott fragen, kann man als Theologen bezeichnen«, oder »Theologie ist eine Wissenschaft wie andere auch«, oder: »Die Theologie kennt die Wahrheit über Gott«. Zusätzlich interessierten religionspsychologische Standardvariablen: Wie sehr die Jugendlichen an Gott glauben, an ein Leben nach dem Tod, wie sie der Kirche gegenüber eingestellt sind, ob sie sich selber sowie ihresgleichen für gläubig halten etc.

2. Wesentliche Ergebnisse

Das zentralste vorab: Eine deutliche Mehrheit ist der Meinung, Jugendliche, auch wenn sie nach Gott fragen, seien *keine* Theologen:

---

11 Bspw. *Dieterich, V.J.*, Theologisieren mit Jugendlichen. In: Jahrbuch für Kindertheologie 6 (2007), 127.

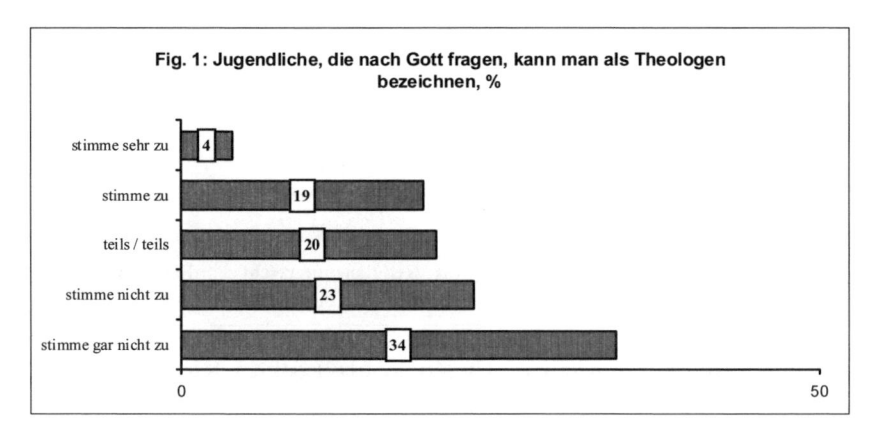

Fig. 1: Jugendliche, die nach Gott fragen, kann man als Theologen bezeichnen, %

- stimme sehr zu: 4
- stimme zu: 19
- teils / teils: 20
- stimme nicht zu: 23
- stimme gar nicht zu: 34

Sechs von zehn halten Jugendliche *nicht* für »Theologen«, jeder fünfte legte sich nicht fest. Mädchen stehen diesem Topos ebenso zurückhaltend gegenüber wie die Jungen. Jedoch besteht ein schwach signifikanter Alterstrend (p = .08). Während von den 12jährigen 10 Prozent dem Item zustimmten, so bei den 16jährigen mit 36 Prozent deutlich mehr.

Warum scheinen Jugendliche mehrheitlich nicht ausdrücklich Theologen sein zu wollen, als was sie in der Religionspädagogik der letzten Jahre zusehends konsensueller gewürdigt werden? Für eine Antwort ist zu rekonstruieren, womit sie »Theologie« assoziieren. Eine Inhaltsanalyse der offenen Frage: »Zu den Begriffen ›Theologie‹/›Theologen‹ fällt mir ganz spontan folgendes ein«, erbrachte vier Kategorien:

1. »Theologie« als konkret Kirchliches: bspw. »Pfarrer«, ja selbst »Hostie«
2. Theologie als Wissen(schaft) von Gott
3. Theologie – Religionsunterricht
4. Theologie als Beschäftigung mit Religion/en

Folgendes Streifendiagramm zeigt die prozentuale Häufigkeit der Kategorien. Dass der Summenwert über 100 liegt, ist dadurch bedingt, dass etliche Burschen und Mädchen mehr als nur eine Kategorie ansprachen. Beispielsweise: »*Theologie ist das Wissen über Gott. Menschen, die das unterrichten*«, was sowohl der Kategorie 2 als auch 3 zugerechnet wurde.

Fig. 2: Assoziationen zu Theologie, Kategorien, %

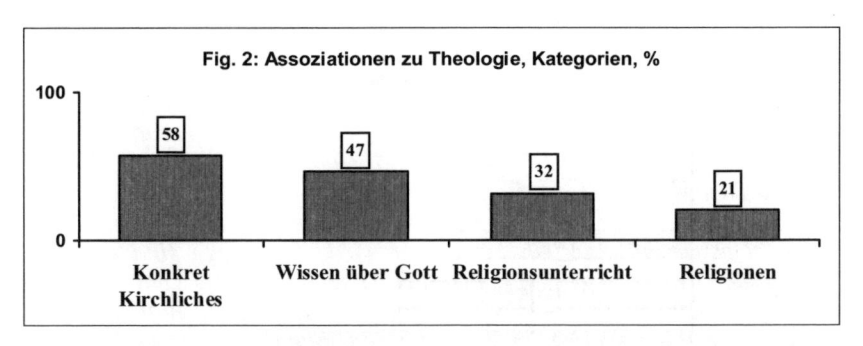

- Konkret Kirchliches: 58
- Wissen über Gott: 47
- Religionsunterricht: 32
- Religionen: 21

Die häufigste Kategorie ist: Theologie als konkret Kirchliches. Ein Sechzehnjähriger formulierte zutreffend: »*Theologie wird von vielen Leuten gleich mit der Kirche und starkem Glauben verbunden.*« So von einem Vierzehnjährigen: »*Theologie: Bischof, Priester, Pfarrer, Messner, Hostie, Kirche*« – bemerkenswert, dass auch der Küster dazu gezählt wird. Eine Gleichaltrige: »*Kirche, Gebet, Glaubensbekenntnis, Erstkommunion, Firmung*«. Prägnant eine Vierzehnjährige: »*Kirche und Pfarrer*«. Theologie primär auf konkret sichtbare Kirchlichkeit zu beziehen, speziell auf ihre Räumlichkeiten, mehr noch ihre Repräsentanten, ist kein Spezifikum des Jugendalters. Der Verfasser, von erwachsenen Salzburgern nach seiner Tätigkeit gefragt, hörte auf die Auskunft hin, an einer Theologischen Fakultät zu arbeiten, zumeist: »Aha, ihr bildet Pfarrer aus.«

Die zweithäufigste Kategorie ist »Gott« bzw. das Wissen oder die Wissenschaft über ihn. Freilich ist auch diese integraler Bestandteil von Kirche; aber es schien angemessen, die expliziten Nennungen von Theologie als Wissen(schaft) von Gott als eigene Kategorie zu führen. Ein Dreizehnjähriger: »*Ich glaube, dass das die Lehre von Christi und Gott ist. Ich finde, dass der Job von Theologen langweilig ist, aber ohne diese Menschen wüssten wir viel weniger von Gott und Jesus.*« Eine Zwölfjährige berichtete, sie habe früher geglaubt, »*dass man bei der Theologie über Sterne studiert*«, jetzt aber wisse sie es: »*Die Lehre von Gott.*« Und ein Vierzehnjähriger: »*Theologen sind für mich Menschen, die sich mit dem Thema Gott auseinandergesetzt haben.*«

Gemäß der dritten Kategorie bezieht sich Theologie auf den Religionsunterricht. »*Ich schätze, unsere Relilehrerin ist eine Theologin. Ich bin kein Theologe*«, so eine Dreizehnjährige. Und für eine Fünfzehnjährige sind »*Theologen ... Personen, die den Religionsunterricht halten. Sie sind sehr gläubige Menschen.*« Ein Zwölfjähriger meinte: »*Der Theologe unterrichtet auch Religion. Theologen sind Lehrer von Gott.*« »*Religionsunterricht, manchmal interessant, manchmal langweilig*«. Die Herkunft dieser Assoziationen ist evident. ReligionslehrerInnen erzählen in aller Regel, Theologie studiert zu haben, und für zusehends mehr Jungen und Mädchen wird der Religionsunterricht der (einzige) Ort, wo sie Theologie (und Kirche) begegnen.

Gemäß der letzten Kategorie bezieht sich Theologie nicht nur auf Kirche, Gott und Religionsunterricht, sondern auf Religion an sich bzw. auf *alle Religionen*. Ein Sechzehnjähriger: *»Theologie ist die Wissenschaft, die sich mit den verschiedenen Religionen beschäftigt, nicht nur Kirche. Man kann dieses Fach an der Universität studieren.«* Und ein Gleichaltriger: *»Theologie, Wissenschaft, die sich mit Religion beschäftigt. Prinzipiell wichtig für die Welt, weil Gott, die Kirche und überhaupt die Religion sehr wissenschaftlich betrachtet wird. Theologen sind meistens kritisch der Kirche gegenüber, und das ist sehr wichtig.«* Und einer seiner Klassenkameraden: *»Die Theologie ist die Wissenschaft der Religion. Ein Theologe befasst sich mit den unterschiedlichsten Dingen, wie zum Beispiel die Würde des Menschen oder die verschiedenen Religionen.«*

Welche Jugendlichen neigen dazu, ihresgleichen für Theologen zu halten? Überhaupt nicht diejenigen, die Theologie primär mit dem Halten von Religionsunterricht identifizieren. Am ehesten tun dies jene, für die Theologie Beschäftigung mit Religion / den Religionen ist. Und ist einer »Jugendtheologie« geneigter, wer selber an Gott glaubt? Dies ist nicht der Fall, auch deswegen, weil der subjektiv bezeugte Gottesglaube sehr ausgeprägt ist (Ceiling-Effekt). Gerade einmal 7 Prozent sagen, nicht an Gott zu glauben, 13 Prozent scheinen unentschieden, und 80 Prozent bejahen »Ich glaube an einen Gott«. Mit dieser hohen Zustimmung kontrastiert die Beurteilung von: »Die meisten Jugendlichen, die ich kenne, sind gläubig.« Dies hält gerade einmal ein knappes Viertel für richtig, ein weiteres Viertel ist unschlüssig, die Hälfte jedoch lehnt ab (möglicherweise weil sie »gläubig« auf die Kirche beziehen). Offensichtlich besteht eine massive Diskrepanz zwischen dem persönlich eingeschätzten Glauben und demjenigen, der bei den Gleichaltrigen wahrgenommen wird. Wer den peers einen solchen zugesteht, neigt aber nicht ausgeprägter dazu, Jugendliche als Theologen zu bezeichnen. Notabene: Auch in dieser kleinen Stichprobe zeigte sich ein ausgeprägter Glaube an ein Leben nach dem Tod: Nur 20 Prozent bestreiten ein solches ausdrücklich.

Über Jahrhunderte hinweg galt die Theologie als Mutter aller Wissenschaften. Dem Item »Theologie ist die wichtigste aller Wissenschaften« stimmen jedoch bloß 13 Prozent zu, 30 Prozent sind unentschieden, für die Mehrheit ist es ausdrücklich falsch. Wer der Theologie hohe Wichtigkeit zugesteht, tendiert nicht dazu, Jugendliche als Theologen zu qualifizieren. Ebenfalls nicht jene, die es für zutreffend erachten: »Die Theologie kennt die Wahrheit über Gott«: Zustimmend 27 Prozent, ablehnend 38 Prozent, mehr als ein Drittel unentschieden.

Aber könnte nicht sein, dass Jugendliche, die Theologie nicht als altmodisch einstufen, für explizite Jugendtheologie aufgeschlossener sind? Genau die Hälfte lehnt die Aussage »Theologie ist altmodisch« ab, deutlich weniger (26 Prozent) stimmen ihr zu. Angesichts der häufigen Assoziationen von »Theologie« mit »Kirche« überrascht, dass letztere bezüglich ihrer »Antiquiertheit« signifikant pessimistischer beurteilt wird: »Die Lehre der Kirche ist in vielem veraltet« ist für 60 Prozent grundsätzlich richtig und gerade einmal für 9 Prozent falsch. Wie die Analyse weiterer Items zeigte, zumal wegen Zölibat, dem Ausschluss der Frauen vom Priesteramt, sowie dem Anspruch des Papstes auf Unfehlbarkeit, den nur 10 Prozent angemessen finden.

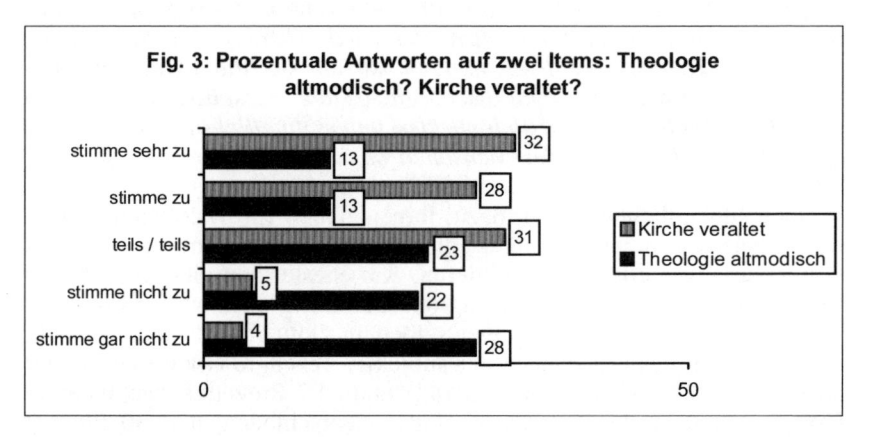

Fig. 3: Prozentuale Antworten auf zwei Items: Theologie altmodisch? Kirche veraltet?

	Theologie altmodisch	Kirche veraltet
stimme sehr zu	13	32
stimme zu	13	28
teils / teils	23	31
stimme nicht zu	5	22
stimme gar nicht zu	4	28

Müssen Theologen in der Sicht der Befragten besonders gläubige Menschen sein, wie dies eine 14jährige betonte: »*Theologen sind sehr gläubige Menschen, die öfters in die Kirche gehen und sehr viel beten*«? Überwiegend ja! 48 Prozent stimmen zu, 30 Prozent legen sich nicht fest, gut jeder fünfte erwartet dies nicht – letztere assoziierten Theologie überwiegend mit Religionswissenschaft und weniger mit kirchlichen Konkreta wie Pfarrer oder Sakramente. Müssen Theologen der Kirche auch gehorchen, was zumindest das römische Lehramt immer wieder einschärft, auch in der Form eines kirchenrechtlich vorgeschriebenen Treueeids für alle, die in ihr arbeiten?[12] Jugendliche, in ihrem Freiheitsdrang verständlich, urteilen nicht so streng: Dass Theologen gehorsam sein sollten, erachten 29 Prozent für zutreffend, ein Viertel legt sich nicht fest, und 44 Prozent votieren für nein. Allerdings besteht zwischen dem Anspruch auf besondere Gläubigkeit und Gehorsam eine hoch positive Korrelation von r = .63.[13] Zumindest in der katholischen Kirche artikuliert sich Gehorsam auch darin, dass Theologen Kritik unterlassen. Sind Theologen auch für die Befragten »unkritisch?« Überwiegend nicht: 42 Prozent legen sich nicht fest, 48 Prozent lehnen ab, nur für 10 Prozent sind Theologen geistige Opportunisten, möglicherweise weil ihnen sehr glaubwürdig kritische ReligionslehrerInnen begegneten. SchülerInnen,

---

12 Corpus Juris Canonici. Kodex des kanonischen Rechts, Kevelaer 1983, §833.
13 r ist das Kürzel für Korrelationskoeffizient, der Ausprägungen zwischen + 1 (vollständig positiver Zusammenhang) und – 1 (vollständig negativer Zusammenhang) annehmen kann.

für die Theologen eher unkritisch sind, erwarten von diesen stärker, besonders gläubig zu sein (r = .30).
Welche Items ermöglichen am ehesten eine Prognose darauf, ob Jugendliche ihresgleichen für Theologen halten? Ein einziges: »Auch Kinder, wenn sie nach Gott fragen, kann man als Theologen bezeichnen«. 16 Prozent stimmen diesem Item grundsätzlich zu, 28 Prozent waren unentschieden, 56 Prozent lehnen ab. Die Korrelation zu ›Jugendliche als Theologen‹ ist mit r = .73 ausgesprochen hoch und erklärt mehr als 50 Prozent der Varianz. Es gibt demnach eine massiv miteinander verbundene Bereitschaft, sowohl Kindern als auch Jugendlichen dezidiert ›theologische‹ Kompetenz zu attestieren bzw. eine solche abzusprechen.

3. Zusammenfassende Diskussion

Auch wenn aufgrund der kleinen Stichprobengröße Generalisierungen problematisch sind: Mehrheitlich halten sich die befragten Jugendlichen nicht für »Theologen«. »Theologie« assoziiert am häufigsten an Kirchliches, das sehr konkret beschrieben wird – typischerweise Amtsträger, gelegentlich gar »Ministranten« oder »Hostien«. Als mögliche Erklärung drängt sich auf, dass den bereits länger zurückliegenden Erkenntnissen Ronald Goldmans zufolge das religiöse Denken Heranwachsender länger konkret geprägt bleibt als die allgemeinen kognitiven Strukturen sensu Piaget.[14] Sodann assoziiert »Theologie« für die Jugendlichen ausdrücklich an »Gott«, in einem beträchtlichen Ausmaß auch an »Religionsunterricht« und »Religionslehrer«, und seltener an Religion in einem breiteren, abstrakteren Sinn.
Die Assoziationen Jugendlicher zu »Theologie« hängen selbstredend stark von den bisher gemachten Erfahrungen bzw. (bildungsschichtspezifischen) Anregungen ab. Schüler, deren Eltern kritische Theologen lesen und beispielsweise über Hans Küng oder Helmut Schüller reden, den Initiator der österreichischen Pfarrersinitiative zum Ungehorsam, werden einem Theologen eher zugestehen, auch kritisch zu sein. Ohnehin: Jugendtheologie – und ebenso sehr die Kindertheologie – müsste den Fokus auch einmal darauf richten, in welchen sozialen Milieus die Subjekte derselben aufwachsen, ob beispielsweise in den Haushalten viele oder fast gar keine Bücher sind – nach wie vor einer der verlässlichsten Prädiktoren für Bildungserfolg.[15]
Impliziert das Faktum, dass Jugendliche selber sich mehrheitlich nicht für Theologen halten, vom Programm einer »Jugendtheologie« sei Abstand zu nehmen? Keinesfalls! Auch bei der Kindertheologie, deren pri-

---

14 *Goldman, R.*, Religious thinking from childhood to adolescence, London 1964.
15 *De Graaf, P.M.*, Parents' financial and cultural resources, grades, and transition to secondary school in the Federal Republic of Germany. In: European Sociological Review 4 (1988), 209–221.

märes Anliegen es war, die Subjektivität von Jungen und Mädchen in religiös-theologischen Belangen zur Geltung zu bringen und ihre eigenständigen Sichtweisen zu würdigen, wurden diese nicht gefragt.[16] Nur die wenigsten von ihnen hätten zu diesem Terminus etwas sagen können. Gewiss ist es fragwürdig, Jugendliche oder Aspekte ihrer Lebenswelt mit Etiketten zu belegen, die Religionspädagogen mit Genugtuung erfüllen, aber den subjektiven Sichtweisen junger Männer und Frauen zuwiderlaufen können. Exemplarisch Ralph Sauer in seiner »Spurensuche«, in der er Passionen Jugendlicher wie Disco oder Motorradfahren als ihre Religiosität deutete[17] – ohne sie gefragt zu haben, was sie selber davon halten. Die damals vom Verfasser unterrichteten Schüler (in Religion!) reagierten unwirsch, als sie damit konfrontiert wurden, ihre Freizeitleidenschaften wie Mountainbiken oder Disco seien »religiös«. »Das hat doch nichts mit Kirche zu tun!« In einer eindrücklichen qualitativen Studie belegte Burkhard Porzelt, dass Intensiverfahrungen Jugendlicher nicht ohne weiteres als »religiös« zu qualifizieren sind.[18] Auch in quantitativen Studien bei Jugendlichen zeigt sich noch und noch, dass religiöse Selbsteinschätzung signifikant mit Variablen aus dem Umfeld von Kirche korreliert.[19]

Gleichermaßen problematisch wäre es, Jugendliche zu Theologen zu erklären, wenn dies ihrem subjektiven Selbstverständnis zuwiderläuft. Eine Grundoption von Jugendtheologie – junge Männer und Frauen in ihrer Subjektivität ernst zu nehmen – würde ad absurdum geführt. Aber: Jugendlichen kann durchaus explizit kommuniziert werden, was Jugendtheologie intendiert: Heranwachsende als Subjekte ernst nehmen, was den interaktiven Tatbeweis voraussetzt: ihnen zuhören, Respekt entgegenbringen. In diesem Begriff steckt »spectare«: betrachten, anschauen. Und ihre Auffassungen über Gott, das Leid in der Welt etc. zu verstehen versuchen. Ihnen den Mut zusprechen, ihre eigenen Meinungen kundzutun. Aber auch bereit sein, ihnen neue mögliche Sichtweisen anzubieten, dies idealiter in der Form des persönlichen, authentischen Bekenntnisses. Und vor allem: ihnen gegenüber zugeben, dass die Antworten auf die existenziellen Fragen stets vorläufige sind, professionelle TheologInnen nicht *die* Wahrheit haben, sondern dass diese letztlich einzig und allein im göttlichen Geheimnis liegt.

---

16 Erstmals *Bucher, A.*, Kinder als Theologen? In: Zeitschrift für Religionsunterricht und Lebenskunde 20 (1992), 19–22.
17 *Sauer, R.*, Mystik des Alltags. Jugendliche Lebenswelt und Glaube. Eine Spurensuche, Freiburg i.Br. 1990.
18 *Porzelt, B.*, Jugendliche Intensiverfahrungen. Qualitativ-empirischer Zugang und religionspädagogische Relevanz, Graz 1999.
19 Bspw. *Bucher, A.*, Stimmt die Entkoppelungsthese? Zum Verhältnis von allgemeiner und kirchlicher Religiosität in einer Stichprobe von 2700 Schuljugendlichen in Österreich. In: *Friesl, C. / Pollack, A.* (Hg.), Die Suche nach der religiösen Aura. Analysen zum Verhältnis von Jugend und Religion in Europa, Wien 1999, 224–230.

Annette Scheunpflug

Jugendtheologie aus allgemeinpädagogischer Perspektive

Die Schrift der Evangelischen Kirche in Deutschland (EKD) »Kirche und Jugend. Lebenslagen – Begegnungsfelder – Perspektiven«[1] benennt eine »Theologie Jugendlicher« als wichtige Aufgabe im Rahmen der kirchlichen Arbeit mit Jugendlichen. In diesem Beitrag soll der Diskussionszusammenhang, in dem diese Forderung nach einer »Jugend-Theologie« erhoben wurde, entfaltet und allgemeinpädagogisch ausgedeutet werden.

1. Jugendtheologie in »Kirche und Jugend«

In der Schrift »Kirche und Jugend« wird eine »Jugendtheologie« begründet mit der »Verantwortung der Kirche im Generationenverhältnis«.[2] Ausgangspunkt ist die Diagnose eines sich verändernden Verhältnisses der Generationen zueinander. Einerseits sei die Situation gekennzeichnet durch einen sich entschärfenden Generationenkonflikt angesichts der Ausdifferenzierung der Lebensverhältnisse. Andererseits sei es für Jugendliche schwierig, Ermöglichungsräume zu finden, sich mit ihren Positionen Gehör zu verschaffen und Selbstwirksamkeit im gesellschaftlichen Raum zu erfahren. Ihr Anteil an der Bevölkerung schrumpfe kontinuierlich; viele Erwachsene genügten sich selbst und hätten keinen Kontakt zu Jugendlichen. Pointiert die Diagnose der EKD-Schrift zusammenfassend und diese überspitzend lässt sich von der »Jugendvergessenheit einer Gesellschaft bzw. Kirche« sprechen.

Dieser Diagnose wird die biblische Perspektive gegenübergestellt, in der auf die Verantwortung im Generationenverhältnis hingewiesen wird. Es sind drei Aspekte, die die EKD-Schrift benennt:
– Die *sozialen Verpflichtungen* im Generationenverhältnis seien im vierten Gebot im Alten Testament (»Du sollst deinen Vater und deine Mutter ehren«, Ex 20,12) in den Mittelpunkt gestellt und »mit dem

---

1 *Evangelische Kirche in Deutschland*, Kirche und Jugend. Lebenslagen – Begegnungsfelder – Perspektiven. Im Auftrag des Rates der Evangelischen Kirche in Deutschland herausgegeben vom Kirchenamt der EKD, Gütersloh 2010.
2 Ebd., 31f.

›gelobten Land‹, der Wegweisung von Freiheit und der Ermöglichung des Lebens in Liebe verknüpft«.[3]
- Die besondere *Fürsorge der älteren* gegenüber der jüngeren Generation *und die Sorge um die Lebensmöglichkeiten der nachwachsenden Generation* sei im Neuen Testament in der Aufforderung an Eltern, Jugendliche nicht zu »erbittern« oder »zum Zorn zu reizen« (Kol 3,21; Eph 6,4), ausgedrückt.[4]
- Die Aufforderung, Heranwachsende ernst zu nehmen und ihnen ganz *besondere Aufmerksamkeit* zukommen zu lassen entsprechend dem Umgang Jesu mit Heranwachsenden, der diese »in die Mitte bzw. an seine Seite stellt (Mt 18,1–5 Par.) und ihnen damit ganz besondere Aufmerksamkeit zubilligt«[5], sei ein besonderes Anliegen der biblischen Botschaft.

Darüber hinaus könnte als biblische Begründung einer »Jugendtheologie« aus der Perspektive Erwachsener die – auch als Losung für den Kirchentag 2005 verwendete – Aufforderung gelten, die Welt im Horizont der Fragen der nachwachsenden Generation dialogisch zu interpretieren. Mit dem biblischen Wort »Wenn dein Kind dich morgen fragt …« (Dtn 6,20) wird das *dialogische Miteinander* der Generationen im Kontext von Fragen über die Regeln einer Gesellschaft, nach Freiheit und deren Grenzen im Verhältnis der Generationen thematisiert. Es geht um das, was wichtig ist zu tradieren und was nicht.

Diese biblische Fundierung mündet – so die EKD-Schrift – in ein Generationenverhältnis unter der Perspektive der »Wegweisung der Freiheit«, in dem Jugendlichen Ermöglichungsräume bereitgestellt werden. Es zeigt sich in einer Kirche, in der Jugendlichen »hinreichend Platz für ihre Anliegen, ihre »Theologie« eingeräumt wird«.[6] Dieses wird konkretisiert als eine »Theologie von Jugendlichen und als Theologie der Jugend«[7], als Eröffnen von Räumen, »in denen Jugendliche sich mit ihren eigenen Erfahrungen und Gefühlslagen deshalb gern aufhalten, weil ihnen dort verständnisvoll und verstehbar begegnet wird«. Das bedeutet auch, sich um Möglichkeiten der Partizipation auf allen Ebenen zu bemühen, mediale Räume bereitzustellen und die religiösen Ausdrucksformen Jugendlicher deutlicher wahrzunehmen. Besonderes Augenmerk sei auf Formen der Ästhetisierung zu legen.

Mit diesen eher knappen als deutlichen Darstellungen sind in der EKD-Schrift implizit drei Dimensionen einer Jugendtheologie benannt, nämlich einerseits der Aspekt einer Theologie von Jugendlichen, die von diesen selbst gestaltet und formuliert wird, und andererseits eine Theologie

3 Ebd., 32.
4 Vgl. ebd.
5 Ebd., 32.
6 Ebd., 79.
7 Ebd.

Jugendtheologie aus allgemeinpädagogischer Perspektive

der Jugend, die als eine theologische Sicht auf die besondere existentielle Situation von Menschen im jugendlichen Alter verstanden werden kann, sowie eine Theologie für Jugendliche als einer besonderen Zielgruppe.

Damit wird ein Verständnis von Theologie markiert, das in mehrfacher Hinsicht Jugendliche in den Mittelpunkt stellt:
- Es thematisiert Jugendliche als *Subjekte* ihres eigenen Zugangs zum Glauben.
- Es geht von einem *Gemeindeverständnis* aus, das sich auf die Perspektive von »zwei oder drei in meinem Namen Versammelte« bezieht und nicht auf die parochiale Struktur sowie Jugendliche als vollwertige Mitglieder der Gemeinde versteht – Jugendliche sind Kirche.
- Damit werden der *demografische Wandel* und der Traditionsabbruch durch die Säkularisierung aufgenommen und einerseits die Minderheitensituation Jugendlicher berücksichtigt, andererseits deren Bedeutung und Funktion ernst genommen.
- Es wirbt um die Eröffnung von Möglichkeitsräumen und die Perspektive auf *Freiheit* als Verheißung, als Praktik und Verpflichtung als Ausdruck protestantischer Identität.
Für Jugendtheologie ist die Perspektive auf Freiheit konstitutiv.
- Jugendtheologie wird als (religions-)pädagogischer Zugang konzeptualisiert, der mit *methodischer Reflexion* bzw. Didaktik verbunden ist. Jugendtheologie bzw. Theologisieren ereignet sich in Reflexion eines dialogischen, methodischen Gangs.

2. Anregungen zu einer »Jugendtheologie« aus allgemeinpädagogischer Perspektive

Aus einer allgemeinpädagogischen Perspektive kann eine »Jugendtheologie« als eine konsequente Perspektive in bildungstheoretischer Hinsicht auf den Subjektbezug aller Bildung, funktional als eine Antwort auf die Herausforderung des demografischen Wandels, pädagogisch als eine Antwort auf die Herausforderungen der Entwicklung des Selbstkonzepts und professionstheoretisch auf die Herausforderung durch den Umgang mit der grundlegenden Antinomie des pädagogischen Verhältnisses interpretiert werden.

(1) Bildungstheoretische Perspektive auf das pädagogische Subjekt
Eine »Jugendtheologie« nimmt den Blick auf das Subjekt religionspädagogischer Bemühungen oder des kirchlichen Handelns ernst. Jugendliche werden in einer solchen Perspektive nicht als Adressaten kirchlichen Handelns gesehen, sondern als Akteure in der Kirche mit eigener Stimme und Perspektive. Damit wird eine bildungstheoretische Perspektive eingenommen, die die Selbsttätigkeit des Subjekts betont, und Erkenntnisse

aus dem Konstruktivismus und den Neurowissenschaften werden anerkannt, die die Selbstreferenz und Autopoiese der Aktivität des Gehirns bzw. allen Lernens betonen. Eine solche Perspektive ermöglicht zudem, dass die Ideen und Weltsichten Jugendlicher bekannt werden, auf Resonanz stoßen, diskutiert werden und dieser Prozess als Rückkoppelungseffekt wiederum bildend im Subjekt wirkt.

– »Jugendtheologie« ermöglicht Jugendlichen, sich aktiv zum eigenen Glauben zu verhalten, diesen zu artikulieren und darauf Resonanz zu erfahren.
– »Jugendtheologie« bietet die Möglichkeit zur Formung eines individuell konsistenten Anspruchs. Über die jugendgemäße Formung der Artikulation des Glaubens formiert sich ein – ggf. subjektiver und individueller – »Logos« in der Bemühung um eigene innere Konsistenz. Auch in diesem Sinne ist »Jugendtheologie« Bildung.
– Angesichts von Multireligiosität und dem Traditionsabbruch der Säkularisierung ermöglicht »Jugendtheologie« in der Auseinandersetzung mit Fragen der eigenen Existenz im Horizont christlicher Denktraditionen religiöse Alphabetisierung und elementare Erfahrung.
– Der Gottesbezug eröffnet ein befreiendes Element gegenüber Autorität und Bindung.

(2) Funktionaler Umgang mit dem demografischen Wandel
Eine »Jugendtheologie« kann eine Form sein, in theologisch-religionspädagogischer Perspektive auf den *demografischen Wandel* zu reagieren. In den kommenden Jahrzehnten wird sich die Bevölkerungsstruktur in Deutschland erheblich verändern. So prognostiziert das Statistische Bundesamt für 2030, dass über 29 % der Bevölkerung über 65 Jahre alt und 16 % unter 20 Jahre alt sein werden.[8] Jugendliche unter 20 Jahren werden also deutlich in der Minderheit sein, hingegen werden die Kirchengemeinden vermutlich noch stärker als bisher durch Menschen im dritten und vierten Lebensalter außerhalb der Phase der Erwerbstätigkeit geprägt sein. Angesichts dieser Situation befürchten manche Wissenschaftler einen Krieg der Generationen, da die wenigen Jungen die vielen Alten kaum versorgen werden können.[9] Diese Prognose wird jedoch mehrheitlich für nicht wahrscheinlich gehalten; vielmehr sei weiterhin von der Solidarität zwischen den Generationen auszugehen.[10] Gleich-

---

8 Vgl. *Statistische Ämter des Bundes und der Länder,* Demografischer Wandel in Deutschland. Heft 1. Bevölkerungs- und Haushaltsentwicklung im Bund und in den Ländern, Wiesbaden 2007.
9 Vgl. *Gronemeyer, R.,* Die Entfernung vom Wolfsrudel. Über den drohenden Krieg der Jungen gegen die Alten, Frankfurt a.M. 1991; *Schirrmacher, F.,* Das Methusalem-Komplott, München 2004.
10 Vgl. *Bertram, H.,* Die verborgenen familiären Beziehungen in Deutschland. Die multilokale Mehrgenerationenfamilie. In: *Kohli, M. / Szydlik, M.* (Hg.), Generationen in Familie und Gesellschaft, Opladen 2000, 97–121; *Künemund, H. / Motel, A.,* Verbreitung, Motivation und Entwicklungsperspektiven privater intergenerationeller

wohl wird sich die Generationenbeziehung durch die Entwicklung der Familiensituation (die Verringerung der Netzbreite der Generationen und die Entwicklung »multilokaler Mehrgenerationenfamilien«), die Entkopplung von Generativität und Wissensbeständen (die Verringerung von Expertentum durch Seniorität und die gleichzeitige Zunahme von Wissen und Nichtwissen unabhängig vom Alter) sowie die Herausforderungen der Nachhaltigkeit (das Ende des wirtschaftlichen Wachstums und der damit einhergehenden Verbesserung der Lebensumstände für die nachwachsende Generation) verändern.[11]

Damit sind neue Formen der Weltdeutung und der Selbstvergewisserung im Generationenverhältnis gefordert. Eine »Jugendtheologie« kann die Möglichkeit eröffnen, für eine Generation neue Formen der Selbstdeutung im Umgang mit dem Glauben zu finden, Formen der medialen Aufarbeitung und Kommunikation zu erproben (vor allem über soziale Netzwerke und web2.0 basierte Kommunikation) und den Blick auf den Sozialraum von Jugendlichen zu weiten. »Jugendtheologie« kann als ein Beitrag zur Intergenerationalität bzw. intergenerationellen Verständigung verstanden werden, wenn damit diese Erfahrungen des Wandels als Normalität der Jugend einen Ausdruck finden, partizipativ Anschlussmöglichkeiten eröffnen und orientierend bearbeitet werden.

(3) Pädagogische Unterstützung in der Entwicklung des Selbstkonzepts
Eine »Jugendtheologie« kann als eine pädagogische Reaktion auf die Bedeutung der Entwicklung des Selbstkonzepts gedeutet werden.
In einer Multioptionsgesellschaft ist es für Jugendliche nach wie vor eine Herausforderung, für die Eröffnung von Chancen zu kämpfen, am gesellschaftlichen Diskurs teilzuhaben oder sich in diesem mit ihrer spezifischen Position zu Wort zu melden. Gleichzeitig ist es aber auch eine Herausforderung, sich angesichts der Multioptionsgesellschaft und der Wahrnehmung von Komplexität überhaupt der Herausforderung einer eigenen Position zu stellen und das Gefühl zu haben, mit der eigenen Meinung etwas bewirken zu können. Die Entwicklung des Selbstwirksamkeitsgefühls stellt in dieser Situation eine Herausforderung dar. Selbstwirksamkeit ist ein grundlegender körpereigener »Verrechnungsmodus«, der den Energieeinsatz über das Gefühl, mit der eigenen Anstrengung, etwas bewirken zu können, bzw. das damit verbundene körpereigene Belohnungssystem steuert. Wer nicht das Gefühl hat, etwas bewirken zu können, wird die Lust an einer Tätigkeit verlieren und sich

---

Hilfeleistungen und Transfers. In: *Kohli, M. / Szydlik, M.* (Hg.), Generationen in Familie und Gesellschaft, Opladen 2000, 122–137; *Schneekloth, U.,* Die großen Themen: Demografischer Wandel, Europäische Union und Globalisierung. In: *Shell Deutschland Holding* (Hg.), Jugend 2006. Eine pragmatische Generation unter Druck, Frankfurt a.M. 2006, 145–167.
11 Vgl. *Franz, J. / Frieters, N. / Scheunpflug, A. / Tolksdorf, M. / Antz, E.-M.,* Generationen lernen gemeinsam. Theorie und Praxis intergenerationeller Bildung, Bielefeld 2009.

nicht mehr in dieser Sache engagieren. Viele Jugendliche haben gerade im gesellschaftlichen Raum das Gefühl dieser Erfahrung.
Eine »Jugendtheologie«, d.h. die Eröffnung eines kirchlichen Raumes für die Selbstdeutung Jugendlicher im Horizont des Evangeliums, kann eine Quelle für Selbstwirksamkeitserfahrung werden, da sie Perspektiven auf existenzielle Fragen eröffnet. Das Ringen um die eigene Identität, die Suche und der Ausdruck einer eigenen Lebensform, die Eröffnung von Sprachfähigkeit und der Blick auf die Gemeinschaft einer Gemeinde sind Aspekte möglicher Selbstwirksamkeitserfahrung durch Jugendtheologie. Zudem eröffnen die Möglichkeiten des Engagements in Gemeinden – seien es parochiale Strukturen oder Jugendgemeinden, Jugendverbände, Twitterschwärme zu einem kirchenbezogenen thematischen Fokus oder andere Formen von Communities – weitere Formen der Selbstwirksamkeit. In dieser Hinsicht kann eine »Jugendtheologie« als eine Anregungsstruktur verstanden werden, die Jugendliche in besonderer Form stärkt. Diese Stärkung in Form von Selbstwirksamkeitserwartung bietet die Grundlage für Partizipation. Im Dialog und Formen von Fragen und Antworten ermöglicht sie Selbstwirksamkeit durch Erfahrung jenseits theologischer Leerformeln.

(4) Professionstheoretische Perspektive auf den Umgang mit dem pädagogischen Verhältnis

»Jugendtheologie« kann man parallel zur Debatte um die »Kindertheologie« als Theologie von Jugendlichen, mit Jugendlichen und für Jugendliche interpretieren.[12] In jedem Fall sprechen diejenigen, die von »Jugendtheologie« reden, als Professionelle oder Semi-Professionelle pädagogischer Arbeit mit Jugendlichen. Das Sprechen über »Jugendtheologie« verweist auf wichtige Aspekte pädagogischer bzw. religionspädagogischer Professionalität, die es wert sind, hervorgehoben zu werden[13].
Dem Begriff und dem Nachdenken über »Jugendtheologie« ist die grundlegende pädagogische Antinomie inhärent, dass Jugendliche einerseits als vollwertige Personen bzw. in Glaubensdingen kompetent gedacht werden, aber gleichzeitig erst noch zur Person werden bzw. ihren eigenen Glauben finden und auszudrücken lernen müssen. Diese Grundspannung zwischen Werden und Sein verweist auf eine der zentralen

---

12 Vgl. dazu *Schweitzer, F.*, Auch Jugendliche als Theologen? Zur Notwendigkeit, die Kindertheologie zu erweitern. In: Zeitschrift für Pädagogik und Theologie 1/2005, 46–53; *Schlag, T. / Schweitzer, F.*, Brauchen Jugendliche Theologie? Jugendtheologie als Herausforderung und didaktische Perspektive, Neukirchen-Vluyn 2011, hier v.a. die differenzierte Übersicht S. 177–181.
13 Vgl. dazu die jugendtheologische Didaktik von *Schlag/Schweitzer*, Brauchen Jugendliche Theologie?, a.a.O.

Antinomien pädagogischer Professionalität.[14] »Jugendtheologie« als Theologie von, mit und für Jugendliche verweist damit auf pädagogische Professionalität im Arrangement von Möglichkeiten des Theologisierens. Damit verbindet sich eine Reflexion des pädagogischen Verhältnisses,
- die um die Verantwortung des Erziehenden weiß,
- das pädagogische Arrangement in die Dialektik von Selbstverantwortung und pädagogischer Unterstützung bzw. Anleitung und freie Entfaltung stellt und
- Jugendlichen Räume der Selbstentfaltung bietet.

»Jugendtheologie« ist dann gerade keine Theologie von Jugendlichen, die sich naturwüchsig entwickelt, sondern ein komplexes pädagogisches Konzept, das das Subjekt-Sein von Jugendlichen, ihren Gestaltungswillen, ihre Ausdruckskraft und ihre Perspektiven ernst nimmt und Raum eröffnet, diese zu artikulieren, zu entwickeln und sprachfähig zu machen sowie gleichzeitig auf die Glaubensäußerungen, Meinungen und Perspektiven von Jugendlichen hört. Als Dialog fordert sie zu innerer Konsistenz heraus und ist in diesem Sinne eine Qualitätsofferte, Theologie zu betreiben. Sie trägt zu religiösen Kompetenzen[15] bei und ermöglicht Partizipation. »Jugendtheologie« markiert eine pluralitätsfähige Angebotsstruktur pädagogischer Kommunikation.

3. Ausblick

Die große Resonanz, die die Kindertheologie als Perspektivwechsel in der Kinderarbeit nach der Synode von 1994 erhalten hatte, steht für die Jugendtheologie noch aus. Es ist vielleicht typisch für die »Jugendvergessenheit« der Gesellschaft und der Theologie, dass die Beschäftigung mit diesen Möglichkeiten bisher geringer war als die mit den Möglichkeiten der Kindertheologie. Von daher ist zu hoffen, dass der Impuls aus der EKD-Schrift »Kirche und Jugend« breite Resonanz und vielfältige Formen der Konkretisierung erfahren wird.

---

14 Vgl. dazu *Helsper, W.*, Pädagogisches Handeln in den Antinomien der Moderne. In: *Krüger, H.-H. / Helsper, W.* (Hg.), Einführung in Grundbegriffe und Grundfragen der Erziehungswissenschaft, Opladen 2000, 15–34.
15 Vgl. dazu *Schlag/Schweitzer*, Brauchen Jugendliche Theologie?, a.a.O., 135ff.

Petra Freudenberger-Lötz

Braucht der Religionsunterricht Jugendtheologie?

Ein Beitrag aus der Perspektive jugendtheologischer Forschung in Kassel

Ich wurde von Thomas Schlag und Friedrich Schweitzer gebeten, einen Beitrag als Kommentar auf ihren ersten Band zur Jugendtheologie zu verfassen. Dieser Bitte bin ich gerne nachgekommen, bot sie mir doch die Gelegenheit, meine eigene Schwerpunktsetzung im Bereich der Jugendtheologie im Lichte dieses Werkes neu zu betrachten und zu schärfen. Ich las das Buch mit großer Neugier, entdeckte hier Gemeinsamkeiten, dort Unterschiede, spürte neuen Gedanken nach, entdeckte einige Fragen – und immer wieder kamen mir Unterrichtsauszüge aus unseren Kasseler Forschungen in den Sinn, die zum Beleg bestimmter Aussagen oder aber zu einer neuen Weichenstellung geeignet schienen. Ein spannender Dialog entwickelte sich zwischen den Kasseler Erfahrungen und den Ausführungen von Schlag und Schweitzer – und das Ergebnis dieses Dialogs ist der vorliegende Beitrag.[1] Mein Beitrag ist in drei Teile gegliedert: Im ersten Teil geht es um Spezifika der Jugendtheologie in Abgrenzung zur Kindertheologie. Im zweiten Teil beleuchte ich ein Thema, das auch Schlag und Schweitzer als wichtiges Thema der Jugendtheologie herausarbeiten: die Reflexion der eigenen religiösen Entwicklung. Und schließlich frage ich im dritten Teil ausblickend nach der Professionalisierung der Lehrenden und lege Schwerpunkte der Kasseler Arbeit dar.

1. Spezifika der Jugendtheologie

Ausgehend von den Gemeinsamkeiten zwischen Kinder- und Jugendtheologie, die sich insbesondere auf Anliegen und Ziele des Theologietreibens beziehen, auf den zu Grunde liegenden Theologiebegriff sowie auf die Haltung des erwachsenen Gesprächspartners gegenüber den Kindern und Jugendlichen, markieren Schlag und Schweitzer wichtige Unterschiede. Diese betreffen die Lebenssituation Jugendlicher, die neuen kognitiven Möglichkeiten und entwicklungspsychologische Faktoren.[2] Ich schließe mich Schlag und Schweitzer an, die betonen, dass Jugend-

---

[1] Aus Gründen des mir vorgegebenen Umfangs muss ich mich allerdings auf wenige Aspekte beschränken.
[2] Vgl. *Schlag, T. / Schweitzer, F.*, Brauchen Jugendliche Theologie? Jugendtheologie als Herausforderung und didaktische Perspektive, Neukirchen-Vluyn 2011, 29f.

theologie aus mindestens den folgenden drei Gründen nicht einfach als verlängerte Kindertheologie verstanden werden kann:
- Im Vergleich zu Kindern bringen Jugendliche ihr höheres Lebensalter und damit verbunden in der Regel mehr Wissen, Erfahrungen und Fähigkeiten in Theologische Gespräche ein. Lebenswelten und Interessen von Kindern und Jugendlichen unterscheiden sich teilweise deutlich und damit zusammenhängend auch mögliche theologische Fragenkreise.[3]
- Andere Unterschiede betreffen den Umgang mit einer theologischen Frage: Während Kinder auf theologische Fragen bereitwillig, spontan und kreativ reagieren, sind Jugendliche bedachter und zeigen mehr Zurückhaltung. Die Ursachen können vielfältig sein: Religiöse Themen sind vielleicht schambesetzt[4] und werden als Privatsache gesehen, im Zuge des Suchens nach der eigenen Identität zeigen sich auch in religiösen Fragen große Unsicherheiten. Solche Unsicherheiten ergeben sich je nach Kontext des Gespräches beispielsweise durch die Anwesenheit der Peers. Einerseits heben Schlag und Schweitzer an verschiedenen Stellen die Bedeutung der Peergroup hervor, mit der sich die Jugendlichen oftmals mehr verbunden wissen als mit den Erwachsenen bzw. Eltern[5], andererseits scheuen sich Jugendliche in der Peergroup nicht selten, ihr Innerstes – zu dem auch die persönliche Religion zählt – preiszugeben. Die Wahrnehmung der eigenen Innenwelt und die Bedeutung der Peers können also zu Spannungen führen.[6] Entwicklungspsychologisch befinden sich Jugendliche in einer wichtigen Phase der Orientierung, welche große Verletzlichkeit und intensive Suchbewegungen miteinander verbindet; dies wird nach außen aber oftmals kaschiert.[7]
- In kognitiver Hinsicht eröffnen sich durch die abstrahierenden, hypothetischen Weltzugänge im Jugendalter neue und interessante Möglichkeiten für ein Theologisches Gespräch.[8] Nicht mehr die Wirklichkeit begrenzt das Denken, sondern das Wirkliche kann mit dem Möglichen konfrontiert werden: Jugendliche entwerfen nicht selten utopische Visionen, welche nach gesellschaftlicher Erneuerung streben. Schlag und Schweitzer arbeiten die prophetische Kraft heraus, mit der die Jugendlichen unserer Gesellschaft kritisch und erneuernd begegnen.[9] Dieses Potenzial der Jugendtheologie zur Geltung zu bringen, würde sich ungemein lohnen. In diesem Zusammenhang kann oft eine

---

3   Vgl. ebd., 31f.
4   Vgl. ebd., 31.
5   Vgl. ebd., 83 u.ö.
6   Vgl. ebd., 31.
7   Vgl. ebd., 115.
8   Vgl. ebd., 29.
9   Vgl. ebd., 30.

selbstbewusste Haltung sowie der Wunsch nach Mitbestimmung beobachtet werden.[10]

Die drei vorgestellten Aspekte scheinen mir höchst bedeutsam und eine wichtige Wahrnehmungs- und Gestaltungshilfe in Theologischen Gesprächen mit Jugendlichen zu sein. Blenden wir an dieser Stelle eine Unterrichtssequenz aus der Kasseler Forschungswerkstatt ein. Wir befinden uns in einem 7. Schuljahr. Studierende unterrichten die Schüler/innen und führen Theologische Gespräche. Einleitend werden die Schülerinnen und Schüler mit ihren eigenen Bildern, Texten und Unterrichtsauszügen aus dem Beginn des 5. Schuljahrs konfrontiert.[11] Sie betrachten diese und denken darüber nach, welchen Gedanken sie sich heute noch anschließen können und welchen nicht. Simon stellt fest: »Früher, da war man kleiner, da hat man, äh, vielleicht geglaubt, was einem so gesagt wurde. *(Simon überlegt)* Nee, wir haben da schon nachgedacht, klar, das sieht man ja an den Texten. Aber trotzdem: Heute ist man älter, man überlegt mehr, man hat mehr erlebt und so, und das macht halt alles anders.« Pia betont: »Wir haben ein anderes Leben. Gut, zwei Jahre sind auch nicht so viel. Aber wenn ich mich angucke, worüber wir uns damals unterhalten haben und was mich heute interessiert, dann seh' ich Unterschiede. Ich weiß nicht. Es kommt mir vor, als wenn das in der 5 wie so ein Spiel war, so was Spielerisches. Man macht sich halt Gedanken, wie Gott sein könnte und so. Und jetzt, *(Pia überlegt)* wir sind älter geworden, wir fragen mehr nach, hmm, da überlegt man hin und her, was zu einem passt und so, bis man eine Lösung hat.« Nina wirft ein: »Also, früher hab ich mehr an irgendwas geglaubt, nicht unbedingt an Gott, sondern irgendwas, was über uns steht und uns beschützt, aber umso älter man wird, umso mehr Erfahrungen sammelt man im Leben, Gutes sowie Schlechtes. Und umso mehr Erfahrungen man sammelt, umso mehr begreift man, dass man alleine für sein Leben zuständig ist. Man muss eben das Beste draus machen. [...] Jedenfalls, ähm, wenn man irgendwas Schlechtes, ähm, erlebt hat, das war jedenfalls bei mir so, hab ich mich halt irgendwann gefragt, ähm, wenn's irgendwas Höheres gibt, wieso hat derjenige mich nicht davor beschützt, dass sowas passiert? Und, ähm, wenn er's hätte machen können, wieso hat er's nicht gemacht? Und so, äh, hab ich mir halt vorgestellt, dass es irgendwas, dass es da oben nichts gibt, sondern dass man halt selber dafür zuständig ist, und man sich, man sich nicht auf irgendwas Höheres verlassen kann.«

---

10 Vgl. ebd., 32.
11 Vgl. *Freudenberger-Lötz, P.*, »Alle meine Freunde glauben an Gott, aber sie können nicht erklären warum.« Studierende entdecken Zugänge von Kindern zur Frage nach Gott. In: *dies.* / Riegel, U. (Hg.), »... mir würde das auch gefallen, wenn er mir helfen würde.« Baustelle Gottesbild im Kindes- und Jugendalter. Jahrbuch für Kindertheologie, Sonderband, Stuttgart 2011, 128–139.

Betrachten wir diesen kurzen Auszug im Lichte der von Schlag und Schweitzer formulierten Spezifika der Jugendtheologie, so erkennen wir, dass die Jugendlichen sich darüber im Klaren sind, dass sich ihr Glaube mit zunehmendem Alter verändert. Den Glauben, den sie als Kind entwickelt hatten, bezeichnen sie als etwas »Spielerisches«. Den Jugendlichen ist bewusst, dass ihnen sowohl erweiterte Lebenserfahrungen als auch neue denkerische Möglichkeiten zur Verfügung stehen, die einen Umbruch bedingen. Bei Nina kommt deutlich die Theodizeefrage ins Spiel, in anderen Sequenzen, die hier nicht abgedruckt sind, werden der Konflikt zwischen Glaube und Naturwissenschaft sowie der Illusionsverdacht artikuliert.[12] Die klassischen Einbruchstellen[13] sind also präsent und fordern die Jugendlichen heraus. Während Nina die Konsequenz zieht, sich auf sich selbst zu verlassen und Gottes Existenz zu verneinen, lösen ihre Klassenkamerad/innen das Problem teilweise auf andere Weise. So formuliert beispielsweise Manuel: »Klar, es haben sich neue Fragen ergeben. Ich habe dann nachgeforscht und habe für mich Erklärungen gefunden.« Auf die Rückfrage, wie er geforscht habe, sagt Manuel: »Na, mit Leuten geredet, auch mal in der Bibel gelesen, und ich habe in mich hinein gehört. Ich glaube immer noch an Gott, aber halt anders als früher.« Klara betont ganz ähnlich, dass Fragen und Zweifel »sogar gut« seien, »weil man sich dann darüber Gedanken macht und versucht es zu verstehen.« Nur so könne man sich weiter entwickeln.

In unseren Kasseler Forschungen ist es uns gelungen, verschiedene Herangehensweisen an Glaubensfragen und -zweifel seitens der Jugendlichen zu ermitteln. Derzeit befinden wir uns noch in der Phase der Auswertung und Bündelung der Ergebnisse. Es ist ein spannender Prozess, der uns deutlich vor Augen führt, wie differenziert Jugendliche im Pubertätsalter eine Reflexion ihres Glaubens vornehmen können. Deutlich wird daran aber auch, wie individuell sie mit den ihnen begegnenden Herausforderungen umgehen. Die Wahrheitsfrage stellt sich für jeden Jugendlichen ganz persönlich und verlangt nach einer je eigenen Auseinandersetzung. Wichtig ist – das betonen auch Schlag und Schweitzer – eine offene Form der Wahrheitssuche, die die jugendliche Sprache und Ausdruckswelt respektiert und einbezieht.[14] Bedeutsam ist auch das ehrliche Interesse der erwachsenen Gesprächspartner an den Gedanken der Jugendlichen.[15]

Als Konsequenz unserer Beobachtungen der Vielfalt der Lebenserfahrungen und Verarbeitungsstrategien haben die Studierenden gemeinsam

---

12 Zu unseren Untersuchungsergebnissen ist eine Veröffentlichung geplant.
13 Vgl. *Nipkow, K.E.*, Erwachsenwerden ohne Gott? Gotteserfahrung im Lebenslauf, München 1987, 53–78. Die Kritik an der Glaubwürdigkeit der Kirche, die Nipkow als vierte Einbruchstelle nennt, hatte in unserer Untersuchung keinen so hohen Stellenwert, wenngleich ambivalente Erfahrungen aus dem Konfirmandenunterricht zur Sprache kamen.
14 Vgl. *Schlag/Schweitzer*, 98f.
15 Vgl. hierzu die differenzierten Ausführungen in *Schlag/Schweitzer*, Kapitel 7.

mit den Schüler/innen eine »Glaubenslandschaft« erstellt, in die sie typische, von den Jugendlichen beschriebene Herausforderungssituationen integriert und Problemlösungsstrategien systematisiert haben. Playmobilfiguren mit exemplarisch herausgearbeiteten Biografieverläufen[16] wanderten durch die Landschaft, begegneten Herausforderungen und lernten verschiedene Weisen kennen, mit diesen umzugehen.[17]

Diese spielerische Herangehensweise schaffte zunächst eine gewisse Verfremdung, die die offene Kommunikation unterstützte; die einzelnen Situationen konnten in einem nachfolgenden Schritt sehr gut auf die eigenen Lebenssituationen bezogen werden. Daraus erwuchs ein hohes Problembewusstsein der Jugendlichen. Simon resümiert: »Ich glaube, ich habe in meinem ganzen Leben noch nicht so viel über meinen Glauben verstanden wie hier heute.« In diesem Zusammenhang scheint es mir bedeutsam, auf die Ambivalenz hinzuweisen, die den Glauben der Jugendlichen kennzeichnet. Glaube scheint bei vielen Jugendlichen kontextgebunden zu sein. In manchen Situationen können sie einstimmen in ein großes Vertrauen trotz Zweifel und unbeantworteter Fragen, in anderen Situationen gelingt ihnen dies nicht, und sie formulieren bewusst kritisch-distanziert. Oftmals ziehen sich kritisch-distanzierte Phasen über einen längeren Zeitraum hin. Zwar gehört zum Verständnis christlicher Theologie die Auffassung, dass ohne Glaubensüberzeugung theologisch

---

16 Den Figuren wurden fiktive Namen gegeben, und ihre persönliche Lebensgeschichte wurde erzählt. Dabei wurden lebensgeschichtliche Bezüge der Schüler/innen stark verfremdet eingearbeitet.
17 An dieser Stelle wurde ein bewusster Umgang mit der impliziten Theologie der Jugendlichen angestoßen. Die Jugendlichen machten deutlich, dass sie viele lebensweltliche Fragen mit sich selbst austragen und nicht explizit thematisieren. Darum fühlen sie sich mit ihren Lebensfragen nicht selten alleine. Überraschend war für sie die Erkenntnis, dass in ihren Lebensthemen theologische Fragen stecken, deren Bearbeitung nun gemeinsam angeregt wurde (vgl. hierzu auch *Schlag/Schweitzer*, 85–87). In diesem Zusammenhang scheint mir der Hinweis auf die unterschiedlichen Formen und Dimensionen der Jugendtheologie hilfreich, die im Zentrum des Werkes von Schlag und Schweitzer stehen (vgl. *Schlag/Schweitzer*, 179). Diese schärfen den Blick für die Vielfalt jugendtheologischer Äußerungen und unterrichtlicher Anknüpfungspunkte. Leider kann ich an dieser Stelle nicht näher auf die von Schlag und Schweitzer erarbeitete Matrix eingehen, bin mir aber sicher, dass sie Stellungnahmen im Kontext jugendtheologischer Forschung herausfordern wird.

kaum sachgemäß reflektiert werden kann.[18] Doch schließe ich mich hinsichtlich der Jugendtheologie der Position von Schlag und Schweitzer an, die aus pädagogischen Gründen für einen weiten Theologiebegriff plädieren und eine »prinzipielle Abgrenzung der Jugendtheologie gegenüber ›ungläubigen‹ Formen der Reflexion«[19] als religionspädagogisch wenig hilfreich betrachten. Jugendliche sind auf der Suche nach Sinn und Identität und spielen in Gedanken verschiedene Lebensentwürfe durch, denen sie sich probeweise anschließen und die sie reflektieren. D.h., die situative Durchlässigkeit dieser Entwürfe ist ein wichtiges Kennzeichen von Jugendtheologie.[20]

Wie aber stand es in unserem Projekt insgesamt um die offene Kommunikation über den eigenen Glauben angesichts der möglichen Hemmungen und des In-Sich-Gekehrt-Seins vieler Jugendlicher? Wir beobachteten, dass die anfänglichen Hemmungen unter bestimmten Rahmenbedingungen nach und nach verschwanden. Zu diesen Rahmenbedingungen zählte vor allem die Erfahrung, dass individuelle Deutungen sowohl von den Mitschüler/innen als auch von der Lehrperson ernst genommen wurden (»Niemand lacht, wenn ich meine Meinung sage.« »Ich hab gemerkt, dass es die Studenten interessiert, was ich sage. Sie haben oft nachgefragt.«). Wichtig war für die von uns unterrichtete Lerngruppe ferner die Erkenntnis, dass alle Jugendlichen Fragen haben, die sie bewegen und mit denen sie im Leben zurechtkommen müssen. (»Ich hätte manche Leute hier so nicht eingeschätzt. Ich fand es beeindruckend, wie manche zu ihrem Glauben standen. Und ich habe gelernt, dass jeder gute und schlechte Erfahrungen im Leben macht und einen eigenen Weg finden muss.«) In diesem Zusammenhang betonten die Jugendlichen, dass über Religion und Glaube in der Freizeit so gut wie nie unter Freunden gesprochen werde und das Projekt mit den Studierenden einen wichtigen Anstoß zur Reflexion des Glaubens gab.[21] Es sei auch gut gewesen, dass

---

18 Vgl. *Schlag/Schweitzer,* 48.
19 Ebd., 49.
20 Dies gilt nicht nur für Jugendliche in der Pubertät, wir haben dies auch in Oberstufenklassen herausarbeiten können. Vgl. *Freudenberger-Lötz, P.,* Theologische Gespräche mit Jugendlichen. Erfahrungen – Beispiele – Anregungen, München/Stuttgart 2012.
21 Diese Lerngruppe widerlegt die Aussage von Schlag/Schweitzer, dass über Glaubensfragen zuallererst unter Peers gesprochen wird (vgl. *Schlag/Schweitzer,* 98). Allerdings sind die Rahmenbedingungen unserer Forschungswerkstatt hinsichtlich Theologischer Gespräche mindestens aus zwei Gründen besonders günstig: Zum einen sehen die Schüler/innen in den Studierenden nicht in erster Linie Lehrkräfte, sondern sie sehen in den Studierenden »ältere Jugendliche, die sich gut in uns hineinfühlen können«. Zum anderen arbeiten wir mit Kleingruppen von Schüler/innen. In einer Kleingruppe wachsen Vertrauen und Offenheit in der Regel leichter als in einem größeren Klassenverband. Dennoch muss die Aussage der Jugendliche zu denken geben, die betonen, dass sie mit Gleichaltrigen kaum oder gar nicht über religiöse Fragen sprechen. Religiöse Bezüge schleichen sich mehr und mehr aus der All-

die Studierenden nicht einfach nur zuhörten, sondern »uns unterstützt haben und uns geholfen haben, Antworten zu finden.« Der individuelle Umgang mit der Wahrheitsfrage, das erkannten die Schüler/innen, darf nicht zur Beliebigkeit führen, sondern christlicher Glaube möchte als Angebot eines hilfreichen Orientierungsrahmens dienen.

Aus dem neu gewonnenen Bewusstsein für die Gestaltungsmöglichkeiten des eigenen Lebens und des eigenen Glaubens erwuchs ein Selbstbewusstsein, das mit der von Schweitzer und Schlag beschriebenen »prophetischen Kraft« verglichen werden kann. Unter Anleitung der Studierenden entwarfen die Schüler/innen unter anderem visionäre Bilder einer »jugendfreundlichen Kirche«, die durchaus zentrale Elemente des traditionellen Kirchenraums enthielten (insbesondere das Kreuz, zumeist auch ein festlich geschmückter Altar mit der Bibel), doch insbesondere auf Kommunikation hin ausgerichtet waren (Stuhlkreis, gemütlich gestaltete Ecken und Sitzgruppen, ein Jugendraum als Baumhaus etc.).

2. Plädoyer für die Reflexion der eigenen religiösen Entwicklung

Im vorigen Abschnitt wurde schon die Reflexion der eigenen religiösen Entwicklung als gewinnbringendes Thema der Jugendtheologie vorgestellt. Denn aus einem Bewusstsein für die eigene Entwicklung und das Zustandekommen des »Ist-Standes« kann eine Kraft der Veränderung bzw. der gezielten Gestaltung der eigenen Reflexion wachsen. Die Siebtklässler, von denen ich berichtet habe, wurden schon im 5. Schuljahr zu ihren Gotteskonzepten befragt. So lagen ihnen nun ihre eigenen Schülerarbeiten und Unterrichtsfilme[22] als Grundlage der Reflexion vor. Diese erleichterten den Einstieg in das Gespräch ungemein, und zwar aus zwei Gründen:

- Die Jugendlichen hatten authentischen Aussagen vorliegen, zu denen sie sich konkret positionieren konnten – und durch die teilweise überraschenden Aussagen von damals waren sie auch zur Positionierung motiviert.
- Mindestens ebenso bedeutsam war es, dass sich die Schüler/innen mit Hilfe dieser Unterlagen sofort an die damalige Situation erinnern konnten, die sie als positiv erlebt hatten. An dieses positive Klima wollten alle gerne anknüpfen.[23] Dies gelang offenbar, denn die Schü-

---

tagskommunikation heraus (in unseren Kasseler Forschungen sprechen wir vom »schleichenden Einbruch«).
22 Der Unterricht wurde mit der Videokamera aufgezeichnet.
23 Es handelte sich im Übrigen auch um dieselben Studierenden, die in Klasse 5 und nun in Klasse 7 unterrichteten. Damals waren die Studierenden im ersten Semester, nun sind die schon fast am Ende ihres Studiums angelangt. Auch aus Sicht der Studierenden war dieses Projekt sehr reizvoll; etliche Examensarbeiten sind dar-

ler/innen äußerten am Ende der Unterrichtsphase den Wunsch, vergleichbare Reflexionen in gewissen Abständen zu wiederholen: »Dann können wir sehen, was wir als Siebtklässler gedacht haben, und können überlegen, was sich verändert hat und was gleich geblieben ist.«

Daraus folgt m.E.:
- Es ist hilfreich, wenn Jugendliche bei der Reflexion ihrer religiösen Entwicklung auf eigene Aussagen, Texte, Bilder aus der Kindheit bzw. der zurückliegenden Lebensphase blicken können (Portfoliogedanke).
- Die Reflexion soll in gewissen Abständen erfolgen (z.B. alle zwei Jahre) bzw. bei bestimmten Ereignissen bewusst vorgenommen werden. Hier denke ich beispielsweise an die Themen, die die »Einbruchstellen des Glaubens« verursachen können: die Theodizeefrage, die Frage nach dem Verhältnis von Glaube und Naturwissenschaft sowie der Illusionsverdacht. Mit diesen Themen werden Jugendliche im Zuge ihres Aufwachsens konfrontiert, und es liegt an der Art der Auseinandersetzung, ob die Themenkomplexe als »Einbruchstellen des Glaubens« oder vielmehr als »Umbruchstellen« oder »Herausforderungen zur Transformation des Glaubens« begriffen werden. D.h., ein situatives Eingehen auf diese Themen im Lichte der Reflexion der eigenen religiösen Entwicklung wäre wünschenswert und zielführend.
- Eine regelmäßige Reflexion der eigenen religiösen Entwicklung begünstigt eine generelle Offenheit und Reflexionsbereitschaft im Umgang mit religiösen Fragen.

In der Regel findet im Religionsunterricht eine solche Reflexion nicht statt. Dies ist sicher als ein möglicher Grund dafür zu sehen, dass viele Jugendliche kein reflektiertes Verhältnis zum eigenen Glauben entwickeln können, woraus in der Folge auch eine kritisch-ablehnende Haltung erwachsen kann. In unseren Kasseler Studien haben wir ferner festgestellt, dass unter den Bedingungen nicht stattfindender Reflexion das Bewusstsein für die Bedeutung religiöser Fragen mehr und mehr schwindet; Glaube und Religion schleichen sich unmerklich aus dem Leben. Wo aber die Tür zur Reflexion der eigenen religiösen Entwicklung verschlossen bleibt, wird den Jugendlichen »Lebens-Wichtiges« vorenthalten.

Eine Reflexion der eigenen religiösen Entwicklung kann auch dann gewinnbringend vorgenommen werden, wenn das Reflektieren nicht seit dem Ausgang der Kindheit gepflegt wurde: In einem 11. Schuljahr haben wir die Schüler/innen mit Hilfe von Leitfragen, die sie an ihre Kindheit zurückerinnern ließen, gebeten, die eigene religiöse Entwicklung mit

---

aus entstanden (vgl. *Hamel, H.S.,* Die Bedeutung der Theodizeefrage im Theologischen Gespräch mit Kindern und Jugendlichen, Kassel 2012, i.E.).

Hilfe eines Schaubildes darzustellen.[24] Es war für viele Jugendliche zunächst nicht leicht, sich dieser Aufgabe zu stellen. Sie brauchten Zeit und einen eigenen ungestörten Ort zum Nachdenken. Doch nach einer ausreichenden Phase der Reflexion hatten alle ein Schaubild entwickelt. Interessanterweise zeigte eine deutliche Zahl der Schüler/innen eine kritisch-ablehnende Haltung. Zum einen resultierte diese Haltung sicher aus der ungewohnten Situation und kann als Schutzhaltung interpretiert werden. Zum anderen konnten in manchen Arbeiten eindeutig die Themen der Einbruchstellen identifiziert werden, die im eigenen Rückblick den Abfall vom Glauben verursachten. Es gelang den Jugendlichen, ihren Weg anschaulich zu beschreiben und selbstbewusst die Konsequenz zu ziehen: »Nein, es gibt auf keinen Fall einen Weg zurück. Das weiß ich schon mal.«[25] Und doch brachten die nachfolgenden Unterrichtsstunden mit den Studierenden eine Veränderung ihrer Haltung hervor. Am Ende des Semesters bezeichneten sich viele als »aufgeschlossene Zweifler«, die den Glauben neu schätzen gelernt haben, ihn aber durchaus auch kritisch beleuchten wollen. Als eine wichtige Ursache für diese neue Aufgeschlossenheit sehe ich neben den Themen, die behandelt wurden, die Gestaltung des Unterrichts seitens der Lehrenden an. Den Studierenden ist es gelungen, die Heterogenität der Zugänge sensibel wahr- sowie ernstzunehmen[26] und den Schüler/innen als authentische und zugleich fachlich qualifizierte Gesprächspartner/innen zur Verfügung zu stehen.

3. Zur Professionalisierung von Lehrenden

Schlag und Schweitzer heben zu Recht hervor, dass sich Religionslehrkräfte oft nicht als theologische Expert/innen wahrnehmen[27] und durch die Komplexität überfordert fühlen. Sie appellieren an die wissenschaftliche Theologie, ihre Einsichten verständlich zu formulieren. Dies ist sicher ein unterstützenswertes Anliegen, denn es bedarf eines soliden theologischen Fachwissens, wenn Lehrende Theologische Gespräche situativ gestalten und auf teilweise überraschend aufkommende theologische Fragen angemessen reagieren wollen. In etlichen Veröffentlichungen[28] habe ich auf die Aufgaben von Lehrenden in Theologischen Gesprächen aufmerksam gemacht und die Herausforderungen beschrieben: Lehrende müssen theologische Deutungen der Schüler/innen in der je individuellen Situation wahrnehmen und verstehen können (Lehrende als

---

24 Vgl. *Freudenberger-Lötz*, Theologische Gespräche mit Jugendlichen, 64–70 und 128–134.
25 Ebd., 65.
26 Vgl. auch *Schlag/Schweitzer*, 92.
27 Vgl. ebd., 20.
28 Vgl. exemplarisch *Freudenberger-Lötz, P.*, Theologische Gespräche mit Kindern und Jugendlichen führen. Herausforderungen und Chancen. In: entwurf 2/2008, 39–43.

»aufmerksame Beobachter/innen«), sie müssen in der Lage sein, diese aufzugreifen, ins Gespräch zu bringen, neue Impulse zu setzen und die Gespräche gemeinsam mit den Jugendlichen zu strukturieren (Lehrende als »stimulierende Gesprächspartner/innen«), und sie sollen die Kompetenz besitzen, weiterführende theologische Deutungsperspektiven anzubieten (Lehrende als »begleitende Expert/innen«). Schließlich benötigen Lehrende eine eigene, begründete und gleichzeitig auf mögliche Veränderung hin offene Position, um in Theologischen Gesprächen als authentische Gesprächspartner/innen fungieren zu können.[29] Theologische Gespräche können unter diesen Voraussetzungen und im Bewusstsein der individuellen Zugänge sowie der Unverfügbarkeit jugendlicher Deutungen und Selbstreflexionen[30] gelingen. Dies ist ein hoher Anspruch, der eine gezielte Professionalisierung von Lehrenden voraussetzt.

An der Universität Kassel habe ich zusammen mit meinen Mitarbeiterinnen und Mitarbeitern ein Professionalisierungsmodell entwickelt, das der zentralen Bedeutung Theologischer Gespräche für den Religionsunterricht sowie der Komplexität Theologischer Gespräche Rechnung trägt und schrittweise aufbauend gestaltet ist.[31] Es ist hier nicht der Raum, dieses Modell im Einzelnen vorzustellen. Bedeutsam scheint mir jedoch der Hinweis, dass die Professionalisierung aus der Verschränkung mehrerer Kompetenzbereiche heraus gestaltet wird. Es handelt sich, zusammenfassend gesagt, um eine Professionalisierung der theologischen Kompetenz (vernetztes und situativ abrufbares theologisches Fachwissen aneignen), die religionspädagogische Kompetenz (entwicklungspsychologische, didaktische, methodische Kompetenzen, die mit den theologischen verschränkt werden) und schließlich die selbstreflexive Kompetenz. Letztere ist das zentrale Bindeglied und von Anfang des Studiums an bedeutsam: Studierende werden angeregt, einen forschenden Habitus ihrem Wissen, ihrem Handeln und ihrem eigenen Glauben gegenüber einzunehmen, um Kommunikationssituationen bewusst wahrnehmen, gestalten und reflektieren zu können. Die selbstreflexive Kompetenz wird beispielsweise beim »Nachträglichen Lauten Denken«[32] und der

---

29 *Schlag/Schweitzer* weisen zu Recht darauf hin, dass die Rede von der Authentizität nicht mit dem »Ideal einer vollkommenen Persönlichkeit« (153) verwechselt werden dürfe. Vielmehr gehe es um einen bewussten und glaubwürdigen Umgang mit der eigenen Position, welche immer auch Grenzen, Schwächen und konstruktive Zweifel einbezieht.
30 Vgl. auch *Schlag/Schweitzer*, 90.
31 Vgl. http://www.uni-kassel.de/fb02/institute/evangelische-theologie/fachgebiete/religionspaedagogik/theologische-gespraeche.html.
32 Beim »Nachträglichen Lauten Denken« wird die Aufnahme direkt im Anschluss an den Unterricht reflektiert. Der/die Unterrichtende hat die Möglichkeit, die Aufnahme zu stoppen und zu zentralen Passagen Stellung zu beziehen. Gemeinsam werden typische Situationen und wichtige Analyseeinheiten festgelegt, vorhandene Verdichtungen und Problemstellungen aufgedeckt und durch das gemeinsame Erarbeiten

Interpretation der Transkripte geschult, die die Studierenden zu ihren videographierten Unterrichtsstunden in den Forschungswerkstätten[33] anfertigen. Die intensive und individuelle Begleitung und Beratung von Studierenden, die unser Modell vorsieht, wird von mehreren Lehrenden der Religionspädagogik sowie studentischen Mentorinnen und Mentoren verwirklicht. Somit erhalten alle interessierten Studierenden die Chance, das Professionalisierungsmodell zu durchlaufen. Der große Gewinn unseres Modells ist es ist meines Erachtens, dass der komplexe Professionalisierungsprozess in sinnvoll aufbauende Etappen gegliedert ist. Die Studierenden lernen, an der Entwicklung günstiger Rahmenbedingungen für Theologische Gespräche zu arbeiten. Sie gestalten Theologische Gespräche als gemeinsame Suchbewegung von Lehrperson und Schüler/innen[34] und bauen ihre Kompetenz, »Jugendlichen inhaltlich profilierte Denkanstöße und Artikulationshilfen zu eröffnen«[35], Schritt für Schritt aus.

Unser gestuftes Modell führt zwar von Anfang an die Komplexität Theologischer Gespräche vor Augen, überfordert die Studierenden jedoch nicht. Sie erhalten vielfältige Gelegenheiten, Könnenserfahrungen zu sammeln, eine realistische Selbsteinschätzung zu entwickeln und individuelle Ziele zu formulieren und zu verfolgen.

Schlag und Schweitzer weisen darauf hin, dass eine vertraute Gesprächsatmosphäre grundlegend bedeutsam für das Gelingen Theologischer Gespräche ist und diese sich möglicherweise schneller bilden kann, wenn Erwachsene von den Jugendlichen altersmäßig nicht weit entfernt liegen.[36] Unsere Kasseler Erfahrungen bestätigen diese Hypothese.[37] Die Intensität der Gespräche ist teilweise sehr hoch, die entwickelten theologischen Kompetenzen sind erstaunlich. Die Studierenden erhalten positive Rückmeldungen von den Schüler/innen und erfahren Wertschätzung. Selbstverständlich wirkt sich diese Erfahrung auf das studentische Engagement aus. Wer als Studierende/r solche Ermutigung in Theologischen Gesprächen erlebt, eine forschende Haltung entwickelt und die eigene Kompetenzentwicklung gezielt gestalten lernt, wird Theologische Gespräche aller Voraussicht nach auch in den eigenständigen Unterricht integrieren. Damit kommen wir dem auch von Schlag und Schweitzer formulierten Ziel näher, das der Religionsunterricht braucht: Jugend-

---

von Handlungsalternativen elaboriertes Handlungswissen plausibilisiert (vgl. *Freudenberger-Lötz*, Theologische Gespräche mit Kindern, 97).
33 In den Forschungswerkstätten arbeiten die Studierenden in einem Zirkel von Aktion und Reflexion gezielt an der eigenen Professionalisierung. Gleichzeitig forschen sie zu wichtigen Fragestellungen der Kinder- oder Jugendtheologie. Vgl. *Freudenberger-Lötz/Reiß*, Theologische Gespräche mit Jugendlichen.
34 Vgl. auch *Schlag/Schweitzer*, 79.
35 Vgl. auch ebd., 151.
36 Vgl. ebd., 159.
37 Vgl. beispielsweise *Freudenberger-Lötz*, Theologische Gespräche mit Jugendlichen, 48 u.ö.

theologie als didaktische Perspektive des Religionsunterrichts zu etablieren. In diesem Sinne ist die Frage der Überschrift mit einem eindeutigen »Ja« zu beantworten: Religionsunterricht in der Sekundarstufe braucht Jugendtheologie, und zwar um der Schülerinnen und Schüler, der Lehrpersonen und der Sache der Theologie willen.

Martin Rothgangel

Formen und Potentiale von Jugendtheologie

So überraschend für manche ReligionspädagogInnen die schon seit über zehn Jahren bestehende rege Forschungstätigkeit der Kindertheologie sein mag, so deutlich zeichnen sich seit einigen Jahren Anfänge einer Jugendtheologie ab.[1] Eine wesentliche Initialzündung für die gegenwärtige Etablierung dieser Jugendtheologie besteht nicht nur in der 2011 erfolgten Gründung des Jahrbuchs für Jugendtheologie,[2] vielmehr könnte sich auch die Publikation von Thomas Schlag und Friedrich Schweitzer »Brauchen Jugendliche Theologie? Jugendtheologie als Herausforderung und didaktische Perspektive« als wegweisender Basisband der Jugendtheologie erweisen. Die nachstehenden Ausführungen setzen bei deren Überlegungen zu Formen der Jugendtheologie ein und nehmen davon ausgehend didaktische, theologische und forschungsmäßige Potentiale der Jugendtheologie in den Blick.

1. Formen von Jugendtheologie. Fokussierende Überlegungen

Eine wesentliche Funktion in der Gestaltung der Publikation von Schlag/Schweitzer nimmt deren Unterscheidung von Formen der Jugendtheologie ein, die aus einer Matrix von drei Dimensionen und fünf Perspektiven der Jugendtheologie besteht.[3] Nachstehende Ausführungen knüpfen daran an und nehmen Akzentuierungen vor.

1 Vgl. *Schweitzer, F.*, Auch Jugendliche als Theologen? Zur Notwendigkeit, die Kindertheologie zu erweitern. In: ZPT 57 (2005), 46–53; *Ziegler, T.*, Jesus als ›unnahbarer Übermensch‹ oder ›bester Freund‹? Elementare Zugänge Jugendlicher zur Christologie als Herausforderung für Religionspädagogik und Theologie, Neukirchen-Vluyn 2006; *Dieterich, V.-J.*, Theologisieren mit Jugendlichen. In: *Bucher, A. u.a.* (Hg.), ›Man kann Gott alles erzählen, auch kleine Geheimnisse‹. Kinder erfahren und gestalten Spiritualität. In: Jabuki 6 (2007), 121–137; *Gennerich, C.*, Empirische Dogmatik des Jugendalters. Werte und Einstellungen Heranwachsender als Bezugsgrößen für religionsdidaktische Reflexionen, Stuttgart 2010; *Freudenberger-Lötz, P.*, Theologische Gespräche mit Jugendlichen. Erfahrungen – Beispiele – Anregungen, Stuttgart/München 2012.
2 Der erste Band wird 2012 im Calwer Verlag erscheinen.
3 Vgl. *Schlag, T. / Schweitzer, F.*, Brauchen Jugendliche Theologie? Jugendtheologie als Herausforderung und didaktische Perspektive, Neukirchen-Vluyn 2011, 179.

1.1 Dimensionen von Jugendtheologie

Die von Friedrich Schweitzer angeregte und zwischenzeitlich in der Religionspädagogik weit verbreitete Unterscheidung in die drei Dimensionen einer Theologie ›der‹, ›für‹ und ›mit‹ Kinder(n) wird konsequent auf die Jugendtheologie übertragen.[4] Allein die Fruchtbarkeit dieser Unterscheidung in der Kindertheologie sowie die differenzierten Ausführungen bei Schlag/Schweitzer legen es nahe, dass sich diese Unterscheidung auch in der Jugendtheologie als eine fruchtbare Heuristik erweisen wird. Pointiert gesagt besteht m.E. der Wert dieser Unterscheidung darin, dass die *Theologie der Jugendlichen*
- erstens in didaktischer Hinsicht mit der Subjektorientierung von religiöser Bildung korrespondiert,
- zweitens in theologischer Hinsicht das protestantische Anliegen des Priestertums aller Getauften bzw. einer Laientheologie[5] ernst genommen wird und
- drittens in forschungsmäßiger Hinsicht empirische Forschungsarbeiten zur differenzierten Erkundung von Theologien der Jugendlichen angeregt werden.

Ungeachtet des Primats der Subjektorientierung ist für Bildungsprozesse gleichermaßen eine Objektorientierung unabdingbar – diese wird im religionspädagogischen Ansatz der Jugendtheologie durch die Dimension einer Theologie für Jugendliche herausgestellt.[6] Wiederum zugespitzt formuliert kann das Potential der *Theologie für Jugendliche* darin gesehen werden, dass
- erstens in didaktischer Hinsicht Theologien der Jugendlichen auch fördernde Impulse einer Theologie für Jugendliche benötigen,
- zweitens in theologischer Hinsicht eine nicht selten lebensweltvergessene Theologie an ihren Situationsbezug und somit an die Anschlussfähigkeit theologischer Kommunikation erinnert wird und
- drittens in forschungsmäßiger Hinsicht der Impuls besteht, dass ReligionspädagogInnen konsequenter als bislang ihre empirischen Analy-

---

4 Vgl. ebd., bes. 53–134.
5 Exemplarisch wird hier ein weiteres Verdienst der Publikation von *Schlag/Schweitzer* deutlich: Zu verschiedensten Aspekten der Jugendtheologie stellen sie kenntnisreich eine Fülle an Bezügen her – konkret heißt das an dieser Stelle, dass sie neben dem Allgemeinen Priestertum sowie der Laientheologie auch auf vergleichbare Publikationen einer ›Alltagsdogmatik‹, einer ›ordinary theology‹ sowie eines ›practices approach‹ verweisen (vgl. dies., Brauchen Jugendliche Theologie?, 61f.).
6 Dabei heben *Schlag/Schweitzer* zu Recht hervor, dass ungeachtet dessen auch hier eine subjektorientierte Sichtweise nicht aus dem Blick geraten darf (ebd., 107 u.ö.).

sen aus biblisch-theologischer und systematisch-theologischer Perspektive reflektieren und ›ver-antworten‹.[7]
So wichtig eine Theologie der Jugendlichen für sich genommen ist und so notwendig auch eine darauf Bezug nehmende Theologie für Jugendliche ist – ohne eine *Theologie mit Jugendlichen*, in der sich letztlich der konkrete wechselseitige Erschließungsprozess zwischen einer Theologie der Jugendlichen und für Jugendliche vollzieht und reflektiert wird, wäre die Jugendtheologie ein unvollständiges Unternehmen und gewissermaßen ihres Kerngeschäftes beraubt:

- Erstens entscheidet sich in didaktischer Hinsicht das Gelingen konkreter Unterrichtseinheiten am wechselseitigen Erschließungsprozess zwischen Subjekt und Objekt,
- zweitens kann hier Theologie in besonderer Weise als »scientia eminens practica«[8] bestimmt werden, da sich eine Theologie mit Jugendlichen im Idealfall an der Schnittstelle zwischen Leben und Lehre vollzieht und
- drittens eröffnet sich für ReligionspädagogInnen in forschungsmäßiger Hinsicht das Feld empirischer Unterrichtsforschung, in dem anhand der theologischen Gespräche mit Jugendlichen das Zusammenspiel empirischer Analysen der Theologie der Jugendlichen einerseits und normativer Überlegungen der Theologie für Jugendliche andererseits empirisch analysiert und hermeneutisch reflektiert werden kann.

Bestimmte in der religionspädagogischen Diskussion umstrittene Aspekte wie das ›Allgemeine Priestertum‹[9] werden in den voranstehenden Ausführungen bewusst nur schlaglichtartig angesprochen und an späterer Stelle eingehender diskutiert.

1.2 Perspektiven von Jugendtheologie

Wie bereits angedeutet, besteht eine Besonderheit der Publikation von Schlag/Schweitzer darin, dass die drei Dimensionen einer Jugendtheologie mit den fünf Perspektiven ›implizite Theologie‹, ›explizite Theologie‹, ›persönliche Theologie‹, ›theologische Deutung mit Hilfe der theologischen Dogmatik‹ sowie ›Jugendliche argumentieren ausdrücklich theologisch‹ zu einer Matrix mit insgesamt 15 Feldern kombiniert werden.[10] Diese Kombination aus Dimensionen und Perspektiven bestimmt auch weite Teile der Publikation. Ungeachtet der nachstehenden

---

7 Beispielhaft in positiver Hinsicht sei hervorgehoben die Studie von *Gennerich*, Empirische Dogmatik.
8 So die viel zitierte Definition von *Hollaz, D.*, Examen theologicum acroamaticum. Volumen prius, Darmstadt 1971, Prol. I 1.
9 Kritisch dazu *Dressler, B.*, Religionspädagogik als Modus Praktischer Theologie. Mit einem kritischen Blick auf den Diskurs zur ›Kindertheologie‹. In: ZPT 63 (2011), 149–163, bes. 157–163.
10 *Schlag/Schweitzer*, bes. 59–62; 179.

Anfragen ist vorab positiv festzuhalten, dass sich die Matrix als eine Heuristik insofern bewährt, als Schlag/Schweitzer davon ausgehend zahlreiche Bezüge zu anderen religionspädagogischen und praktisch-theologischen Diskursen herzustellen vermögen.
Gleichwohl besitzt diese Systematik auch gewisse Schattenseiten. Zwar heben Schlag/Schweitzer selbst hervor, dass die Perspektiven gewisse Überschneidungen aufweisen,[11] jedoch können m.E. die fünf Perspektiven in ihrer Gesamtheit nicht die gleiche Plausibilität und Strukturierungsleistung beanspruchen wie die drei Dimensionen einer Theologie ›von‹, ›für‹ und ›mit‹ Jugendliche(n). Insbesondere stellen sich kritische Rückfragen an folgende drei Perspektiven: Die ›persönliche Theologie‹ ist m.E. weniger eine eigenständige Perspektive, sie kann (!) vielmehr als Heuristik dienen, ob und in welchem Rahmen in den Perspektiven der impliziten oder expliziten Theologie auch persönliche Glaubensreflexionen vorhanden sind.[12] Gleichfalls ist die Perspektive ›Jugendliche argumentieren ausdrücklich theologisch‹ wenig trennscharf im Vergleich zur ›expliziten Theologie‹, so dass diese m.E. eher als ein Aspekt ›expliziter Theologie‹ verstanden werden kann. Schließlich erscheint ›theologische Deutung mit Hilfe der theologischen Dogmatik‹ grundsätzlich als Perspektive fraglich, weil entsprechende Phänomene durch die Dimension einer ›Theologie für Jugendliche‹ ausreichend erfasst sind.
Entscheidender ist jedoch, dass ungeachtet dieser kritischen Rückfragen die Unterscheidung zwischen den Perspektiven einer ›impliziten‹ und einer ›expliziten Theologie‹ von Gewinn ist und diese weiterführend auf Dimensionen der Jugendtheologie bezogen werden kann. Diese Unterscheidung eröffnet nämlich einerseits den Blick für theologisch relevante Reflexionen Jugendlicher, welche nicht in vertrauter theologischer Sprachgestalt geäußert werden (›implizite Theologie‹), andererseits wäre es ein Verlust, wenn demgegenüber die ›explizite Theologie‹ weniger Aufmerksamkeit erfahren würde.
Vorliegende Fokussierung auf die drei Dimensionen (Theologie ›der‹, ›für‹ und ›mit‹ Jugendlichen) sowie die zwei Perspektiven (›implizite‹ und ›explizite‹ Theologie) versteht sich mitnichten als der einzige viable Weg: Vielmehr haben Schlag/Schweitzer grundsätzlich gezeigt, dass ihr Weg begehbar ist, so dass sich beide Wege nicht im Sinne von ›falsch‹ oder ›richtig‹ wechselseitig ausschließen. Vielmehr können der offenere und weitere Ansatz von Schlag/Schweitzer und die vorliegende Zuspitzung als ein wechselseitiges Komplementärprogramm hinsichtlich der Formen von Jugendtheologie verstanden werden. Das eigentliche Gegenüber besteht in Positionen, welche m.E. zum Nachteil von Theologie

---

11 Ebd., 177f. Beide Autoren halten zwar zu Recht fest, dass auch die drei Dimensionen nicht überschneidungsfrei sind (ebd., 177), jedoch können m.E. diese drei Dimensionen ungeachtet ihrer wechselseitigen Beziehung klarer unterschieden werden.
12 Dieses setzt ein weites Verständnis von ›Glaube‹ als ›Lebensglaube‹ voraus.

generell und religionspädagogischer Praxis und Forschung speziell das Potential einer Kinder- oder Jugendtheologie grundsätzlich bestreiten. Dieses leitet unmittelbar über zum folgenden Punkt.

2. Potentiale von Jugendtheologie. Ausgewählte Vertiefungen

Bereits in der Auseinandersetzung mit den Dimensionen einer Theologie ›der‹, ›für‹ und ›mit‹ Jugendliche(n) wurden stichpunktartig bestimmte Akzentuierungen in didaktischer, theologischer und forschungsmäßiger Hinsicht vorgenommen. Nachstehende Überlegungen knüpfen daran an und suchen das Potential von Jugendtheologie auch vor dem Hintergrund kritischer Anfragen darzulegen. Dabei liegt den nachstehenden Ausführungen folgender ›Arbeitsbegriff‹ von Jugendtheologie zugrunde: *Jugendtheologie ist eine altersspezifische Ausformung von Laientheologie und wird verstanden als die Reflexion religiöser Vorstellungen und Praktiken ›der‹, ›für‹ und ›mit‹ Jugendliche(n).*[13]

2.1 Didaktisches Potential

In *bildungstheoretischer Hinsicht* kann das didaktische Potential der Jugendtheologie durch ihre Affinitäten zu einem kritischen Bildungsbegriff aufgezeigt werden: »Bildung wird dabei verstanden als der unter dem Vorrang des Subjekts stehende Prozess einer Vermittlung zwischen Subjekt und Objekt, der auf die Konstitution einer verantwortungsbewussten Persönlichkeit abzielt.«[14] Vor diesem Hintergrund wird deutlich, dass sich die drei Dimensionen sowie das Anliegen der Jugendtheologie auf grundlegende Komponenten dieses Bildungsbegriffs beziehen:
– die Theologie der Jugendlichen akzentuiert den Subjektbezug von Bildung (es geht um die differenzierte Wahrnehmung und Ernstnahme der Laientheologie von Jugendlichen),
– die Theologie für Jugendliche bringt den gleichermaßen notwendigen Objektbezug von Bildung zur Sprache (wobei aufgrund des Primats der Subjektorientierung die Theologie der Jugendlichen nicht einfach ausgeblendet wird, sondern als ›kritisch-konstruktiver‹ Bezugspunkt der Theologie für Jugendliche dient),
– die Theologie mit Jugendlichen pointiert den wechselseitigen Erschließungsprozess von Subjekt und Objekt.
– Insgesamt kann das Anliegen der Jugendtheologie insofern bildungstheoretisch begründet werden, als Jugendtheologie einen Beitrag zur

---

13 Vgl. *Schlag/Schweitzer*, 180f. u.ö.
14 *Lämmermann, G.*, Grundriß der Religionsdidaktik, Stuttgart u.a. ²1998, 92.

Konstitution einer verantwortungsbewussten Persönlichkeit durch die reflektierte Auseinandersetzung mit religiösen Fragen leistet. Es ist darüber hinaus bemerkenswert, dass sich in *religionsdidaktischer Hinsicht* interessante Bezüge der Jugendtheologie zu anderen aktuellen Ansätzen innerhalb der Religionspädagogik herstellen lassen. Schlag/Schweitzer stellen dies insbesondere im Blick auf die Elementarisierung[15] sowie Kompetenzorientierung[16] heraus. M.E. kann die Jugendtheologie auch als Komplementärprogramm einer Performativen Religionspädagogik verstanden werden:[17] Deren Schwerpunkt liegt auf der unterrichtlichen Inszenierung von Leib und Raum, indem gelebte Religion »in ihren Erscheinungen und Verdunkelungen vernommen und leibräumlich gestaltet wird«[18]. Gerade im Blick auf die anzutreffende Forderung nach der Reflexion solcher Inszenierungen kann die Kinder- und Jugendtheologie mit ihrem Fokus auf die Reflexion religiöser Vorstellungen und Praktiken als ein ergänzender religionsdidaktischer Ansatz zur Performativen Religionspädagogik herangezogen werden – wobei gleiches wegen des sogenannten Traditionsabbruchs von Religion auch umgekehrt gilt: Performative Religionspädagogik eröffnet Kinder- und Jugendtheologie Erfahrungen mit Religion, die gewissermaßen den ›Gegenstand‹ für die Reflexionen bilden.[19] Dabei wäre es eine fehlerhafte Verkürzung, wenn man die Performative Religionspädagogik einseitig dem Modus ›religiöser Zeichengebrauch‹, die Jugendtheologie einseitig dem Modus ›Reden über Religion‹ zuordnen würde – vielmehr betont ja gerade Bernhard Dressler aus bildungstheoretischer Perspektive den notwendigen und fruchtbaren Wechsel zwischen beiden Modi und reklamiert die Berücksichtigung beider in der Performativen Religionspädagogik.[20] Umgekehrt ist m.E. auch zu bedenken, dass gerade christliche Theologie nicht nur ›Reden über Religion‹ ist, sondern gleichzeitig auch ›religiöse Rede‹ sein kann – und somit beide Modi nicht einfach trennscharf unterschieden werden können: Ein beredtes Beispiel ist der Römerbrief, der zugleich ›religiöse Rede‹ wie

15 Vgl. *Schlag/Schweitzer*, 90–104.
16 Vgl. ebd., 135–146.
17 Vgl. zu diesem Punkt auch *Kraft, F.*, Theologisieren im Religionsunterricht und performativer Religionsunterricht – zwei didaktische Ansätze bzw. Leitbilder für den Religionsunterricht im Widerstreit? In: Bucher, A. u.a. (Hg.), ›Man kann Gott alles erzählen, auch kleine Geheimnisse‹. Kinder erfahren und gestalten Spiritualität. In: Jabuki 6 (2007), 111–120.
18 *Leonhard, S. / Klie, T.* (Hg.), Schauplatz Religion. Grundzüge einer Performativen Religionspädagogik, Leipzig 2003, 7.
19 Vgl. dazu *Dressler, B.*, Darstellung und Mitteilung. Religionsdidaktik nach dem Traditionsabbruch. In: rhs. Religionsunterricht an höheren Schulen (2002), H.1, 11–19.
20 *Dressler, B. / Klie, T.*, Strittige Performanz. Zur Diskussion um den performativen Religionsunterricht. In: Klie, T. / Leonhard, S. (Hg.), Performative Religionsdidaktik. Religionsästhetik – Lernorte – Unterrichtspraxis, Stuttgart 2008, 210–224, 219 sowie die entsprechenden Literaturverweise in Fußnote 25.

›Reden über Religion‹ ist. Berücksichtigt man des Weiteren die drei Dimensionen ›der‹, ›für‹ und ›mit‹ von Kinder- und Jugendtheologie, dann wird deutlich, dass sich auch im Kontext von Kinder- und Jugendtheologie das Wechselspiel beider Modi vollziehen kann. Aspekte wie diese werden unzureichend berücksichtigt, wenn Dressler/Klie feststellen: »ohne Anschlüsse an und Übergänge zu religiösem Zeichengebrauch führt das ›Theologisieren mit Kindern‹ rasch zu einer naiven Version dogmatischen Begriffsgeklappers.«[21] Diese heraufbeschworene Gefahr erinnert eher an eine Karikatur von Kindertheologie und verkennt, dass auch die Performative Religionspädagogik kein ›catch-all-Konzept‹ ist, vielmehr in ein produktives Zusammenspiel mit anderen religionspädagogischen Ansätzen gebracht werden kann. Von der Kinder- und Jugendtheologie kann sie im Blick auf die Reflexion religiöser Inszenierungen profitieren.

2.2 Theologisches Potential

Einen häufig referierten Bezugspunkt für die systematisch-theologische Begründung einer Kinder- und Jugendtheologie stellen Ausführungen von Wilfried Härle dar, der die Notwendigkeit einer theologischen Reflexion auch von Laien hervorhebt und lediglich einen graduellen Unterschied zwischen Laientheologie und wissenschaftlicher Theologie sieht.[22] Ausgangspunkt dafür ist das von Martin Luther benannte Recht der Laien, »alle Lehre zu beurteilen«[23]. Luther führt in der entsprechenden Schrift diverse biblische Argumente für seine Position an:

»Menschenwort und -lehre haben bestimmt und verordnet, man solle es lediglich den Bischöfen und Gelehrten und den Konzilien überlassen, über die Lehre zu urteilen; [...] Christus bestimmt gerade das Gegenteil. Er nimmt den Bischöfen, Gelehrten und Konzilien sowohl das Recht wie die Vollmacht, über die Lehre zu urteilen, und gibt sie jedermann und allen Christen insgemein, da er spricht Joh. 10,27: ›Meine Schafe kennen meine Stimme‹; ferner: ›Meine Schafe folgen den Fremden nicht, sondern fliehen vor ihnen; denn sie kennen nicht der Fremden Stimme‹ (Joh 10,5); [...] Hier siehst Du ganz klar, wer das Recht hat, über die Lehre zu urteilen: Bischof, Papst, Gelehrte und jedermann hat die Vollmacht zu lehren, aber die Schafe sollen urteilen, ob sie die Stimme Christi oder die Stimme der Fremden lehren.«[24]

---

21 Ebd., 220f.
22 Vgl. *Härle, W.,* Dogmatik, Berlin u.a. 1995, 13; gleichfalls referiert bei *Schlag/ Schweitzer,* 48.
23 So bereits im Titel der 1523 erschienenen Schrift *Luther, M.,* Daß eine christliche Versammlung oder Gemeinde Recht und Macht habe, alle Lehre zu urteilen und Lehrer zu berufen, ein- und abzusetzen, Grund und Ursache aus der Schrift. In: *ders.,* Ausgewählte Schriften, hg. v. *Bornkamm, K. / Ebeling, G.,* Bd. 5: Kirche, Gottesdienst, Schule, Frankfurt a.M., ²1983, 7–18.
24 Ebd., 9f.

Treffend für den Ansatz der Kinder- und Jugendtheologie ist auch das nachstehende Zitat:

»1. Thess. 5,21: ›Prüfet alles; was gut ist, das behaltet!‹ Siehe, hier will er, daß keine Lehre und keine Behauptung festgehalten wird, es sei denn, daß sie von der Gemeinde, die es hört, geprüft und für gut erkannt werde. Denn dieses Prüfen steht ja nicht den Lehrern zu, sondern die Lehrer müssen zuvor das sagen, was man prüfen soll. Also ist auch hier das Urteil den Lehrern genommen und den Schülern unter den Christen gegeben, so daß es unter den Christen ganz und gar ein anderes Ding ist als in der Welt«[25].

Der damit zusammenhängende Grundgedanke Luthers ist das ›allgemeine Priestertum‹, das ›Priestertum aller Getauften‹.[26] Gegen den Rekurs der Kindertheologie auf das allgemeine Priestertum hat jedoch jüngst Dressler Widerspruch erhoben.[27] Ein Argument Dresslers lautet, dass das allgemeine Priestertum nicht einfach als Qualifizierung von Kindern als Theologen herangezogen werden darf, weil das allgemeine Priestertum »in erster Hinsicht soteriologisch und ekklesiologisch zu verstehen«[28] sei. Dressler verkennt jedoch, dass für Luthers Theologieverständnis insgesamt dieser soteriologische Bezug grundlegend ist und gerade in dieser Hinsicht keine Differenz zwischen wissenschaftlicher Theologie und Laientheologie besteht.[29] Vielmehr gilt nach Luther: »Was man außerhalb dieses Gegenstandes [sc. des Menschen Schuld und Erlösung] sucht, ist Irrtum und eitles Gerede in der Theologie«[30].

Demgegenüber findet sich bei Dressler letztlich ein doppeltes Gefälle: erstens zwischen Experten und Laien, zweitens zwischen gebildeten Laien und mehr oder weniger religiös sozialisierten Kindern.[31] Zwar ist Dressler grundsätzlich Recht zu geben, dass Religionspädagogik wie Theologie auch normativ sind und es von daher angebracht und notwen-

---

25 Ebd., 11.
26 Vgl. ebd., 13.
27 Vgl. *Dressler*, Religionspädagogik als Modus Praktischer Theologie, bes. 157–163.
28 Ebd., 160 Fn 54.
29 Vgl. dazu *Barth, H.-M.*, Die Theologie Martin Luthers. Eine kritische Würdigung, Gütersloh 2009: »Als Formalprinzip der Theologie Luthers dient somit die Heilige Schrift, das Materialprinzip ist in Jesus Christus gegeben, und als Formalprinzip erscheint die Tröstung des durch die Sünde belasteten Gewissens. Von dieser Zielbestimmung her betrachtet ist die Reformation im Sinne Luthers eine Seelsorgebewegung.« (119)
30 Vgl. WA 40 II, 327, 11, zitiert nach der Übersetzung von *Althaus, P.*, Die Theologie Martin Luthers, Gütersloh ⁶1983, 21. Auch Dresslers weitere Ausführungen zur Relativierung des allgemeinen Priestertums vermögen wenig zu überzeugen, da es sich nach Luther abgesehen von »dem Moment der Öffentlichkeit« (ebd., 282) nicht vom kirchlichen Amt unterscheidet: »Das besondere Amt, zu dem einer aus der Gemeinde des allgemeinen Priestertums berufen wird, hat bei Luther keinen anderen Inhalt und auch keine andere Vollmacht als das Priestertum aller anderen.« (ebd., 281)
31 *Dressler*, Religionspädagogik als Modus Praktischer Theologie, 160f.

dig ist, »Äußerungen gelebter Religion auch kritisch beurteilen zu dürfen.«[32] In dieser Hinsicht würdigt er jedoch nicht den normativen Charakter der Dimension der Theologie ›für‹ Kinder und Jugendliche. Gleichwohl kann Dresslers Kritik dahingehend ein wichtiger Impuls für die Kinder- und Jugendtheologie sein, dass der Perspektivenwechsel insbesondere zwischen den beiden Dimensionen ›der‹ und ›für‹ als ein konstitutiver Bestandteil verstanden und konsequent angewendet wird.

Resümierend besteht somit das theologische Potential der Kinder- und Jugendtheologie darin, dass in zeitgemäßer Form der evangelische Gedanke des Priestertums aller Getauften bzw. einer Laientheologie belebt wird. Dieses ist erforderlich, weil Systematische Theologie nicht selten einen lebensweltvergessenen Sprachcode pflegt, dessen kommunikative Anschlussfähigkeit eher auf elaborierte Sprachcodes bestimmter Philosophien ausgerichtet ist, jedoch unzureichend auf Christen in ihren unterschiedlichen Lebensphasen und Kontexten.

3. Jugendtheologie als religionspädagogisches Forschungsprogramm

Die Kindertheologie hat bereits beachtliche religionspädagogische Forschungsarbeit stimuliert. M.E. resultieren für die Religionspädagogik gleichermaßen aus der Jugendtheologie weiterführende Impulse für die Forschung, weil dadurch empirische Forschungsarbeiten zur Erhebung der Theologien der Kinder und Jugendlichen angeregt werden. Dabei ist erstens zu wünschen dass zunehmend eine kumulative empirische Forschungsarbeit erfolgt, und zweitens diese empirischen Studien im Sinne einer Theologie für Kinder und Jugendliche kritisch-konstruktiv reflektiert werden.

Auf der Basis einer Theologie der Jugendlichen einerseits sowie einer Theologie für Jugendliche andererseits kann wiederum eine empirische Unterrichtsforschung durchgeführt werden, welche insbesondere den konkreten wechselseitigen Erschließungsprozess einer Theologie mit Kindern und Jugendlichen analysiert. Dieses abstrakt formulierte Forschungsprogramm kann in ganz verschiedenen Themenbereichen einer expliziten Jugendtheologie (z.B. Schöpfung, Christologie) sowie einer impliziten Jugendtheologie (z.B. Sport, Musik, Werbung) durchgeführt werden.

Die Jugendtheologie kann somit die Religionspädagogik im Sinne einer ›Religionspädagogischen Theologie‹[33] sowohl zu empirischer Forschungsarbeit stimulieren als auch an ihre theologische Verantwortung erinnern.

---

32 Ebd., 161.
33 Vgl. *Rothgangel, M.,* Systematische Theologie als Teildisziplin der Religionspädagogik? Präliminarien zum Verhältnis von Systematischer und Religionspädagogischer Theologie. In: Theo-Web. Zeitschrift für Religionspädagogik (www.theo-web.de) 2 (2003), H. 1, 47–62, bes. 51–60.

Gerhard Büttner

Die Sozialgestalt(en) einer Jugendtheologie

Was Kindertheologie bedeutet, ist im deutschsprachigen Raum relativ klar, auch dann, wenn von Zeit zu Zeit theoretische Klärungen eingefordert werden. Die Minimaldefinitionen, dass es eine Theologie der und für Kinder gibt und eine solche mit ihnen und dass eine solche Kindertheologie ein Mindestmaß an Reflexion enthalten müsse, sind allgemein akzeptiert.[1] Blickt man in die diversen Veröffentlichungen, dann handelt es sich meistens um Gespräche im Kontext des Religionsunterrichts, des Kindergartens oder der Familie. In der Regel ist eine erwachsene Person in anregender und strukturierender Funktion mit dabei, ein dokumentiertes Gespräch unter Kindern – ohne Erwachsene – bleibt eine Rarität. Diese Beschreibung macht klar, dass eine Jugendtheologie keine bloße altersmäßige Weiterführung sein kann. Am scheinbar unproblematischsten erscheint die Weiterführung des Theologisierens im Kontext der Schule – zumal hier im parallel angebotenen Philosophieunterricht eine ähnliche Veranstaltung zum Vergleich steht. Konfirmanden- und Firmunterricht lassen sich in mancher Hinsicht diesem Muster zuordnen. Die Kardinalfrage lautet, ob und wenn ja in welcher Gestalt das theologische Gespräch unter Jugendlichen selbst eine Rolle spielt. Dass Jugendliche, zumindest ab einem bestimmten Alter, dazu prinzipiell in der Lage sind, wird man kaum in Frage stellen wollen. Forschungstechnisch bietet es sich an, einen verstärkten Blick auf die kirchliche Jugendarbeit zu werfen. Gerade hier wäre zu erwarten, dass eine Peerkommunikation stattfinden könnte, die dem Anspruch des Theologisierens genügen kann. Darüber hinaus wäre hier am ehesten die Genese oder Existenz einer spezifisch inhaltlichen Jugendtheologie zu erwarten.

1. Charakteristika jugendlicher religiöser Kommunikation

Entwicklungspsychologie kann uns verdeutlichen, worin der genuine Zug einer spezifischen Kommunikation einer Alterskohorte liegt. Ist es für Kindertheologie charakteristisch, dass sie bei aller zeitweiligen Originalität sich im Rahmen konkreter Operationen bewegt, so ist für Jugendliche die sog. Spiegelkommunikation in der Peergruppe typisch. Die eigenen Beiträge werden den Gleichaltrigen gewissermaßen zur Prüfung

1 *Schweitzer, F.*, Was ist und wozu Kindertheologie? In: JaBuKi 2 (2003), 9–18.

vorgelegt mit dem Ziel letztlicher Übereinstimmung mit diesen »signifikanten Anderen«. Von daher ist zu erwarten, dass insbesondere dort, wo keine steuernde Erwachsenenperson zugegen ist, eine solche Jugendtheologie in idealtypischer Weise existieren müsste. Das hat aber die zu überprüfende Voraussetzung, dass es in den jugendlichen Kommunikationsorten eine solche Tendenz zur rational verfahrenden Argumentation gibt. Dieses Kriterium ist zentral, denn dass Jugendliche in mancherlei Gestalt religiös miteinander kommunizieren, ist kaum bestreitbar. Nun ist »Jugend« spätestens seit der Jugendbewegung vor 100 Jahren eine Größe, die gerade ihre spezifische Gesellungsform immer wieder selbstbeschreibend betont hat. Soweit es sich um jugendliche Gesellung im Kontext kirchlicher Jugendarbeit handelt, wäre zu erwarten, dass sich dort zumindest in nuce etwas von dem finden lässt, was jetzt unter dem Stichwort »Jugendtheologie« intensiver beforscht und gefördert werden soll.

2. Ein Blick vierzig Jahre zurück

Martin Affolderbach charakterisiert die Evangelische Jugendarbeit nach dem Zweiten Weltkrieg als stark gemeinschaftsorientierte Gruppen, die ihre »Gruppenidentität durch einen gemeinsamen Frömmigkeitsstil« sicherten. In diesem spielte die Bibelarbeit eine prominente Rolle.[2] Diese Bibelarbeit dürfte dem Anspruch eines »Theologisierens« eher nicht entsprochen haben. Für die 1970er Jahre sieht er dann aber eine neue Perspektive. Neben eher auf Innerlichkeit und erlebte Religiosität orientierten Formen skizziert er – wenngleich er darin kein Massenphänomen sieht – die »reflektierte Gruppe«[3]. Darunter versteht er den Trend, dass die Gruppe sich in ihrer Interaktion selbst thematisiert. Biblische Texte dienen dann, sofern sie herangezogen werden, der medialen Spiegelung der Gruppenprozesse.[4] Damit verbunden war eine Abweisung kognitiver Wissensvermittlung per se und eine kritische Haltung zum überkommenen Wertekanon.

Biblische Inhalte »werden nicht nur kognitiver Reflexion unterworfen, sondern auch pragmatischer und affektiver Reflexivität. [...] Durch diese Aspekte ergibt sich die Notwendigkeit zur Institutionalisierung höherer Freiheiten und einem größeren Maß thematischer Beliebigkeit. Sowohl in formaler Hinsicht, was die Methode der Bibelverwendung anbetrifft, als auch in inhaltlicher Hinsicht. Die thematische Beliebigkeit

---

2 *Affolderbach, M.*, Kirchliche Jugendarbeit im Wandel, München/Mainz 1977, 82.
3 Ebd., 296.
4 Die Parallelen zu entsprechenden Initiativen im RU sind offenkundig, Dies gilt z.B. für die Arbeit von Dieter Stoodt und natürlich generell für Varianten des Problemorientierten RU.

Die Sozialgestalt(en) einer Jugendtheologie 141

steigt über die intern gesetzten Möglichkeitsgrenzen traditioneller religiöser Dogmatik.«[5]

Affolderbachs Fazit lautet demnach, dass bis zur »reflektierten Gruppe« zwar traditionelle Inhalte kommuniziert wurden, aber eben nicht reflexiv. Mit der reflexiven Gruppe werden diskursive Strukturen etabliert, jetzt aber bei weitgehendem Verlust klassisch-theologischer Inhalte.[6] Dennoch lohnt es sich, diese Linie weiter zu verfolgen. Denn gerade im Kontext von kirchlicher Arbeit mit Schüler/innen und Studierenden ist am ehesten etwas von dem entstanden, was man eine inhaltlich geprägte »Jugendtheologie« nennen könnte, die als eine Variante »kontextueller Theologie« gälte.[7] Zumindest wurde dort z.T. der Versuch gemacht, die eigene Lebenssituation politisch und theologisch zu reflektieren.[8] Eine wichtige Rolle spielten dabei Formen kirchlicher Jugendarbeit, die sich in Nähe und Ergänzung zum Religionsunterricht der Gymnasien entfalteten (z.B. Primanerforum).[9] Betrachtet man die späteren Selbstbeschreibungen der Jugendarbeit, dann sieht man, dass ein bestimmter *diskursiver Stil* innerhalb kirchlicher Jugendarbeit seit dieser Zeit konstitutiv ist. Doch bezieht er sich nur punktuell auf den Gegenstandsbereich, der klassischerweise mit dem Begriff des »Theologisierens« abgesteckt ist. Brigitte Feiks schreibt 1987:[10]

Eine kritisch-konstruktiv verfahrende Praxistheorie »hat den Veränderungsimpetus der biblisch-christlichen Tradition für die Gegenwart in Ausrichtung auf eine andere ›bessere‹ Zukunft zum Tragen zu bringen; dies geschieht in der pädagogischen Ver-

---

5 Affolderbach, 210f.
6 Vgl. dazu die kritischen Anmerkungen Peter Biehls zum problemorientierten RU: *Biehl, P.*, Zur Funktion der Theologie in einem themenorientierten Religionsunterricht. In: *Kaufmann, H.B.* (Hg.), Der Streit um den problemorientierten Religionsunterricht, Frankfurt a.M. u.a. 1973, 65–79.
7 Vgl. für eine solche Diskussion im Zusammenhang der Kindertheologie *Johnsen, E.T. / Schweitzer, F.*, Was ist kritische Kindertheologie? Vergleichende Perspektiven aus Norwegen und Deutschland. In: JaBuKi 10 (2011), 25–36.
8 *Warns, E. u.a.* (Hg.), Evangelische Schülerarbeit in 100 Jahren, Wuppertal 1983; *Büttner, G. / Hennig, R.* (Hg.), Verkündigung in Konflikten, Menden 1985; *Sommer, G.*, Grenzüberschreitungen. Evangelische Studentengemeinden in der DDR und BRD, Stuttgart 1984, bes. 139ff.; zum Kontext der ESGen innerhalb der Diskussionen der Studentenbewegung vgl. *Volontieri, F.W.*, Woher kommt der Hahn? Entstehung und Entwicklung der Studentengemeinde sowie eine exemplarische Beschreibung der ESG Essen, Saarbrücken-Scheidt 1989, 58ff.
9 Evangelischerseits *Kannawurf, E.*, Das Primanerforum im Amt für Jugendarbeit der Evangelischen Kirche in Hessen und Nassau oder Evangelische Jugendarbeit bedarf auch der Alternative einer kirchlichen Schülerarbeit, Frankfurt a.M. 1982; katholischerseits *Gabriel, C.*, Wahre Beziehungen statt Warenbeziehungen. Ein Beitrag zur Diskussion um Solidarität als Lernziel in kirchlicher Jugendarbeit unter der Perspektive gesellschaftsverändernder Praxis, Diss. Theol. Würzburg 1982.
10 *Feiks, B.*, Proprium und Ziele von kirchlicher Jugendarbeit. In: *Hanusch, R. / Lämmermann, G.* (Hg.), Jugend in der Kirche zur Sprache bringen. FS Christof Bäumler zum 60. Geb., München 1987, 292–300, 294.

mittlung theologischer Gehalte mit der Lebenssituation und -praxis von Jugendlichen und mit der darin festgestellten bestimmenden Wirklichkeit.«

Im selben Band präzisiert Klaus Tanner diesen Diskussionsprozess. Er konstatiert,[11]

»dass im Zentrum der innerkirchlichen Auseinandersetzungen weniger dogmatische Fragen als vielmehr ethische Probleme stehen. Ein Großteil der innerkirchlichen Kontroversen entzündet sich an politischen Orientierungsproblemen.«

Betrachtet man demgegenüber die Ergebnisse einer neueren Studie über kirchliche Jugendarbeit, fühlt man sich – zumindest, wenn man die Affolderbachschen Kriterien anlegt – wieder in die »vorkritische« Zeit versetzt, wenn Fauser, Fischer und Münchmeier »die zentrale Rolle [der] Gemeinschaft für das Nutzungsverhalten von Jugendlichen von Jugendverbandsarbeit« hervorheben.[12] Insofern charakterisieren sie diese als »überraschend traditionell und konventionell«:[13]

»In der Evangelischen Jugend [...] scheint immer noch die klassische herkömmliche Jugendarbeitsgruppe vorzuherrschen [...]. Dabei haben eher selten Jugendliche die Leitung der Gruppen inne. [...] Auf dieser strukturellen Ebene tritt der Aspekt der Selbstorganisation eher in den Hintergrund. [...] Wir finden [aber Selbstorganisation] überraschend deutlich auf der inhaltlichen Ebene. Junge Menschen bestimmen mit, wenn es um die Aktivitäten, die Gestaltung des Programms geht, die Art der Durchführung etc.«

Wir sehen, dass die Sozialgestalt kirchlicher Jugendarbeit zwar einen wichtigen Beitrag geleistet hat zur Herausbildung partizipatorischer Strukturen. Doch spielt das diskursive Element wohl eher eine untergeordnete Rolle und bezieht sich dann, hier kann man wohl an Tanner anschließen, eher auf ethische oder politische als auf theologische Fragestellungen.

Letztlich lässt sich die Sozialgestalt einer Jugendtheologie innerhalb der Jugendarbeit nur durch die Beobachtung entsprechender Kommunikationsakte präziser fassen. In der letzten EKD-Studie wird eine Gruppendiskussion aus einer Jugendgruppe dokumentiert, die hier Aufschluss geben könnte. Claudia Schulz und Gerhard Wegner skizzieren eine Jugendgruppe von 15–18-Jährigen mit 20- bzw. 22-jährigen Leitern. Die Gruppe rekrutiert sich, zieht man die Milieustudie des BDKJ zum Vergleich heran,[14] eher untypisch aus den unteren sozialen Milieus. Von daher folgt auch das Gespräch nicht dem Muster reflektierter Argumen-

---

11 *Tanner, K.*, Kirchliche Jugendarbeit als demokratische Bildung. In: *Hanusch/ Lämmermann*, 201–214, 201.
12 *Fauser, K. / Fischer, A. / Münchmeier, R.*, Jugendliche als Akteure im Verband, Opladen / Farmington Hills 2006, 18.
13 Ebd., 17.
14 *BDKJ* (Hg.), Wie ticken Jugendliche? Sinus-Milieustudie U27, Düsseldorf 2008.

Die Sozialgestalt(en) einer Jugendtheologie 143

tation, sondern es »vollzieht sich in einem Spiel der Assoziationen, der sinnlichen und thematischen Bezüge, der gegenseitigen ›Anmacherei‹ und des ›Sprücheklopfens‹. Man kann gar nicht davon sprechen, dass ein irgendwie geordneter Diskurs außer Kraft gesetzt würde – er wird gar nicht angestrebt«.[15] Wir werden also vom Kommunikationsstil und von den Inhalten her fragen können, wieweit wir die vorgefundene Form als »Theologisieren« qualifizieren wollen. Ich präsentierte einen Gesprächsausschnitt mit Dina, die ursprünglich einen jüdischen Hintergrund hat:[16]

»Dina: Es sind kleine Dinge, die dann mal gemacht werden. Zum Beispiel, wenn wir zusammen auf Fahrten sind, (leises Lachen im Hintergrund) ähm … wird mal'n Psalm in'n Raum geschmissen, und dann sollen wir dann 'n bisschen darüber reden. Machen wir auch, es geht meistens eigentlich immer dann doch noch, (…) dann ab und zu gehen wir mal auf Gottesdienste, zum Beispiel wurde hier jetzt auch 'n Jugendgottesdienst gemacht, dafür waren wir alle eingeladen und so. und das ? halt? …? selber gestaltet?
Vitko: 'n Judengottesdienst?
Kaya?: (laut) Jugend.
Vitko: Ach so.
Dina: (…) Das wird jetzt sehr angenehm, weil man auch so … zu seinem Glauben finden <u>kann</u>. Also s- … trifft jetzt nicht auf jeden zu, wahrscheinlich auch nicht auf viele, aber auf manche bestimmt.
Rico: Und was … was ich sehr schön fand, was du gesagt hast, ist, ich gebe die Hoffnung einfach nicht auf. / Dina: Ja. / Das macht Gott nämlich auch nicht.
Dina: Und das ist eigentlich n ganz gutes Zeichen so.
Rico: (leise) ? wenn es 'n Gott gibt?
Dina: Daran kann man sich festhalten, find ich.«

In der Begrifflichkeit von Schlag und Schweitzer geht es hier um *explizite Theologie*[17]. Die Zuordnung zu einer wie auch immer gearteten Dogmatik ist eher nicht möglich. Charakteristisch sind das suchende Argumentieren und die nachvollziehbare Ko-Konstruktion zumindest zwischen Dina und Rico. Dies ist zu betonen angesichts eigenwilliger Formulierungen (Psalm reinwerfen, auf Gottesdienste gehen), die deutlich auf Formen *persönlicher Theologie* verweisen. Wir sehen hier also durchaus ein Stück authentische Jugendtheologie, die sich in der Spiegelkommunikation der Gruppe ereignet. Schulz und Wegner gehen noch darüber hinaus, indem sie auch die Gotteskonstruktion bzw. -erfahrung in diese Spiegelkommunikation eingezeichnet sehen:[18] »In Gott bin ich

---

15 *Schulz, C. / Wegner, G.*, Das Wichtigste passiert nebenbei. Kommunikation des Religiösen in einer norddeutschen Jugendgruppe, in: *Hermelink, J. / Lukatis, I. / Wohlrab-Sahr, M.* (Hg.), Kirche in der Vielfalt der Lebensbezüge Bd. 2, Gütersloh 2006, 139–155, 142.
16 Ebd., 146f.
17 *Schlag, T. / Schweitzer, F.*, Brauchen Jugendliche Theologie? Neukirchen-Vluyn 2011, u.a. 179.
18 *Schulz/Wegner*, 153

aufgehoben. Er mag mich, wenn ich ich selbst bin. Er ist wie ein Spiegel meines Ich.« In einer gewissen Kompelementarität zu dieser tastenden, um den eigenen Selbstwert kreisenden theologischen Denkbewegung stehen dann Personen »der Kirche« als Repräsentanten einer gewissen kalkulierbaren Glaubensinstanz:[19] »Es gibt auch vermittelte Gotteserfahrung über Menschen in der Gemeinde und Kirche, allen voran der Pastor der Gemeinde, die wahrscheinlich für die Jugendlichen Gott repräsentieren.«

Will man ein Resümee zu den verschiedenen Schlaglichtern zum Thema kirchliche Jugendarbeit ziehen, dann wird deutlich, dass das Gemeinschaftserleben an erster Stelle steht. Bei dessen Gestaltung will man mitbestimmen, zumindest gefragt werden. Die Entfaltung einer eigenen Diskussionskultur ist ein Nebeneffekt, der mal stärker, mal schwächer spürbar ist. Dabei kann das, was Schlag und Schweitzer als implizite bzw. persönliche Theologie ausmachen, durchaus zur Sprache kommen. Explizite Theologie kommt wohl – wie auch in dem Gruppendiskussionsausschnitt – eher durch Impulse von außen ins Spiel. Die Entwicklung einer spezifischen eigenen Theologie kam (und kommt?) punktuell vor, ist aber eher eine Ausnahme. Man könnte also fragen, ob diese Tendenz zum »Erleben« dem Theologisieren überhaupt gute Chancen bei Jugendlichen einräumt.

3. Sind »Events« anschlussfähig an Jugendtheologie?

Es gehört zur kirchlichen Jugendarbeit jeglicher Couleur, dass sie zu bestimmten Zeiten außergewöhnliche Treffen organisiert bzw. offeriert. Spätestens seit den Kirchentagen der 1980er Jahre gibt es ein gesteigertes sozialwissenschaftliches Interesse im Hinblick auf das jugendliche Verhalten dort.[20] Auf jeden Fall wird den Teilnehmer/innen dort »etwas

---

19 Ebd.
20 *Schmieder, T. / Schuhmacher, K.* (Hg.), Jugend auf dem Kirchentag, Stuttgart 1984. Dort formulieren *Feige, A. / Lukatis, I. / Lukatis, W.*, Jugend auf dem Kirchentag, 11–151, 132f., zusammenfassend: »Man fährt hin, um ihn als Ort fröhlich singenden Feierns als auch der Stille, des Nachdenkens und des intensiven Zuhörens und Nachfragens zu erleben. Für jeweils mehr als die Hälfte der jungen Teilnehmer gelten als wichtige Gründe, zum Kirchentag zu fahren, die dort zu erwartenden ›Informationen über aktuelle gesellschaftspolitische Fragen‹, ›Antworten aus der christlichen Botschaft auf Fragen unserer Zeit‹ und – eng damit verknüpft – die Möglichkeit des ›Weiterkommens im Glauben an Jesus Christus‹.« Im Hinblick auf die Partizipationsmöglichkeiten der Jugendlichen schreiben *Feige, A. / Lukatis, I. / Lukatis, W.*, Kirchentag zwischen Kirche und Welt, Berlin 1987, 60: »Der Eindruck, zum Kirchentag zu passen, sich hier ›wohlfühlen‹ zu können, entsteht demnach vor allem bei jenen Besuchern, die sich Möglichkeiten zu eigener Beteiligung erhofft hatten, und diese dann auch wirklich gefunden haben. Ein gefühlsmäßig distanzierteres Verhältnis zum Kirchentag korrespondiert eher mit einem Verzicht auf stärkere persönliche Beteiligung.«

geboten«. Gerade die Kirchentage boten und bieten die spezifische Mischung aus christlichem Engagement zu politischen und gesellschaftlichen Themen und spezifischen Formen der Spiritualität. Zwar werden dort partizipatorische Elemente in das Programm integriert, doch ein aktives theologisches Gespräch findet wohl eher informell statt. Bei Kirchen- und Katholikentagen ist die Inszenierung von Pluralität ein diskussionsanregendes Element Teil des Programms – neben »konsumierbaren« Angeboten musikalischer und liturgischer Art. Es lohnt sich aber, von daher die Frage zu stellen, ob und gegebenenfalls wie Jugendtheologie im Kontext einer stark erlebnisorientieren Veranstaltung wie eines Weltjugendtages stattfinden kann. Ich wähle dazu die sozialwissenschaftlichen Untersuchungen zum Weltjugendtag 2005 in Köln.[21] Bereits zu Beginn ihrer Studien stellen Gebhard u.a. fest:[22]

»Die Jugendlichen aus der ganzen Welt, gleich wie sie sich innerhalb der Kirche verorteten, eher traditionalistisch oder eher progressiv, eher mystisch-spirituell, marianisch oder eher volkskirchlich-pragmatisch – wollten in Köln nicht über ihren Glauben ›diskutieren‹. Sie wollten das Katholisch-Sein als Einheit ›erleben‹ und diese Einheit unter ihresgleichen ›feiern‹.«

Typisch war für die »Riesenparty« die spezifische Melange aus »Spaß und Spiritualität«.[23] Für unsere Fragestellung ist es interessant, warum es offenbar kaum zu nennenswerten Diskrepanzen oder Diskussionen kam angesichts der Tatsache, dass die praktische Lebensführung und Haltung in vielen Punkten in Spannung steht zu den lehramtlich verordneten Dogmen und Normen:[24]

»Die Teilnehmer und noch mehr die Teilnehmerinnen am Weltjugendtag [erklären] die Differenz nach kirchlichem Wunsch und jugendlicher (Alltags-)Wirklichkeit nicht durch eine polarisierende ›Ja-nein-Argumentation‹. Im Gegenteil, sie halten gewissermaßen beide für ›richtig‹. Die Jugendlichen gehen davon aus, dass die Kirche als Institution nicht aus ›inhaltlicher Überzeugung‹, sondern aus funktionaler (Überlebens-)Notwendigkeit bestimmte Dogmen vertritt.«

Im Interview einer Teilnehmerin klingt das dann so:[25]

---

21 Gebhard, W. u.a, Megaparty Glaubensfest, Wiesbaden 2007. Ebertz, M.N., Transzendenz im Augenblick. Über die »Eventisierung« des Religiösen dargestellt am Beispiel der katholischen Weltjugendtage. In: Gebhard, W. / Hitzler, R. / Pfadenhauer, M. (Hg.), Events. Soziologie des Außergewöhnlichen, Opladen 2000, 345–362: »In diesen Weltjugendtagen kommt die Eventisierung des Religiösen innerhalb des Kommunikations- und Handlungszusammenhangs der römisch-katholischen Kirche sozusagen am reinsten und dichtesten zum Ausdruck.«
22 Gebhard, 19. Es fällt auf, »dass es kaum um die intellektuelle Auseinandersetzung mit Glaubensinhalten geht« (46).
23 Ebd. 32.
24 Ebd. 50.
25 Ebd.

»Klar gibt es Sachen, die ich kritisiere bezüglich der Pille oder Verhütung. Aber andererseits denke ich auch, es gibt Traditionen und Rituale, die die Kirche beibehalten sollte. Denn wenn man alles umschmeißt, ist es auch schlecht. Es muss halt noch eine Tradition geben, die einen Wiedererkennungswert hat. [...] Ich versuche da, meinen Weg zu finden, manches akzeptiere ich, manches halt nicht.«

Gebhard u.a. sprechen von einer großen »Ambiguitätstoleranz«. Diese wird verständlich gerade auch im Vergleich zu den Beobachtungen der oben geschilderten Jugendgruppe. Die Haltungen (die »Theologien«) der Jugendlichen bewegen sich in einem Raum, in dem möglichst große Autonomie angestrebt wird. Dies bestimmt dann auch die »theologischen« Diskurse. Doch scheint diese Freiheit gerahmt zu sein vom Bedürfnis nach einer mitlaufenden Instanz, die auf ihre Weise »Richtigkeit« verbürgt. Zu dieser wollen sich die Jugendlichen – zumindest bei Bedarf – ins Verhältnis setzen. Im Beispiel der Jugendgruppe war es explizit der Pfarrer.[26] Im Hinblick auf die Weltjugendtagsteilnehmerinnen sind dies die Vertreter der katholischen Hierarchie. Das artikuliert sich dann etwa im Votum einer Teilnehmerin:[27]

»Es ist gut, dass es da jemand gibt wie den Papst, der das relativiert mit dem Sex, weil der ist ja heute überall. Aber wie ich meine Sexualität lebe, das lass ich mir von niemanden sagen.«

Nach Aussage von Gebhard u.a. kann man kaum erwarten, dass sich – und sei es am Rande – auf diesen religiösen Events in nennenswerter Weise theologisierende Gespräche ereignen. Im Vordergrund steht »gelebte Religion«, die an Diskrepanzen wenig Anstoß nimmt. Die Asymmetrie dieser Veranstaltungen wird im Sinne eines »Orientierungsrahmens«[28] genutzt. Ob trotz des expliziten Verzichts auf Diskussion hier doch von Jugendtheologie gesprochen werden kann, werde ich am Ende nochmals erwägen.[29]

4. Die Jugendtheologie des Religionsunterrichts

Der Religionsunterricht der Sek II der Gymnasien setzt sich schon lange mit Texten und Themen expliziter Theologie auseinander.[30] Doch lohnt

26 Vgl. auch ebd. 43.
27 Ebd. 51.
28 Ebd.
29 Interessant ist, dass – etwa im Gegensatz zu den oben angesprochenen Kirchentagen mit ihrem Zusammenspiel von Frömmigkeitserleben, politischem Engagement und Ansätzen einer Diskussionskultur – dies den Weltjugendtagen auch dort nicht gelingt, wo es, wie in Madrid 2011, angesichts der dortigen Protestkultur nahe gelegen hätte. Vgl. dazu *Proske, J.*, Wenn Weltjugendtag und Jugendproteste aufeinander treffen. In: KatBl 137 (2012), 64–67.
30 Vgl. etwa *Biemer, G. / Biesinger, A.*, Theologie im Religionsunterricht, München 1976 oder die inhaltlichen Vorschläge im *Kerncurriculum für das Fach Evan-*

es sich, auf die Sozialgestalt der unterrichtlichen Kommunikation zu schauen. In der exemplarisch präsentierten Stunde geht es um ein zentrales Thema protestantischer Theologie, die Rechtfertigung des Sünders durch Gott nach der reformatorischen Einsicht Martin Luthers.[31] Die ersten zwei Drittel der Stunde geht es anhand einer provokanten Handy-Werbung um die Frage der Wertschätzung, die Jugendliche durch Zuneigung anderer erhalten bzw. die ihnen verweigert oder entzogen wird. Darauf folgt eine Schilderung Luthers über seine reformatorische Entdeckung.[32] Die Schülerin Delia fasst das Resultat zu der Erkenntnis zusammen, dass man vor Luthers Einsicht »auf seine Taten reduziert« war, danach »durch den Glauben an sich [...] man vor Gott schon gerechtfertigt« ist.[33] In der Planung der Lehrkraft ging es um die Parallelisierung der Frage der Annahme durch Mitglieder der Peergruppe mit der nach der Annahme durch Gott, um damit der fremden Begrifflichkeit der »Lutherwelt« Anschauung aus der eigenen Lebenswelt beizugesellen. Dies gelingt in der Praxis selten so, wie es geplant worden ist.[34] Interessant ist, wie das »Theologisieren« sich hier als Form der Assoziationsbildung um den Begriff der »Rechtfertigung« herum gestaltet mit Gedanken an das »Sich-Rechtfertigen«, aber auch um das zu Anfang der Stunde evozierte »persönliche Gefühl«:[35]

»SARA: Aber das war doch schon immer so in der Kirche, ja also die Kreuzzüge und so weiter, also pff, man hat's ja immer damit gerechtfertigt, so ungefähr, ja wir glauben und so weiter. Ja, das find ich irgendwie 'n bisschen schwach alles.
[...]
CORNELIA: – doch mit Bush, die beten alle, bevor sie in Kampf gehen. So ungefähr.
LEHRERIN: Mhm.
NADINE: Was bringt das halt als sozusagen Rechtfertigung, des is irgendwie so man muss nicht mal mehr ein guter Mensch sein!
LEHRERIN: Mhm.
NADINE: Es langt sozusagen zu glauben und da ist sozusagen ein Haken an der ganzen Sache.

gelische Religionslehre in der gymnasialen Oberstufe. Themen und Inhalte für die Entwicklung von Kompetenzen religiöser Bildung. EKD-Texte 109, Hannover 2010.
31 *Grill, I.* (Hg.), Unerwartet bei der Sache, Erlangen o.J., 33ff.
32 Ebd., 48, nach WA 54, 185,12–186,20.
33 Ebd., 42.
34 *Faust-Siehl, G.*, Themenkonstitution als Problem von Didaktik und Unterrichtsforschung, Weinheim 1987 verweist darauf, dass es in der Schulstunde zwangsläufig zu einer zweiten Themenkonstitution kommt, die sich von der ersten des Planungsprozesses unterscheidet. *Schweitzer, F. u.a.*, Religionsunterricht und Entwicklungspsychologie, Gütersloh 1995, 35 zogen aus der Analyse mehrerer Unterrichtsstunden das Fazit, dass es fast nie gelingt, von der als Beispiel inszenierten lebensweltlichen Thematik zu den Intentionen des biblischen oder theologischen Themas zu kommen, weil die Eigendynamik der einleitenden Impulse wesentlich stärker ist und so der beabsichtige Übertrag an einer Stelle in der Regel misslingt.
35 *Grill*, 44f.

LEHRERIN: Was soll einem der Glaube dabei helfen, meinen Sie? Warum rennen die dann alle in die Kir', warum rennt der Bush zum Beispiel in die Kirche? Was ihm vor, ihm jetzt vorwerfen?
[...]
CORNELIA: Ja es geht wahrscheinlich eher ums persönliche Gefühl, also, so wie. Luther hat sich eben auch eher schlecht als recht gefühlt. Jetzt kann er sich, jetzt geht's wahrscheinlich ums eigene, jetzt sagt man, Selbstwertgefühl oder so.«

Selbst in der gekürzten Version wird deutlich, dass hier mindestens drei Themen zugleich verhandelt werden. Es geht am Beispiel des US-Präsidenten Bush um die Selbstrechtfertigung der Kriegspolitik, es geht um die vereinseitigte Darstellung der Rechtfertigung im Sinne einer »billigen Gnade« oder das Missverständnis des Glaubens als »Leistung«, um die im Unterricht angelegte Transformierung der Rechtfertigungserfahrung als Verwandlung eines »schlechten« in ein »gutes Gefühl«. Annike Reiß hat anhand dieser Stunde gezeigt, wie sehr jede einzelne Schüler/in in dieser Stunde trotz des gemeinsamen Themas auch ihre je eigene Fragestellung verhandelt hat.[36] Gleichwohl begegnet uns auch in dieser Diskussion eine eher assoziative Beteiligung jedes Einzelnen an einem Thema, das von der Lehrerin eingebracht und verantwortet wird. Wieder tritt eine eher heterodoxe Diskussion im Gegenüber zu einer Instanz auf, die als Repräsentantin einer, wenn nicht orthodoxen, dann zumindest klassischen Theologie angesehen werden kann. Wir haben gesehen, dass sie das nicht individuell verantworten muss, sondern ihrerseits durch die Vorgaben der Lehrpläne und Unterrichtsmaterialien unterstützt wird.

Die Jugendlichen erwarten aber, dass die Lehrperson ihre Theologie nicht nur intellektuell vertreten, sondern auch durch ihre Person eine bestimmte Haltung verbürgen kann. So formuliert Petra Freudenberger-Lötz im Hinblick auf angehende Lehrer/innen:[37]

Jugendliche »wünschen sich Lehrende als authentische Gesprächspartner. Sie geben sich nicht mit allgemeinen Antworten zufrieden. Sie wünschen klare Positionen. Das können Positionen sein, denen sie sich anschließen, oder aber Positionen, die sie selbst ablehnen.«

In der folgenden Szene wird deutlich, wie der Schüler Ben der unterrichtenden Studentin KATHARINA eine klare Positionierung im Hinblick auf die Christologie abfordert:[38]

»Ben: Ich sehe da ein Problem. Sie glauben an Gott, Gott ist allmächtig. Jesus ist sein Sohn und stammt von Gott ab. Er hat auch etwas Göttliches, aber alles, was er gemacht hat, war im übertragenen Sinne? Also kann er demnach nichts Besonderes,

---

36 *Reiß, A.*, Die Religionsstunde aus der Sicht einzelner Schüler/innen, Kassel 2008, 41ff.
37 *Freudenberger-Lötz, P.*, Theologische Gespräche mit Jugendlichen, München/Stuttgart 2012, 53.
38 Ebd., 52.

Die Sozialgestalt(en) einer Jugendtheologie 149

er ist sozusagen auch nur ein Mensch? Oder ist da doch was Göttliches? Kann er das Göttliche auch zeigen?
[...]
KATHARINA: Mhm.
[...]
Ben: Ein ganz normaler Mensch? Ich meine: von seinen Fähigkeiten her?
KATHARINA: Nein, ein ganz normaler Mensch nicht. Er hat ja etwas Göttliches. Er ist für mich eine Person, die auf die Erde gekommen ist, um anzukündigen, wie es sein soll. Er hat viele Taten vollbracht und mit seinem Leben und seinem Verhalten gezeigt, wie die Menschen eigentlich zusammenleben sollten.«

Der kleine Ausschnitt macht deutlich, dass es für das theologische Gespräch der Jugendlichen offenbar wichtig ist, dass ein identifizierbarer Repräsentant einer irgendwie offiziellen Theologie als Gegenüber real oder zumindest virtuell existiert. Von daher ist Bens Insistieren nicht als Rechtgläubigkeitstest misszuverstehen. Es geht wohl wie in den anderen hier zitierten Beispielen darum, dass ein Freiraum existiert, in dem alle Positionen eingebracht werden können – zustimmend oder auch ablehnend im Hinblick auf eine theologische Aussage. Dabei ist es nicht selten, dass gerade ablehnende Voten die Vertreter von Kirche und Theologie auf eine bestimmte, oft sehr enge Theologie festlegen möchten, um ihre Position besser profilieren zu können.[39]
Als erstes Fazit lässt sich festhalten, dass Jugendtheologie sich durch ihren sehr offenen, um nicht zu sagen: diffusen Charakter auszeichnet, was sich auch als eine Form des Ausprobierens und Suchens deuten lässt. Auffällig war bei den zitierten Beispielen, dass sie in einem expliziten oder impliziten Gegenüber zu Personen oder Instanzen der Erwachsenenwelt formuliert wurden.

5. »Ruhender« Glaube und »Implizite« Theologie – Deutungsversuche

Wer Erfahrungen mit dem Theologisieren mit Kindern hat, für den ist es erst einmal überraschend, wie die Schüler/innen beim Eintritt der Pubertät plötzlich ihr Gesprächsverhalten ändern. Die Beiträge wirken spröder, werden seltener und entbehren meist der Originalität gerade der späten Kindheit. In meiner eigenen Untersuchung zur Christologie der Schüler/innen findet sich eine achte Klasse, bei der diese skizzierten Merkmale deutlich spürbar werden. Die geäußerten Antworten entsprechen eher dem Niveau der sechsten Klasse und liegen definitiv unterhalb dem der siebten.[40] Von daher liegt es nahe, an dieser Stelle den Begriff der »Regression« zu bemühen. In diesem Sinne lässt sich dann auch der von Petra Freudenberger-Lötz eingeführte Begriff des »ruhenden Glau-

---

39 Tendenziell spürbar bei *Reiß, A.*, Wunder. Fragwürdige Geschichten? In: Religion lernen. Jahrbuch für konstruktivistische Religionsdidaktik 1 (2010), 125–139.
40 *Büttner, G.*, Jesus hilft!, Stuttgart 2002, 272ff.

bens«[41] gut nachvollziehen. Offenbar bereitet es den Jugendlichen Schwierigkeiten, mit einem Wissens- und Begriffsrepertoire zu operieren, das sie in ihrer Konkretheit entweder für ungeeignet oder sogar für peinlich halten. Da etwas entsprechendes Neues nicht zur Verfügung steht, ergibt sich daraus eine gewisse Sprachlosigkeit. Von daher leuchtet der von Freudenberger-Lötz vorgeschlagene Weg ein, mit den Jugendlichen punktuell mit Material von Kindern zu arbeiten,[42] um ihnen damit die Chance zu geben, sich bewusst und differenziert von früheren Sichtweisen abgrenzen zu können. Dieses Verfahren leuchtet auch unter dem Aspekt der Entwicklung eines metaphorischen Verstehens theologischer Begriffe wie dem des Himmels oder des Reiches Gottes ein.[43]

Trotz der vorsichtigen Begrifflichkeit sind natürlich auch und gerade Jugendliche daran interessiert, ihre neue Situation auch zu verstehen. Galt früher die Jugendphase als religiös eher intensiv geprägt,[44] so deutet heute viel auf eher weniger sichtbare religiöse Züge hin. Von daher sind die von Thomas Schlag und Friedrich Schweitzer eingeführten Begriffe »implizite Theologie« und »persönliche Theologie« (zur Unterscheidung von Formen expliziter Theologie) an dieser Stelle besonders hilfreich.[45] Implizite Theologie bedeutet für sie:[46]

»dass Jugendliche bestimmte lebensweltliche Fragen artikulieren, die dann erst in einem nächsten Schritt theologisch gedeutet werden können. [...] Und doch ist nicht zu übersehen, dass die von diesen Jugendlichen angesprochenen Prozesse einer inneren Sinnorientierung schon von sich aus erhebliche Anknüpfungspunkte für eine gleichsam theologisch grundierte Kontaktaufnahme mit Jugendlichen darstellen und bieten.«

Die Autoren nehmen auf ihre Weise die oben skizzierte Sozialgestalt so auf, dass sie den Fokus auf die zahlreichen Formen der Sinnvergewisserung Jugendlicher legen. Den Status einer – wenngleich impliziten – Theologie können diese Äußerungen Jugendlicher letztlich nur daraus gewinnen, dass ein Referenzrahmen zumindest prinzipiell bereit steht, innerhalb dessen diese Äußerungen gedeutet werden können. Wichtig ist

---

41 *Freudenberger-Lötz*, 36.
42 Ebd., 64ff.
43 *Fetz, R.L.*, Die Entwicklung der Himmelssymbolik. Ein Beitrag genetischer Semiologie. In: Jahrbuch der Religionspädagogik 2 (1985), 206–214.; *Büttner, G.*, Das »Reich Gottes« im Klassenzimmer. In: Loccumer Pelikan 1/2012, 14–16. Die zentrale Einsicht liegt darin, dass es wichtig ist, dass ein abstrakteres Verständnis dieser Begriffe auf die konkrete Bilderwelt der Kindheit zurückgreifen kann. Ohne diese Möglichkeit bleiben die intellektuell nachvollziehbaren Begriffe dann eher seelenlos und leer.
44 *Oerter, R.*, Moderne Entwicklungspsychologie, Donauwörth [17]1977, 292: »Für die gesteigerte religiöse Aktivität im Sinne der Reflexion über das eigene Dasein sprechen auch die während der Jugendjahre in gehäuftem Maße auftretenden Erlebnisse religiösen Erwachens.«
45 *Schlag/Schweitzer*, 61 u.ö.
46 Ebd., 85.

Die Sozialgestalt(en) einer Jugendtheologie 151

dessen zumindest virtuelle Existenz, die für die Jugendlichen einen Möglichkeitshorizont anbietet und auf den konkret erwachsene bzw. grundsätzlich kompetente Gesprächspartner zurückgreifen können. In der religionspädagogischen Diskussion wurde und wird kontrovers darüber diskutiert,[47] wie die im Vergleich zur Kindertheologie unorthodoxen Vorstellungen und Äußerungen Jugendlicher zu bewerten und zu behandeln sind. Gerade von einem weiten Religionsbegriff im Sinne von Thomas Luckmann[48] her sind manche Kolleg/innen willens, unkritisch auf diese impliziten Formen jugendlicher Religion zu setzen. Zwar ist »realistisch vom Patchwork der Sinnorientierung [Jugendlicher] auszugehen«[49], doch bedarf es dann im Sinne der Klärung des Gegenübers reflektierter Theologie.[50] Im Folgenden soll deshalb nochmals explizit darüber nachgedacht werden, welche Sozialgestalt der »Theologie« in dem hier skizzierten Spannungsverhältnis jugendtheologischer Kommunikation zukommen soll.

6. Die Jugendtheologie und die Theologie

Einhelliger Konsens lässt sich auf der Basis der hier zitierten Beispiele dahingehend finden, dass die Theologie der Jugendlichen sich eher unscharf und suchend darstellt etwa im Vergleich zu der bei Kindern. Von daher erweisen sich Kategorien wie »implizite« oder »persönliche« Theologie als sinnvoll. Die Frage stellt sich nun aber, wie eine Theologie mit und für Jugendliche darauf reagieren soll. Friedrich Schweitzer hat im Hinblick auf Kinder fünf Grundfragen skizziert, die wohl auch für Jugendliche zutreffend sind: die Frage nach mir selbst, die Frage nach dem Sinn des Ganzen, die Frage nach Gott, die Frage nach dem Grund ethischen Handelns und die Frage nach der Religion anderer.[51] Im Kontext des Theologisierens stellt sich dann die Frage nach der Passung eines entsprechenden Angebots expliziter Theologie.[52] Unmittelbar einsichtig ist, dass Schweitzers Katalog zentrale Topoi christlicher Theologie wie z.B. die Christologie allenfalls indirekt anspricht. Wie kommen nun die beiden Pole, die in der Sozialgestalt der Jugendtheologie sichtbar wurden, zusammen?

---

47 Vgl. etwa *Meyer-Blanck, M.*, Patchwork-Religion bei Kindern und Jugendlichen zulassen – Contra, und *Gennerich, C.*, Patchwork-Religion bei Kindern und Jugendlichen zulassen – Pro. Beide in Loccumer Pelikan 1/2012, 17 bzw. 18.
48 *Luckmann, T.*, Die unsichtbare Religion, Frankfurt a.M. 1991, besonders 168f. im Hinblick auf die »Transzendenzen des Alltags«.
49 *Meyer-Blanck*, 17.
50 *Reiß* (2010) kann konkret aufzeigen, dass Jugendliche durch die Kenntnis der Begrifflichkeit »supranaturalistische« bzw. »rationalistische« Wunderinterpretation besser in der Lage sind, ihre Vorstellungen einzuordnen.
51 *Schweitzer, F.*, Kindertheologie und Elementarisierung, Gütersloh 2011, 49f.
52 Was *Schweitzer* (ebd.) dann als Problem der Elementarisierung ansehen würde.

Weiterführend erscheinen mir die Überlegungen, die Tanja Schmidt im Hinblick auf die Bibeldidaktik unternommen hat. Sie wehrt die Vorstellung, man könne aus den religionsähnlichen Bausteinen der jugendlichen Lebenswelt selbst ein tragfähiges Identitätskonzept gewinnen, ab:[53]

»Moderne Heranwachsende, die sich ihre Identität heute im Schnittfeld unterschiedlichster sozialer Erwartungen selbst ›basteln‹ müssen, sind für diese neue Form von Abhängigkeit von Moden und Märkten besonders anfällig. Die vielfach zelebrierte und propagierte Autonomie des modernen Individuums erweist sich deshalb ›in vieler Hinsicht als Schein-Autonomie‹.«

Von daher insistiert Schmidt auf einer »Anschlussmöglichkeit« an die Kommunikation biblischer Sprache und Semantik:[54]

»Die Sprache der Bibel zeichnet sich durch ihre gepflegte Semantik und ihre Gediegenheit und Festigkeit gerade gegenüber der flüchtigen Sprache der Massenmedien aus. [...] Durch die *Sprachformen der biblischen Tradition werden individuelle Erfahrungen zugleich erschlossen und transzendiert.* Denn die überindividuelle und bilderreiche Sprache der Bibel ermöglicht es den Heranwachsenden, intensive Gefühle wie Ängste und Sorgen zu kommunizieren, ohne dass es peinlich für sie wird.«

Damit wird explizit der seelsorgerliche Aspekt einer theologischen Kommunikation biblischer Themen und Texte angesprochen. Es geht hier darum, dass ein Pool theologischer Bilder, Deutungen und Argumentationen bereitgehalten wird, damit sich die Jugendlichen das herausnehmen können, was sie jetzt gerade brauchen. Wie so etwas paradigmatisch geschehen kann, zeigt etwa das Beispiel der 17-jährigen Janine:[55]

»Sie sagt, dass sie Spaß an theologischen Diskussionen hat, und zwar ›mit Sicherheit‹ im privaten Rahmen. [...] Sich frei und nicht determiniert Gedanken über Religion zu machen, ist für sie das ›Wesen der Religion‹. [...] Janine hat Kontakt mit Studenten der Theologie, mit denen sie oft über religiöse Themen diskutiert. [...] Es geht nach Janine im Leben darum, eine Religion zu finden, die hilft, begleitet und auf den ›richtigen Weg‹ bringt. Eine Religion, die dazu im Stande sei, ist für sie die ›richtige Religion‹.«

Wieder erleben wir das Gegenüber der individuellen Suche und Reflexion in einem Gegenüber – in diesem Falle zu Theologiestudenten. Gleichzeitig wird aber auch der Mechanismus der In-Gebrauch-Nahme von Theologie sehr gut nachvollziehbar.
Erweitert man die Perspektive Schmidts über die biblischen Inhalte hinaus auf den gesamten Schatz theologischer Tradition, dann wird das Reservoir deutlich, das als Möglichkeitshorizont theologischer Gespräche

---

53 *Schmidt, T.*, Die Bibel als Medium religiöser Bildung, Göttingen 2008, 205 unter Benutzung eines Zitats von I. Karle.
54 Ebd., 209.
55 *Prokopf, A.*, Religiosität Jugendlicher, Stuttgart 2008, 154.

mit Schüler/innen dienen kann. Rudolf Englert spricht in diesem Zusammenhang von einer »Einübung in einen nicht-traditionalen Umgang mit Tradition«.[56] Englert betont die Leistungsfähigkeit theologischer Tradition als eine Art Grammatik des Verstehens:[57]

»Lebendige Tradition ist nicht ein Fundus ewiger Wahrheiten, sondern eher ein Instrumentarium zur Hervorbringung situationsangemessener Reaktionen – im Lichte einer verbindlichen Perspektivik. Man könnte sagen: Die Tradition liefert eine Grammatik zur Generierung immer wieder neuer Lesarten von Welt.«

Weiter sieht Englert in der Tradition ein narratives Angebot zur Verortung der eigenen Biografie:[58]

»Die Frage ist nicht: Orientiere ich mich an einer vorgegeben Tradition oder entscheide ich selbst? Die Frage ist: In *welche* Geschichte lasse ich mich verstricken? Im Lichte welcher bedeutungsspendenden Tradition ›lese‹ ich mein Leben? Die Reflexion darüber ist eine Bildungsaufgabe ersten Ranges.«

7. Fazit

Der Begriff der Sozialgestalt versucht auszudrücken, dass die Theologie der Jugendlichen sich in einer bestimmten Kommunikationskonstellation ereignet. Natürlich denkt der einzelne Jugendliche auch für sich allein über »Gott und die Welt« nach. Eine wichtige Rolle spielt aber immer wieder die Gruppenkommunikation. James Fowler hat diesem Entwicklungsabschnitt den Titel »synthetisch-konventionelle« Phase gegeben, weil die Jugendlichen in der Kommunikation in der Gleichaltrigengruppe ihre Einstellung u.a. auch zur Frage des Glaubens bilden.[59] Doch findet diese Kommunikation offenbar immer auch im Lichte anderer (z.B. Erwachsener) statt. D.h., dass die eigene Haltung prinzipiell auch in Übereinstimmung mit »signifikanten Anderen« (etwa aus der Erwachsenenwelt) gebildet werden kann bzw. könnte. Dieses Modell erklärt in wichtigen Punkten die beschriebene Sozialgestalt. Bert Roebben hat für diese Konstellation eine andere, durchaus treffende Metapher gefunden,

---

56 *Englert, R.*, Religionspädagogische Grundfragen, Stuttgart ²2008, 82. Englert fragt (85): »Müsste nach so viel – zweifellos berechtigter – Sorge um die Würde und Authentizität der Subjekte nun – unter zwischenzeitlich gewandelten Bedingungen – nicht auch für die Authentizität und Würde der Tradition etwas mehr getan werden? Und zwar durchaus *um der Subjekte willen*?«
57 Ebd., 100. Vgl. auch *Büttner, G.*, The Role of tradition in theologizing with children. In: *Iversen, G.Y. / Mitchell, G. / Pollard, G.* (Hg.), Hovering over the deep, Münster 2009, 185–195.
58 *Englert*, 105.
59 *Fowler, J.W.*, Stufen des Glaubens, Gütersloh 1991, 167ff. Zum Kontext der Jugendtheologie vgl. *Büttner, G.*, Braucht die Jugendtheologie eine »ekklesiologische« Fundierung. In: *Dieterich, V.-J.* (Hg.), Theologisieren mit Jugendlichen. Ein Programm für Schule und Kirche, Stuttgart 2012, 70–78.

die narthikale Kommunikation.[60] Der Narthex ist bei der romanischen Kirche (z.B. in Vézelay) der Eingangsbereich der Kirche, vor dem eigentlichen Gottesdienstraum. Es ist ein Zwischenraum zwischen dem Draußen des Marktplatzes und dem eigentlichen Heiligen. Dort lokalisiert Roebben die Jugendlichen. D.h., dass ihre Kommunikation im Vorraum, vielleicht im Impliziten, stattfindet, aber im Wissen darum, dass es einen Ort des Heiligen zumindest gibt, den man im Zweifelsfall ebenso in Anspruch nehmen könnte wie den kirchenfreien Marktplatz.

---

60 *Roebben, B.*, Religionspädagogik der Hoffnung, Berlin ²2011, 214ff.

Heinz Streib

Jugendtheologie als narrativer Diskurs

Nachfolgende Überlegungen zum Modell einer narrativ-diskursiven Jugendtheologie sind nicht als ein freischwebender Entwurf entstanden, sie sind vielmehr Echo und Feedback auf die von T. Schlag und F. Schweitzer vorgelegten Perspektiven[1]. Dabei stelle ich zunächst weitgehende Übereinstimmung mit eigenen religionspädagogischen Grundsatzüberlegungen fest und kann zu dieser Initiative grundsätzliche Zustimmung signalisieren. Die Theologie des Jugendalters bedarf eines Perspektiven-Wechsels, zumindest einer Perspektiven-Ergänzung: Theologische Aussagen über die Jugendlichen sind auf ›Jugendtheologie‹, d.h. »auf die subjektiven Sichtweisen der Jugendlichen«[2] angewiesen und müssen sich auf diese beziehen. So weit, so gut. Zu den Details des vorgestellten Profils von Jugendtheologie, besonders ihrer Dimensionalität, habe ich allerdings einige Rückfragen und kritische Anmerkungen. Über die kritischen Anmerkungen hinaus stelle ich einen konstruktiven Vorschlag vor, demzufolge über die Betonung der Diskursivität jugendtheologischer Reflexion hinaus bereits die Diskursivität der Religiosität von Jugendlichen beachtet wird.

1. Was ist Jugendtheologie?

Auf der Suche nach einer kompakten Definition von ›Jugendtheologie‹ wird man im Buch von Schlag und Schweitzer auf S. 180 fündig. Hier wird Jugendtheologie definiert als ...

»Reflexion und Kommunikation religiöser Vorstellungen durch Jugendliche, wobei sich die Reflexion sowohl auf eigene Vorstellungen als auch auf die Vorstellungen anderer Menschen sowie deren Ausdruck etwa in religiösen Praktiken und Riten beziehen kann. Jugendtheologie ist jedoch von Anfang an keine allein kognitive Angelegenheit. Sie ist vielmehr durchweg eng mit Gefühlen, Einstellungen und Handlungsweisen verbunden. Darüber hinaus gewinnt sie in unterschiedlichen Ausdrucksformen Gestalt, etwa auch in ästhetischer und narrativer Hinsicht.«

---

[1] Vgl. *Schlag, T. / Schweitzer, F.*, Brauchen Jugendliche Theologie? Jugendtheologie als Herausforderung und didaktische Perspektive, Neukirchen-Vluyn 2011.
[2] Ebd., 174.

Was an dieser Definition unmittelbar auffällt, ist die klare Fokussierung auf die Reflexion und Kommunikation *der Jugendlichen selbst*. Der Perspektivenwechsel kommt hier unmissverständlich zum Ausdruck. Von einer Theologie des Jugendalters, der als »Theologie *für* Jugendliche« in der umfangreichen Tabelle auf der Seite vorher noch eine ganze Spalte gewidmet wird, ist in dieser Kerndefinition nicht die Rede; sie scheint, wenn ich dies korrekt interpretiere, eher nicht zur Definition von Jugendtheologie im engeren Sinn zu gehören, ja könnte vielmehr ein Kontrastprogramm darstellen. So erscheint das Konstrukt Jugendtheologie klar und eindeutig: Jugendtheologie hat Jugendliche zum Subjekt, sie ist Reflexion *der Jugendlichen*. Dass sich jugendliches Theologisieren auf andere Menschen beziehen kann und »Theologie *mit* Jugendlichen« sein kann, also auf Interaktion und Kommunikation angelegt ist, nimmt nichts vom Primat der Subjektivität der Jugendlichen. Auch an anderer Stelle in dem Buch, bei der Präzisierung der jugendtheologischen Perspektiven im Rahmen der Kompetenzdebatte, zeigt sich mit großer Deutlichkeit die dezidierte Fokussierung auf die Jugendlichen: Kompetenzmodelle müssen subjekt-, lebenswelt- und entwicklungsbezogen profiliert sein, um dem Anspruch der Jugendtheologie zu genügen[3].

Ein weiteres fällt an dieser Definition auf: Die Beachtung der emotionalen und pragmatischen Dimension sollte zur Kerndefinition von Jugendtheologie gehören. Wenn Gefühle, Einstellungen und Handlungsweisen als wesentliche definitorische Kriterien genommen werden, dann hat dies für das Profil von Jugendtheologie weitreichende Konsequenzen: Die seelsorgerlichen, lebensgeschichtlichen und lebensweltlichen Aspekte jugendtheologischer Reflexion sollen gewürdigt und betont werden; einer Engführung auf lebensfremde kognitive Spiele ist eine Absage erteilt.

Diese Öffnung spiegelt sich auch in der Frage der Ausdrucksformen. Hier wird auf Unterscheidungen abgehoben, die beachtlich und für das Verständnis von Jugendtheologie bedeutsam sind: Neben die rationale Argumentation, die im Medium kognitiver Entscheidung über jugendtheologische Wahrheitsbehauptungen befindet, tritt die narrative und ästhetische Kommunikation. Und diese wird besonders gewürdigt. Neben die gute Argumentation tritt die erzählte Geschichte oder das umschriebene Symbol. Dies erinnert an J. Bruners Behauptung, dass es zwei Weisen der Wahrheitsbehauptungen gibt, nämlich »a good story and a well-formed argument«[4]. Das ist eine höchst bedeutsame Öffnung der Jugendtheologie hin zu einem *narrativen* Diskurs. Mit großer Relevanz für die Praxis: Vielen Jugendlichen liegt es näher, Geschichten zu erzählen als Argumente auszutauschen. Auch ästhetische Ausdrucksformen – man denke an Filme, Fotografien und Collagen etc. – erschöpfen sich zwar nicht in Erzählungen, aber meist sind mit ästhetischen Ausdrucks-

---

3 Ebd., 145.
4 Vgl. *Bruner, J.*, Actual Minds, Possible Words, Cambridge 1986.

formen Geschichten verbunden, die Jugendliche dazu animieren, unmittelbar zu assoziieren und zu erzählen. Hier entdecke ich Schnittflächen zum Diskursmodus, der am Ende dieses Textes profiliert werden soll.
Es sollte deutlich geworden sein, dass ich in dieser Definition von Schlag und Schweitzer eine Kernbestimmung von Jugendtheologie sehe, die wegen ihrer Klarheit die Diskussion präzisiert und weiterbringt. Uneingeschränkt und mit klarer Zustimmung kann ich an die zitierte Definition anknüpfen. Rückfragen entstehen nicht an diesem Verständnis, sondern an der dimensionalen Profilierung und Auffächerung, die Schlag und Schweitzer für die Varianten der Jugendtheologie entworfen haben.

2. Die Dimensionen der Jugendtheologie als Hierarchie?

Die Differenzierung von Dimensionen der Jugendtheologie zieht sich wie ein roter Faden durch das gesamte Buch und wird am Ende[5] in quasi abschließender Form als Tabelle präsentiert. Hiernach gliedert sich Jugendtheologie in 1. implizite Theologie, 2. persönliche Theologie, 3. explizite Theologie, 4. theologische Deutung mit Hilfe der theologischen Dogmatik und 5. Jugendliche argumentieren ausdrücklich theologisch.
Diese Differenzierung der Dimensionen von Jugendtheologie mag plausibel erscheinen, solange sie deskriptiv und heuristisch als Auflistung vorfindlicher Spielarten von Jugendtheologie verstanden wird. Sie erscheint spätestens dann problematisch und nicht gerechtfertigt, wenn sie als normative Hierarchie verstanden werden sollte, die über die noch nachvollziehbare Differenz von implizit und explizit hinausgehend die »theologische Deutung mit Hilfe der theologischen Dogmatik« und schließlich »ausdrücklich theologisches« Argumentieren als präskriptiven Zielpunkt von Jugendtheologie vorgeben wollte. Denn dies würde zum einen eine unerreichbar hohe Messlatte für Jugendliche anlegen, wenn sie an dem gemessen werden sollten, was eine Minderheit von ihnen erst in einem späteren Studium der Theologie erworben haben könnte: ausdrückliche theologisch-dogmatische Sprache und Argumentationsform. Zum andern würde eine solche Zielbeschreibung eine quasi monolithische Einheitlichkeit *der* Theologie und *der* theologischen Dogmatik unterstellen, die es nie gegeben hat und niemals gibt, solange der Streit der Interpretationen nicht erstickt (was, wie ich hoffe, niemals geschehen darf). Zum dritten wird ausgeschlossen, dass auch die akademische Theologie von den Jugendlichen lernen könnte. Schließlich wäre durch solche präskriptive Normativität sehr viel, wenn nicht alles von dem zurückgenommen, was anhand der Kerndefinition im vorigen Abschnitt hervorzuheben war.

---

5 *Schlag, T. / Schweitzer, F.*, 179.

Als hierarchische Zielpunkte genommen also wären diese beiden – höchsten (?) – Formen von Jugendtheologie völlig ungeeignet und wirklichkeitsfremd, da die Jugendlichen dies niemals erfüllen können und nur eine verschwindende Minderheit jemals erreichen wird. Doch auch selbst wenn man keine Hierarchie unterstellt (und ich möchte den Autoren nichts unterstellen, aber auf mögliche Missverständnisse hinweisen), ist fraglich, was diese beiden »ausdrücklich theologischen« Varianten von Jugendtheologie in der Liste zu suchen haben, welche Funktion sie haben. Droht hier nicht die Mehrheit der Jugendlichen aus dem Blick zu geraten, Jugendtheologie zu einem Unternehmen einer elitären Minderheit theologischer Musterschüler im Religionsunterricht oder adoleszenter Kirchenfunktionäre stilisiert zu werden? Dass wir Theologen auf jüngere Unseresgleichen besonders sympathisch reagieren, ist verständlich, aber angesichts der religionspädagogischen Verantwortung für die Vielfalt jugendkultureller Stil- und Spielarten behutsam zu relativieren.

Betrachtet man das andere Ende des Spektrums in der Liste der Jugendtheologie-Varianten, findet man dort den einfühlsamen Begriff der »impliziten Theologie«. Dieser Begriff ist nicht ganz ohne Probleme, er erscheint dann als widersprüchlich, wenn man ›implizit‹ auf ›Jugendtheologie‹ bezieht. Denn ist nicht eigentlich jede Reflexion, also auch jugendtheologische Reflexion *explizit*? Man könnte hier allenfalls vermuten, dass ›implizite Jugendtheologie‹ den Gegensatz zur expliziten und ausdrücklich theologischen markieren soll – und doch eine Hierarchisierung unterstellen. Das habe ich ja bereits kritisch kommentiert, aber auch relativiert. Nur wenn man ›implizit‹ nicht auf ›Theologie‹, vielmehr auf den Gegenstand ihrer Reflexion bezieht, wird der Begriff sinnvoll. Das heißt aber: Implizite Jugendtheologie ist dezidiert als Reflexion der *impliziten Religion* der Jugendlichen zu verstehen. Daran kann ich mit Überzeugung anschließen und Zustimmung signalisieren: Jugendtheologie als eigenständige Reflexion Jugendlicher über ihre *implizite* Religion verdient eigens Beachtung und Würdigung. Dies finden wir auch an einigen anderen Stellen des Buchs ausgeführt. Wir theologisch Gebildeten sind hier freilich schnell, vielleicht viel zu schnell, mit Fragezeichen zur Hand, wie etwa die Diskussion des aus Porzelt[6] zitierten Beispieltextes, in dem ein Jugendlicher über seine Erfahrungen mit dem Tod der eigenen Mutter erzählt[7], zeigt. Letztendlich wird die Erkenntnis dieses Jugendlichen, dass »also jeder Tag 'n Geschenk ist«, doch noch als »implizite persönliche Theologie«[8] bezeichnet – und mit einem strukturell ähnlichen Bibel-Zitat aus dem Prediger-Buch legitimiert.

Auch wenn der Profilierung von Jugendtheologie als adoleszente Selbstreflexion impliziter Religion generell zuzustimmen ist, lässt das Buch

---

6 Vgl. *Porzelt, B.*, Jugendliche Intensiv-Erfahrungen. Qualitativ-empirischer Zugang und religionspädagogische Relevanz, Graz 1999.
7 *Schlag, T. / Schweitzer, F.*, 73f.
8 Ebd., 74.

Jugendtheologie als narrativer Diskurs 159

hier Fragen offen. Interessant wäre etwa die Erörterung der Frage, ob wir in der »impliziten Theologie« ein Grundmuster – oder gar den Inbegriff? – von Jugendtheologie vor uns haben. Wenn man dies bejaht oder gar die implizite Jugendtheologie als die am weitesten verbreitete jugendtheologische Variante annimmt, dann stellen sich hier brisante Fragen: Wie weit soll und darf der Kreis der Reflexionen der Jugendlichen reichen, die wir (noch) als implizite Theologie bezeichnen können? Was sind die Kriterien, an denen wir »implizite Theologie« *als* Theologie erkennen? Sind diese Kriterien eher substantiell, funktional oder strukturell? Kann und soll solche implizite Jugendtheologie diskursiv mit expliziten Formen vernetzt werden? Wenn ja, wie kann dies produktiv geschehen? Und wer hat dabei die Deutungshoheit, wer hat das letzte Wort?
Der impliziten Jugendtheologie steht die explizite Jugendtheologie gegenüber. Wenn man die oben begonnene Interpretationslinie fortführen darf, handelt es sich dann dabei um Reflexionen, die nun solche Gedanken, Überlegungen, Erfahrungen, Symbole, Geschichten oder Handlungsweisen, die explizit als »religiös« verstanden und so tituliert werden, zu ihrem Gegenstand haben. Explizite Jugendtheologie wäre dann die Reflexion der Jugendlichen über ihre explizite Religion. Der anfangs zitierten Kerndefinition entnehme ich, dass Jugendtheologie nicht allein als kognitive Angelegenheit genommen werden soll, sondern Gefühle, Erfahrungen und Handlungsweisen einbeziehen sollte und darum besonders im Modus von narrativer und ästhetischer Kommunikation stattfindet. Dies weist auf einen individuellen, lebensgeschichtlich und lebensweltlich verorteten Religionsbegriff und einen ebenso individuell verankerten Theologiebegriff hin. Wenn man dies ernst nimmt, mag das Dazwischenschieben der ›persönlichen Theologie‹ nicht so recht einleuchten. Auch in den Beschreibungen kann man erkennen, dass die »persönliche Theologie« bereits explizit, aber eben »individuell, hoch persönlich« profiliert ist. Die Übergänge scheinen eher fließend, und es ist fraglich, ob man hier überhaupt eine Trennlinie ziehen muss. Festzuhalten wäre dann jedoch, dass auch die explizite Variante von Jugendtheologie zuerst und vor allen Dingen als Reflexion *der* Jugendlichen zu verstehen ist – als Reflexion ihrer expliziten Religion.
Fazit: Die vertikal-dimensionale Differenzierung von Jugendtheologie-Varianten reduziert sich in meiner kritischen Lesart im Wesentlichen auf die Spannung zwischen impliziten und expliziten Formen. Als deskriptive Beschreibungen der Vielfalt von Formen jugendtheologischer Reflexion mag die Differenzierung in der gesamten Tabelle heuristischen Wert haben, dennoch ist insbesondere die Blickerweiterung auf die *impliziten* Formen von Jugendtheologie zu betonen. Die beiden letzten Formen treffen eher auf die theologisch-kirchlichen Jugendeliten zu und sind für die Mehrheit der Jugendlichen marginal und eher unerreichbar. Als hierarchisches Spektrum sollte die Tabelle nicht gelesen werden; denn dann läge der Vorwurf nicht fern, dass Jugendtheologie, kaum hat

sie das Licht der Welt erblickt, akademisch-theologisch kolonialisiert werden soll. Doch gerade wenn implizite und explizite Jugendtheologie im Blick auf die Mehrheit der Jugendlichen im Zentrum zu stehen kommen, besteht weiterer Klärungsbedarf. Eine der wichtigsten Fragen bezieht sich auf den *Gegenstand* jugendtheologischer Reflexion: die Religion der Jugendlichen. Mit anderen Worten: Es ist der Religionsbegriff im Blick auf Jugendtheologie zu diskutieren. Dabei stellen sich auch die Fragen nach der impliziten und expliziten Religion von Jugendlichen.

3. Ein diskursiver Religionsbegriff für die Jugendtheologie

»Brauchen Jugendliche Theologie?« fragt der Titel des Buchs. Eine rhetorische Frage? Man wird diese Frage jedenfalls eher mit einem nahezu selbstverständlichen Ja beantworten, wenn man mit der eingangs zitierten Kernthese von einer subjektorientierten Auffassung von Jugendtheologie ausgeht und im Übrigen aus (religions-)pädagogischen Gründen Selbstreflexion höher wertet als Unreflektiertheit. Wenn hier jedoch mit »Theologie« die akademische Theologie assoziiert werden sollte – in Worten von Schlag und Schweitzer: »ausdrücklich theologische« Argumentation oder »Deutung mit Hilfe der theologischen Dogmatik« –, dann ist der Titel eine offene Frage. Brauchen Jugendliche, die bereits erfahrungs-, subjekt- und lebensweltnah Jugendtheologie treiben und somit ihre implizite und explizite (»gelebte«) Religion reflektieren –, brauchen diese Jugendlichen die »gelehrte«, wissenschaftliche Theologie? Wenn ja, wozu?

Ich würde vorschlagen, diese Frage mit Verweis auf die Zusammengehörigkeit von Reflexivität und Diachronizität zu beantworten. Wie Identitätsbildung im Allgemeinen[9], so ist auch jugendtheologische Identität reflexiv und diachron. Diachronizität ist die Perspektive, unter der außer der biographischen Selbstreflexion auch die Begegnung und Auseinandersetzung mit der kulturellen, geschichtlich-gesellschaftlichen Tradition, darunter dann eben auch der theologischen Tradition, sinnvoll zusammengeschaut werden kann. Somit kann die Titelfrage auch unter dem zweiten Aspekt mit einem Ja beantwortet werden: Die Begegnung und Auseinandersetzung von Jugendlichen mit der Tradition, auch der theologischen Tradition trägt bei zur Bildung und Vertiefung ihrer jugendtheologischen Identität. Erinnert sei hier an das Grundanliegen hermeneutischer Religionspädagogik.

Hier jedoch fangen die eigentlichen Fragen erst an: etwa die Frage nach dem Grad der Notwendigkeit und dem Stellenwert gelehrter Theologie

---

9 Vgl. *Straub, J.*, Identitätstheorie im Übergang? Über Identitätsforschung, den Begriff der Identität und die zunehmende Beachtung des Nicht-Identischen in subjekttheoretischen Diskursen. In: SLR 14 (1991), 49–71.

für Jugendliche. Auch in der prozessualen Umsetzung stellen sich entscheidende Fragen: Auf welcher Augenhöhe und in welcher Sprache sollen sich Jugendtheologie und gelehrte Theologie begegnen? Wer hat die Deutungshoheit? Mit anderen Worten: Hier ist die Frage nach dem *Diskurs* gestellt – und dabei die Frage nach der Demut der gelehrten TheologInnen.

Man wird also differenzieren müssen: Welche Art Theologie brauchen die Jugendlichen? Welche Theologie brauchen sie am dringlichsten? Wenn wir die Verhältnisse zwischen Jugendtheologie und Religiosität Jugendlicher als Beziehung einer Reflexionstätigkeit (Theologie) auf das Objekt ihrer Reflexion (Religion) betrachten, werden die Antworten auf die gestellten Fragen nicht zuletzt mit dem Begriff von Religion zusammenhängen, der jeweils zugrunde gelegt wird. Die Spielarten von Jugendtheologie hängen mit den Religionsbegriffen zusammen. Und genau hier möchte ich eine neue Perspektive auf Jugendtheologie aufzeigen und entfalten.

In einer etwas holzschnittartigen, aber m.E. dennoch sinnvollen Einteilung kann man Religionsbegriffe danach unterscheiden, ob sie primär substantiell, funktional oder diskursiv profiliert sind[10]. Auf diesem Raster zeichnen sich drei unterschiedliche Perspektiven auf die Religiosität Jugendlicher und auch drei unterschiedliche Profilierungen von Jugendtheologie ab:

Auf der Basis eines substantiellen Religionsbegriffs mit seiner besonderen Fokussierung auf die Inhaltsdimensionen, auf Vorstellungen und Aussagen über Gott und Welt, wird Theologie in erster Linie auf die Wahrheit von religiösen Inhaltsdimensionen reflektieren. Das Theologisieren bezieht sich dann meist auf eine spezifische primäre Religionstradition, hierzulande auf theologische Reflexion der christlichen Tradition. Solches auf einen substantiellen Religionsbegriff bezogenes Theologisieren muss nicht notwendigerweise normativ oder gar absolutistisch und exklusivistisch vorgehen, sondern kann – und sollte – sich als Teil eines geschichtlich-gesellschaftlichen Diskurses der theologischen Traditionen begreifen. Das besondere Profil des Theologisierens, das auf einen substantiellen Religionsbegriff bezogen ist, ergibt sich aus der Wahl des Gegenstands: Glaubensinhalte und Glaubensvorstellungen. Theologie kann hier als Streit um Wahrheitsansprüche betrieben werden, der das Subjekt und seine ggf. gelebte Religion erst sekundär oder überhaupt nicht einbezieht.

Funktionale Religionsbegriffe fokussieren auf die Leistung von Religion für Mensch und Gesellschaft. Die Vielzahl der funktionalen Leistungen von Religion, die teilweise auch monothetisch vertreten und gegeneinander ausgespielt werden, kann man mit Kaufmann[11] in ein poly-thetisches

---

10 Vgl. *Streib, H. / Gennerich, C.*, Jugend und Religion. Bestandsaufnahmen, Analysen und Fallstudien zur Religiosität Jugendlicher, Weinheim/München 2011.
11 Vgl. *Kaufmann, F.-X.*, Religion und Modernität, Tübingen 1989.

Set von sechs Leistungen zusammenstellen, um dann darauf zu reflektieren, was sich in der Religion der Gegenwart gegenüber dem idealiter gedachten Leistungsumfang der Religion (als gewissermaßen die »Kirche noch im Dorf stand«) geändert hat, oder auch, wie das Thomas[12] entwickelt, darauf, welche Formen impliziter Religion wir dann als Religion in Formen »impliziter Religion« identifizieren können. Dieser poly-thetische Ansatz zeigt besonders schön, wie theologische Reflexion im Rahmen eines funktional profilierten Religionsbegriffs aussehen kann: Sie reflektiert die Leistungen gegenwärtiger Religion auf dem Hintergrund idealiter gedachter Funktion(en) von Religion. Damit kann auch im Rahmen eines funktionalen Religionsbegriffs die geschichtlich-gesellschaftlich eminente christliche Tradition zum Ankerpunkt theologischer Reflexion werden. Doch auch solches Theologisieren hat die Tendenz, erst sekundär oder nur am Rande das Subjekt und seine ggf. gelebte Religion einzubeziehen.

Von den substantiell und funktional profilierten Religionsbegriffen erheblich verschieden ist ein diskursiv ausgerichteter Religionsbegriff, für den man sich auf J. Matthes[13] berufen kann[14]. Dieser Religionsbegriff interpretiert den religiösen Aneignungs- und Gestaltungsprozess selbst als hermeneutisch-diskursiven Prozess. Die Religiosität des Individuums selbst ist Produkt einer Interaktion, eines reflexiven Prozesses, der sich zwar auf vorliegende »kulturelle Programmatiken« bezieht, dabei aber prinzipiell ergebnisoffen zu individuell verschiedenen Formen von Religion führen kann. Darum sind im Rahmen dieses Religionsbegriffs auch radikalere Neugestaltungen von Religion, bis hin zu einer »Neuerfindung des Religiösen als Rekomposition ihrer Elemente«[15] denkbar. Dieses diskursive Modell der religiösen Such- und Gestaltungsprozesse zu präferieren bedeutet keineswegs, das Loblied auf die populär gewordene Patchwork-Religiosität zu singen; vielmehr verbindet sich mit diesem Modell die begründete Erwartung, das, was derzeit in den Jugendkulturen tatsächlich und zunehmend geschieht, klarer und unverstellter in den Blick zu bekommen – jedenfalls soweit diese Jugendkulturen dem Trend von der religiösen Sozialisation zur religiösen Selbstsozialisation folgen.

---

12 Vgl. *Thomas, G.*, Implizite Religion. Theoriegeschichtliche und theoretische Untersuchungen zum Problem ihrer Identifikation, Würzburg 2001.
13 Vgl. *Matthes, J.*, Auf der Suche nach dem ›Religiösen‹. Reflexionen zu Theorie und Empirie religionssoziologischer Forschung. In: Sociologia Internationalis 2 (1992), 129–142.
14 Vgl. *Feige, A.*, Soziale Topographie von ›Religion‹: Ein empirischer Zugang zu ihrer religionssoziologisch-theoretischen Definitionsproblematik. In: International Journal for Practical Theology 2 (1998), 52–64; *Streib, H. / Gennerich, C.*, Jugend und Religion.
15 Vgl. *Knoblauch, H.*, Populäre Religion: Auf dem Weg in eine spirituelle Gesellschaft, Frankfurt a.M. 2009.

Dass man mit dieser Brille ganz gut sehen kann, zeigen exemplarisch einige neuere Studien[16].

Theologie kann in diesem diskursiven Modell verstanden werden als Reflexion – man könnte auch sagen: Reflexion zweiten Grades – des Prozesses, durch den die eigene Religiosität und das religiöse Profil der eigenen religiösen Gemeinschaft hermeneutisch-diskursiv zustande gekommen ist. Damit wird die scharfe Unterscheidung zwischen Religion und Theologie unmöglich; die Grenzen zwischen religiösem Diskurs und theologischem Diskurs sind fließend. Der Diskursivität der Religiosität und ihrer prozessualen Gestaltung durch die Individuen entspricht die Diskursivität reflexiver Auseinandersetzung mit eigenen und fremden Formen der Religiosität. Klar wird dadurch auch, dass Jugendtheologie, sofern sie in diesem Paradigma entworfen und interpretiert wird, zuerst und vor allem auf die *individuelle Religiosität der Jugendlichen* fokussiert. Damit jedoch die Gestaltung der eigenen Religiosität nicht blind geschieht oder in Unmündigkeit führt, ist Theologie als kritische Reflexion des Prozesses der diskursiven Aneignung notwendig. Überspitzt könnte man behaupten: Je radikaler die Traditionsvergessenheit, desto notwendiger ist theologische Reflexion. Besondere Bedeutung für diesen Reflexionsprozess aber hat die Kommunikation interindividueller Differenzen in den gegenwärtigen Lebenswelten, in unserem Fall: der theologische Dialog zwischen den Jugendlichen selbst. Dass auch für die jugendtheologische Begegnung und Auseinandersetzung mit der Tradition die Regel von derselben Augenhöhe gilt, sei in einem Abschlussplädoyer erläutert:

Ein Entwurf von Jugendtheologie, insbesondere wenn deren Profilierung als narrative Kommunikation nicht bloß akzidentiell, sondern als konstitutiv genommen wird, sollte sich mit Lyotards These vom Ende der großen Erzählungen[17] auseinandersetzen – und ich möchte vorschlagen: anfreunden. Wenn daraus folgt, auf die kleinen Erzählungen zu fokussieren, liegt darin ein starkes Argument dafür, die Vielzahl der kleinen Geschichten, die Jugendliche über ihre Erfahrungen von Gott und Welt erzählen, die narrativen Deutungen ihrer impliziten und expliziten Religiosität, nicht ultimativ an einem »großen« Erzählzusammenhang zu messen, sie dort integrieren zu wollen oder andernfalls abzutun – so als könne die »ausdrückliche« Theologie der »theologischen Dogmatik«

---

16 Vgl. *Feige, A. / Gennerich, C.*, Lebensorientierungen Jugendlicher. Alltagsethik, Moral und Religion in der Wahrnehmung von Berufsschülerinnen und -schülern in Deutschland, Münster 2008; *Gennerich, C.*, Empirische Dogmatik des Jugendalters. Werte und Einstellungen Heranwachsender als Bezugsgrößen für religionsdidaktische Reflexionen, Stuttgart 2010; *Feige, A.*, Jugend und Religion. In: *H.-H. Krüger / C. Grunert* (Hg.), Handbuch der Kindheits- und Jugendforschung (2., aktualisierte und erweiterte Aufl.), Wiesbaden 2010, 917–931; *Streib, H. / Gennerich, C.*, Jugend und Religion.

17 Vgl. *Lyotard, J. F.*, Das postmoderne Wissen (1979), Wien 1986; *ders.*, Der Widerstreit (1983), München 1987.

ungebrochen als »große Erzählung« genommen werden. Die religiösen Narrative der Jugendlichen haben eigene Dignität. Die Welt der Theologie- und Religions-Traditionen ist damit keineswegs obsolet, aber sie sollte als Myriade von »kleinen« religiösen Erzählungen in Geschichte und Gegenwart interpretiert werden. Diese begegnen den Jugendlichen auf Augenhöhe – eben im Diskurs. Also: Jugendtheologie als narrativer Diskurs kann sich sowohl von der Illusion eines erzielbaren einheitlichen Konsenses jugendtheologischer Kommunikation verabschieden als auch von der Illusion einer curricular zu bewerkstelligenden Integration in eine vorgegebene (akademisch-theologische oder dogmatische) »große« Erzählung. Was bleibt? Ein unabschließbarer, kreativer jugendtheologischer Bildungsprozess und Religionspädagoginnen bzw. Religionspädagogen, die den Jugendlichen auf Augenhöhe und mit hermeneutischer Demut begegnen.

Thomas Schlag / Friedrich Schweitzer

Teil 3
Rückfragen – Klärungen – Perspektiven

In diesem Teil des Bandes sollen Rückfragen aufgenommen werden, die sich teils aus den Beiträgen in Teil 2 und teils aus anderen Rückmeldungen zu dem noch neuen Projekt einer Jugendtheologie ergeben. Ziel ist es dabei, weitere Klärungen und Präzisierungen dieses Programms zu erreichen sowie Perspektiven für die weitere Arbeit zu entwickeln.
Vorab ist eine Beobachtung festzuhalten, die nicht zuletzt uns selbst sehr überrascht hat. Der Vorschlag, auch Jugendliche als Theologen zu verstehen, stößt offenbar weithin auf große Zustimmung sowie auf ein ebenso ausgeprägtes Interesse. Grundsätzliche Einwände, die sich gegen dieses Vorhaben als solches wenden, sind sehr selten geblieben. Insofern geht es auch bei den im Folgenden aufzunehmenden Rückfragen weniger um grundsätzliche Einwände als vielmehr um Anregungen, sei es für das theoretische Verständnis von Jugendtheologie oder sei es für die sich erst allmählich entwickelnde Praxis.

1. Formen von Jugendtheologie und die Möglichkeit trennscharfer Unterscheidungen

Im Blick auf die Unterscheidungen zwischen verschiedenen Formen von Jugendtheologie, wie wir sie vorgeschlagen haben,[1] besteht zunächst deutliche Einigkeit im Blick auf den Sinn solcher Unterscheidungen als solcher. Besonders für die pädagogische Arbeit ist es offenbar hilfreich und notwendig, es nicht bei dem abstrakten Begriff einer Jugendtheologie als solchem zu belassen. Erst weitere Unterscheidungen innerhalb der Jugendtheologie machen es möglich, diese Art von Theologie genauer zu begreifen und sie praktisch fruchtbar zu machen.
Ebenfalls auf weitreichende Zustimmung stößt sodann auch die bereits in der Diskussion über Kindertheologie bewährte Unterscheidung von drei *Perspektiven* der Jugendtheologie – als Unterscheidung zwischen einer Theologie *von* bzw. *der* Jugendlichen, *mit* Jugendlichen und *für* Jugendliche.[2] Allerdings ist hier sogleich auf ein mögliches Missverständnis

---

1 Vgl. *Schlag, T. / Schweitzer, F.*, Brauchen Jugendliche Theologie? Jugendtheologie als Herausforderung und didaktische Perspektive, Neukirchen 2011, bes. 59ff. sowie im vorliegenden Band S. 11.
2 Vgl. ebd.

hinzuweisen, das mitunter auch in der Literatur anzutreffen ist.[3] Bei der Unterscheidung zwischen diesen drei Formen geht es nicht um die Bezeichnung von gleichsam getrennten Teilen oder Einheiten, so dass es einmal nur um die Theologie *der* Jugendlichen gehen könnte, dann allein um eine Theologie *mit* Jugendlichen und schließlich bloß um eine Theologie *für* Jugendliche. Die Unterscheidung zwischen den drei Perspektiven dient vielmehr als Deutungs- und Differenzierungshilfe, um unterschiedliche Phänomene und Ausdrucksformen Jugendlicher sowie darauf bezogene Formen von religionspädagogischer Praxis im Blick auf theologische Aspekte genauer voneinander unterscheiden und doch in ihrem Bezug zueinander wahrnehmen und analysieren zu können. Sie hebt insofern auf die vielfältigen Manifestationen von *Jugendtheologie* ab – gleichsam auf unterschiedliche Betrachtungsmöglichkeiten oder eben Perspektiven, wie wir es nennen.

Mit dieser Präzisierung soll allerdings ein praktischer und auch ein (theoretisch) kritischer Gebrauch der dreifachen Unterscheidung nicht ausgeschlossen sein. Denn gelegentlich wird in der Theorie oder auch in der Praxis nur einer dieser Aspekte hervorgehoben und damit isoliert. Beispielsweise kann die ausschließliche Konzentration auf die Theologie *von* Jugendlichen dazu führen, dass schon ein Gespräch – als Dialog mit Jugendlichen – als illegitime Überformung der authentischen Selbstäußerungen von Jugendlichen angesehen und zurückgewiesen wird. Gegenüber solchen Engführungen, die vor allem auch religionspädagogisch nicht einzuleuchten vermögen, liegt in der dreifachen Unterscheidung auch ein wichtiger Hinweis auf die Notwendigkeit, die mit jeder dieser drei Formen von Jugendtheologie verbundenen religionspädagogischen Aufgaben auch tatsächlich wahrzunehmen. Die drei Perspektiven stellen insofern ein wichtiges kritisches Korrektiv dar – sowohl für Praxis als auch für die Theorie.

Weiterreichende Rückfragen vor allem im Blick auf die Trennschärfe hat die Unterscheidung von fünf *Dimensionen* der Jugendtheologie erzeugt.[4] Dies ist insofern nicht überraschend, als diese Dimensionen von uns neu in die Diskussion eingeführt worden sind. Auch in der kindertheologischen Diskussion gibt es dazu keine Vorläufer.

Zur Erinnerung seien die fünf Dimensionen hier noch einmal genannt:
- implizite Theologie
- persönliche Theologie
- explizite Theologie
- theologische Deutung mit Hilfe der theologischen Dogmatik
- Jugendliche argumentieren ausdrücklich theologisch.

---

3 Vgl. etwa *Zimmermann, M.*, Kindertheologie als theologische Kompetenz von Kindern. Grundlagen, Methodik und Ziel kindertheologischer Forschung am Beispiel der Deutung des Todes Jesu, Neukirchen-Vluyn 2010, 111ff.
4 Vgl. unsere in Anm. 1 angegebenen Darstellungen.

Eine erste Anfrage lässt sich aus unserer Sicht allerdings leicht beantworten. Sie führt damit zur Vermeidung von Missverständnissen. Bewusst sprechen wir von *Dimensionen* der Jugendtheologie und nicht etwa von *Stufen* oder von *Niveaus*. Insofern ist, anders als vor allem von Heinz Streib[5] vermutet und befürchtet, damit keine Hierarchie gemeint, sondern in erster Linie eine Beschreibung, die sich dann allerdings in weiteren Schritten auch mit religionspädagogischen Zielreflexionen verbinden und insofern, also pädagogisch, normativ aufnehmen lässt. Es geht aber auch religionspädagogisch gesehen nicht darum, Jugendliche von einer impliziten Theologie dahin zu führen, dass sie ausdrücklich theologisch kommunizieren, zumindest nicht in dem von uns beschriebenen Zusammenhang von gottesdienstlicher Partizipation oder Diskussionen mit Gemeinde- und Kirchenleitungen, wie sie sich etwa im Rahmen von Jugendverbandstätigkeiten ergeben. Es ist in der Tat nicht anzunehmen, dass dies eine realistische Zielperspektive für die Mehrheit der Jugendlichen sein könnte – woraus allerdings nicht folgt, dass die in diesem Sinne aktiven bzw. kirchlich engagierten Jugendlichen von vornherein aus der Betrachtung ausgeschlossen werden dürften. Zielperspektiven bedürfen im Übrigen aber auch unabhängig von ihrem Realitätsgehalt der (religions-)pädagogischen Reflexion. Dazu noch einmal unser grundsätzlicher Hinweis auf die deskriptive und normative Bedeutung der Formen von Jugendtheologie:
»Hinzuweisen ist noch darauf, dass dieses Verständnis von Jugendtheologie sowohl als Beschreibung (*deskriptiv*) als auch als Zielsetzung (*normativ*) eingesetzt werden kann. Als Beschreibung dient es einer differenzierten Erfassung der vielfältigen Ausdrucksformen von Jugendtheologie. Eine Norm ergibt sich daraus, dass Jugendliche durchweg als Theologen anerkannt und gewürdigt werden sollen.«[6]
Dies kann nicht so aufgefasst werden, als ginge es uns letztlich darum, Jugendliche in den kirchlichen Diskurs einzubinden, der dann eine Art Zielstufe bilden würde. Die wichtigste normative Komponente liegt darin, Jugendliche überhaupt als Theologen anzuerkennen und damit die Wertschätzung ihrer Deutungen hervorzuheben. Bildungstheoretisch leuchtet allerdings zugleich ein, dass die Fähigkeit oder Kompetenz theologischen Argumentierens durchaus erstrebenswert ist, und dies nicht nur im Blick auf die jeweils vielleicht nur wenigen Jugendlichen, die sich in Jugendverbänden engagieren. Insofern kommen in dieser Hinsicht erneut normative Überlegungen ins Spiel. Reflexivität ist bildungstheoretisch prinzipiell zu bejahen, auch im Blick auf Religion. Zunächst aber geht es uns mit den Dimensionen eher um eine wiederum beschreibend-analytische Betrachtung, die allerdings Übergänge zu ty-

---

5 Soweit nicht anders angegeben, bezieht sich die Nennung von Autorinnen und Autoren hier und im Folgenden auf Beiträge in diesem Band.
6 *Schlag/Schweitzer*, 61.

pologischen Zuordnungen sowie zu bildungstheoretischen Überlegungen ermöglichen soll.

Dass es sich bei der Unterscheidung von Dimensionen um eine Heuristik bzw. um eine analytische Unterscheidung handelt, ist besonders leicht an der Dimension der persönlichen Theologie zu erkennen. Mit dieser Dimension heben wir auf die *Positionalität* theologischer Deutungen und Äußerungen ab, etwa wenn Jugendliche besonders das Motiv von Individualität und religiöser Autonomie akzentuieren und für sich in Anspruch nehmen. Eine solche persönliche Theologie kann gewiss die Gestalt einer impliziten Theologie besitzen, aber sie kann auch in expliziter Form auftreten, theologisch mit Hilfe der Dogmatik gedeutet oder von Jugendlichen auch ausdrücklich eingeklagt werden. An dieser Stelle geht es nicht um trennscharfe Unterscheidungen, sondern eher um Überlappungsverhältnisse. Diese Überlappungen ergeben sich aber aus der Sache, nicht aus einer unscharfen Begrifflichkeit.

Ähnlich überlappend mit anderen Dimensionen von Jugendtheologie ist auch die von uns als theologische Deutung mit Hilfe der theologischen Dogmatik bezeichnete Dimension. Denn hier geht es um eine Dogmatik, die nicht von den Jugendlichen selbst ins Spiel gebracht wird, sondern von (erwachsenen) Interpreten, die die implizit oder explizit theologischen Äußerungen Jugendlicher mit Grundfragen theologischer Dogmatik in Verbindung bringen. Wenn wir hier von *Grundfragen* sprechen, so soll dies zum Ausdruck bringen, dass wir die dogmatische Betrachtung des christlichen Glaubens selbst für eine per se prozessoffene Aufgabe halten und somit unter Dogmatik nicht ein womöglich gar feststehendes und unverrückbares Theoriegebäude – und erst recht nicht eine Art verpflichtendes kirchliches Regelwerk für den Glauben Jugendlicher – verstehen, sondern vielmehr eine bestimmte Form der Orientierung über den Kernbestand des Glaubens, die sich selbst durch eine erhebliche Bedeutungsvielfalt auszeichnet und auch immer wieder neue Deutungsangebote und -aufgaben produziert.

Insofern betreffen die verschiedenen Dimensionen also unterschiedliche Ebenen und können entsprechend zum Teil auch miteinander kombiniert werden. Beschränkt man sich hingegen auf die drei Dimensionen der impliziten (1), der expliziten (2) und der von Jugendlichen ausdrücklich theologisch formulierten Äußerungen (3), lässt sich eher von einer trennscharfen Unterscheidung sprechen, zumindest insofern, als diese drei Dimensionen auf derselben Ebene liegen. Was implizit ist, kann nicht zugleich explizit sein, und eine ausdrücklich theologische Aussageintention Jugendlicher geht noch einmal über ein bloßes Ansprechen theologischer Themen hinaus. Gleichwohl sind hier etwa die Beobachtungen Martin Rothgangels zur Frage der Unterscheidungsmöglichkeit zwischen einer Theologie für Jugendliche und einem theologischen Deuten mithilfe der Dogmatik gewiss weiter zu bedenken. Eine Heuristik erweist ihre Fruchtbarkeit nicht zuletzt dadurch, dass sie weitere Fragen und Diskussionen auslöst.

Soweit Bildung, also auch religiöse Bildung, immer ein Bewusstwerden und eine zunehmende Fähigkeit zur Kritik, also auch der Selbstkritik, bedeutet, kann der Übergang vom impliziten zum expliziten und schließlich zum ausdrücklich theologisch Argumentieren als ein Kompetenzgewinn aufgefasst werden. Dabei muss durchweg bewusst bleiben, dass dies bildungstheoretisch gesehen nur dann legitim sein kann, wenn individueller Erkenntniszuwachs in theologischen Fragen Jugendlichen tatsächlich einen weiteren Horizont und möglichen Bezugsrahmen für das eigene Menschsein bietet[7] und ihnen eine eigene hoffnungsvolle Weltsicht[8] sowie Möglichkeiten der Lebensgestaltung erschließt. Insofern stellt weder das Jugendalter noch eine entsprechende theologische »Sinn-Arbeit« so etwas wie lediglich eine Durchgangsstufe zu Höherem dar und wird, anders als offenbar mitunter befürchtet, keine kirchlich-institutionell bestimmte Programmatik verfolgt.

2. Wollen Jugendliche überhaupt Theologen sein?

Wer davon spricht, dass auch Jugendliche Theologen sind, und wer fordert, dass Jugendliche als Theologen anerkannt werden sollen, setzt sich leicht dem Verdacht aus, Jugendliche mit einem Etikett zu versehen, das sie selber gar nicht annehmen wollen. Dieser Hinweis von Anton Bucher ist ernst zu nehmen. Er kann davor bewahren, Jugendtheologie zu einer subtilen Vereinnahmungsstrategie zu machen. Mit Recht weist Bucher, auch selbstkritisch, darauf hin, dass diese Diskussion bereits im Blick auf die Kindertheologie nicht wirklich geführt worden ist. Mitunter hinterlassen Beiträge zur Kindertheologie auch durchaus den Eindruck, dass Kinder für eine kirchliche Sichtweise vereinnahmt werden, indem – angeblich – empirisch nachgewiesen wird, dass sie über entsprechende Fragen nachzudenken bereit und in der Lage sind.
Ein solches Verständnis von Kinder- oder Jugendtheologie geht freilich am Grundanliegen beider vorbei. Jugendtheologie, wie wir sie verstehen, intendiert keine Vereinnahmung von Jugendlichen, sondern ein Wahrnehmen und Ernstnehmen ihrer Fähigkeiten, ihrer Ansprüche sowie ihrer reflexiven Orientierungsbedürfnisse und – das ist besonders wichtig – ihrer Kompetenzen.
Den Ausgangspunkt, das zeigen Buchers exemplarische Befunde zur Genüge, kann dabei nur die realistische Einsicht in eine verbreitete Negativ-Wahrnehmung Jugendlicher im Blick auf die Theologie darstellen. Theologie ist für Jugendliche, vor allem wenn sie als solche bezeichnet wird, zunächst keineswegs attraktiv. Hinter einer solchen Wahrnehmung

---

7 Vgl. *Grümme, B.*, Menschen bilden? Eine religionspädagogische Anthropologie, Freiburg i.Br. 2012.
8 Vgl. *Roebben, B.*, Religionspädagogik der Hoffnung. Grundlinien religiöser Bildung in der Spätmoderne, Berlin ²2011.

stehen zugleich weiterreichende Probleme der Kommunikabilität wissenschaftlicher Theologie. Das von uns verfolgte Anliegen einer Laientheologie setzt jedenfalls auch eine wissenschaftliche Theologie voraus, die sich um öffentliche Kommunikationsmöglichkeiten ihrer Erkenntnisse und Perspektiven bemüht.

Wie Bucher allerdings ebenfalls verdeutlicht, liegt in der Haltung Jugendlicher, keine Theologen sein zu wollen, noch kein Einwand gegen das Unternehmen einer Jugendtheologie als solches. Denn dieses Unternehmen zielt ja nicht darauf, Jugendlichen einen ihnen fremden Begriff schmackhaft zu machen, sie wie auch immer kirchlich zu vereinnahmen oder sie, gleichsam nach dem Vorbild eines »anonymen Christentums« (Karl Rahner), nunmehr als »anonyme Theologen« einordnen zu wollen. Stattdessen sollen Erwachsene erkennen, dass Jugendliche eben nicht nur religiös, sondern – von der Sache her, wenn auch nicht mit dieser Bezeichnung – auch theologisch interessiert und kompetent sind. Religiöse Bildung kann dann nicht darin bestehen, ihnen theologisches Fragen und Denken allererst beibringen zu wollen. Am Anfang muss stattdessen die sorgfältige Wahrnehmung dazu stehen, wie Jugendliche über Religion denken, wie sie religiöse Zusammenhänge deuten und auf welche Art und Weise sie darüber mit anderen – mit Jugendlichen oder Erwachsenen – kommunizieren. Religionspädagogisch ist Jugendtheologie – und das gilt auch für eine recht verstandene Kindertheologie – überhaupt nur als ein *kritisches Programm* zu rechtfertigen.[9] Eben deshalb ist es uns auch so wichtig, dass die Jugendtheologie beispielsweise nicht von beliebigen Themen aus der Theologie- oder Dogmengeschichte ausgehen darf, sondern von den Wahrnehmungen und Deutungen der Jugendlichen. Jugendtheologie ohne Lebensbezug und ohne ein Hören auf das, was Jugendliche in aller Vielfalt zu sagen haben, bliebe in der Tat ein bloßes Wortgeklingel.[10]

Schon bislang war und ist es allerdings ein Anliegen vor allem des Religionsunterrichts in der gymnasialen Oberstufe, Jugendlichen und jungen Erwachsenen Möglichkeiten einer veränderten Sicht von der Theologie zu eröffnen. Die in diesem Bereich gepflegte Wissenschaftspropädeutik schließt dies zumindest dort, wo sie nicht nur in einem formalen Sinne ausgelegt wird, gleichsam automatisch ein. Die theologischen Texte, die etwa in entsprechenden Religionsbüchern geboten werden, sind so gewählt, dass sie auf die Erfahrungen, Interessen und Fragen von Jugendlichen bezogen werden können. Das gilt beispielsweise für die theologi-

---

9 Vgl. *Johnsen, E.T. / Schweitzer, F.*, Was ist kritische Kindertheologie? Vergleichende Perspektiven aus Norwegen und Deutschland. In: »Gott gehört so ein bisschen zur Familie«. Mit Kindern über Glück und Heil nachdenken. Jahrbuch für Kindertheologie 10, Stuttgart 2011, 25–36.
10 Vgl. dazu die kritische Diskussion bei *Dressler, B.*, Religionspädagogik als Modus Praktischer Theologie. Mit einem kritischen Blick auf den Diskurs zur »Kindertheologie«. In: Zeitschrift für Pädagogik und Theologie 63 (2011), 149–163; zu dessen Position s. allerdings noch unten.

sche Anthropologie im Blick auf die Identitätsbildung im Jugendalter, die Gottesfrage im Verhältnis zu den Theodizeefragen Jugendlicher oder auch für die theologische Ethik in Verbindung etwa mit dem Klonen.[11] In der Auseinandersetzung mit ausgewählten theologischen Texten und Interpretationen kann und soll hier sichtbar werden, dass sich die Theologie durchaus auf Themen bezieht, die im Leben junger Menschen eine wichtige Rolle spielen, und dass Theologinnen und Theologen auch weiterführende Antworten auf solche Fragen bieten können bzw. solche Antworten eben, unter Einbezug theologischer Argumente, gemeinsam gefunden werden können.

Aus dem bislang Gesagten ergeben sich zwei Folgefragen, die nun aufgenommen werden sollen: Braucht Jugendtheologie eine performative religionsdidaktische Basis? Und was bedeutet Subjektorientierung für die Jugendtheologie?

3. Braucht Jugendtheologie eine performative religionsdidaktische Basis?

Wir sind bereits darauf gestoßen, dass ein Lebensbezug für die Jugendtheologie konstitutiv sein muss, etwa im Blick auf die Themen, die jugendtheologisch mit Jugendlichen verhandelt werden sollen. Insofern stimmen wir mit der Warnung vor einer abstrakt bleibenden Jugendtheologie, die sich in ihrer Argumentation nur auf sich selbst bezieht, nachdrücklich überein. Daraus folgt aber keineswegs eine zwingende Koppelung zwischen performativer Religionsdidaktik einerseits und Jugendtheologie andererseits.

Gegen eine solche Koppelung der Jugendtheologie mit nur einem Ansatz aus der neueren Diskussion spricht bereits die von uns sowie in den Beiträgen dieses Bandes, aber auch in anderen Veröffentlichungen mehrfach herausgearbeitete Nähe der Kinder- und Jugendtheologie zu einer konstruktivistischen Didaktik. Die konstruktivistische Didaktik hält Erwachsene zu Recht dazu an, von Kindern und Jugendlichen entwickelte Deutungsweisen sorgfältig wahrzunehmen und sie nicht, etwa zu Gunsten vorab festliegender Normen, abzuwerten. Insofern liegt eine Verbindung zu einer konstruktivistischen (Religions-)Didaktik für die Jugendtheologie nahe. Eine ähnliche Affinität der Jugendtheologie besteht, wie wir schon gezeigt haben,[12] ebenso zum Modell der Elementarisierung. Auch in diesem Falle werden die den Jugendlichen eigenen Weltzugänge und

---

11 Zu allen diesen Themen vgl. *Baumann, U. / Schweitzer, F.* (Hg.), Religionsbuch Oberstufe, Berlin 2006.
12 Vgl. *Schlag/Schweitzer*, bes. 79ff.; vgl. auch *Schweitzer, F.*, Kindertheologie und Elementarisierung. Wie religiöses Lernen mit Kindern gelingen kann, Gütersloh 2011.

Deutungsweisen sowie die für sie bedeutsamen Erfahrungszusammenhänge als religionsdidaktisch konstitutiv angesehen.

Solche Beobachtungen sprechen nicht gegen eine Verbindung mit einer performativen Arbeitsweise, machen aber deutlich, dass verschiedene Verbindungen denkbar und sinnvoll sind. Weiterreichend ergibt sich aus der Perspektive der Jugendtheologie allerdings auch eine grundlegende Anfrage an die für die performative Religionsdidaktik konstitutive Unterscheidung zwischen *religiösem Reden* und *Reden über Religion*.[13] In der Gestalt einer Laientheologie begegnet demgegenüber nämlich ein Reden über Religion, das selbst religiösen Charakter haben kann. So gesehen bezeichnet die Theologie durchaus einen eigenen Modus des Lebens, Lernens und Verstehens, schließlich auch des Christseins insgesamt. Und dieser eigene Modus darf beispielsweise nicht einfach einem liturgisch-semiotischen Begriff religiöser Praxis untergeordnet werden, sondern kann als Form von Religion mit bleibend eigenem Recht angesehen werden.

Von einer »Fundierung« der Jugendtheologie durch eine performative Religionsdidaktik ist demnach nicht zu sprechen. Dies schließt freilich keineswegs aus, dass sich Jugendtheologie mit performativ-religionsdidaktischen Ansätzen verbinden lässt – eben so, wie die Jugendtheologie auch mit anderen religionsdidaktischen Ansätzen sinnvoll kompatibel ist.

Richtig bleibt auch die Forderung einer Rückbindung von Jugendtheologie an Praxis, wobei der Praxisbegriff allerdings weiter zu fassen ist als im Falle der performativen Religionsdidaktik. Im Grunde geht es für die Jugendtheologie um die Praxis des Lebens selbst, die auch dort vielfach als religiös zu bezeichnen ist, wo sie sich nicht mit der Gestalt kirchlich-ritueller Vollzüge verbindet. Dies kann dann zu bestimmten Deutungsmöglichkeiten jugendkultureller Phänomene führen, die nur auf den ersten Blick fernab religiöser Substanz sind – warum etwa sollte selbst das Phänomen Justin Bieber ohne theologische Anknüpfungsmöglichkeit sein? Auf jeden Fall sehen wir die Grundlage der Jugendtheologie in einer gelebten Religion, auf deren für unsere Gegenwart bezeichnende Vielfalt in diesem Band vor allem Heinz Streib zu Recht hinweist.

Ein so weites Verständnis des Praxisbezugs von Jugendtheologie schließt dann ganz selbstverständlich auch die – sinnvolle – Möglichkeit ein, dass eine Rückbindung an kirchliche Praxis gegeben ist. Auch wenn alle Formen einer Funktionalisierung von Bildung aus grundsätzlichen Erwägungen heraus unbedingt zu vermeiden sind, kann dies doch eine besondere Nähe der Jugendtheologie zur Kirche als spezifischem Ort christlicher Überlieferung und Praxis nicht ausschließen. Vielfach wird eine solche Rückbindung auch besonders interessante Formen für eine Theologie *mit* Jugendlichen und auch eine Theologie *für* Jugendliche

---

13 Vgl. dazu grundsätzlich *Dressler, B.*, Unterscheidungen. Religion und Bildung, Leipzig 2006.

bieten können. Diese Möglichkeiten sollten genutzt, aber nicht zu einem Ausschlusskriterium für andere Formen des jugendtheologischen Arbeitens gemacht werden. So gesehen lässt sich festhalten: Eine Rückbindung von Jugendtheologie an kirchliche Praxis – auch in einem performativ-liturgischen Sinne – kann fruchtbar sein, aber sie stellt nur eine unter vielen Möglichkeiten dar.

4. Jugendtheologie als Form von Subjektorientierung?

Es ist bereits deutlich geworden, dass Subjektorientierung für die Jugendtheologie konstitutiv ist und konstitutiv sein muss. *Jugendliche als Theologen* wahrzunehmen, diese Forderung klingt nicht zufällig an die schon länger in der Religionspädagogik zu findende Rede von *Jugendlichen als Subjekten* an. So ist es auch nicht weiter erstaunlich, wenn die meisten Beiträge in diesem Band in der Hervorhebung der notwendigen Subjektorientierung übereinstimmen. Vielfach wird offenbar sogar die Notwendigkeit gesehen, die Subjektorientierung noch weiter zu verstärken und sie entschiedener von gegenläufigen Bestrebungen abzugrenzen. Eine gewisse Ausnahme stellt in dieser Hinsicht lediglich der Beitrag von Gerhard Büttner dar, der auch auf die Grenzen der Subjektorientierung verweist.

Wichtig ist in der Tat, Subjektorientierung nicht im Gegensatz zur Klärung von Sachfragen zu sehen. Dies wird bereits am Beispiel der von Karl Ernst Nipkow so bezeichneten »Einbruchstellen« für den Glauben im Jugendalter erkennbar.[14] Denn diese Einbruchstellen identifiziert er gerade in den Äußerungen Jugendlicher und insofern induktiv, nicht hingegen deduktiv im Ausgang von einer theologischen Dogmatik oder Glaubenslehre. Systematisch-theologische Klärungsprozesse erweisen sich allerdings als hilfreich und in gewissem Sinn auch als erforderlich, wenn die mit den Einbruchstellen für Jugendliche verbundenen Fragen weiter geklärt werden sollen, beispielsweise im Blick auf die Theodizee. Dabei ist nicht an die Vermittlung theologischer Lehrstücke zu denken, sondern an die Fähigkeit systematisch-theologischen Denkens und Kommunizierens. Nicht eine Vertrautheit mit der theologischen Lehrtradition ist für Jugendliche anzustreben, wohl aber eine ihnen selbst verfügbare Möglichkeit, religiöse Fragen mit Hilfe theologischer Reflexion zu klären, sowohl für sich selbst auf einer individuellen Ebene als auch gemeinsam mit anderen auf einer gemeinschaftlichen oder kommunikativ-sozialen Ebene. Ergibt sich daraus, dass es auf jeden Fall verfehlt wäre, Jugendlichen Einsichten zugänglich zu machen, die im Sinne von Klärungen in der Theologiegeschichte erreicht worden sind? Sinnlos wäre eine solche Theologie für Jugendliche gewiss dann, wenn es bei

---

14 Vgl. *Nipkow, K.E.,* Erwachsenwerden ohne Gott? Gotteserfahrung im Lebenslauf, München 1987.

äußerlichen Informationen oder Lerninhalten bliebe, also bei dem, was heute in der Didaktik gerne als »träges Wissen« bezeichnet wird. Jugendlichen theologische Einsichten zuzuspielen, mit denen sie selber weiterdenken und weiter argumentieren können, lässt sich hingegen schwerlich als sinnlos bezeichnen. Nicht jedes Rad muss in der Geschichte immer wieder neu erfunden werden, auch wenn eine Besichtigung von historischen Rädern im Museum umgekehrt keineswegs freie Fahrt verspricht.

Subjektorientierung ist für die Jugendtheologie konstitutiv, aber nicht die Lösung aller Probleme. Die Notwendigkeit, auch den Sachen gerecht zu werden, bleibt unbestritten. Der Zusammenhang von Subjekt und Objekt ist bildungstheoretisch seit dem Deutschen Idealismus immer wieder durchgespielt worden. Bildungstheoretisch gesehen kann es eine reine Subjektorientierung genauso wenig geben wie eine ausschließliche Konzentration auf das Objektive, hinter der sich häufig genug lediglich ein Bildungsmaterialismus recht und schlecht zu verstecken sucht.

5. Jugendtheologie als kognitive Verengung der Religionspädagogik?

Der schon im Blick auf die Kindertheologie häufig zu hörende Einwand einer kognitiven Verengung von Religionspädagogik und Religionsunterricht ist ernst zu nehmen. Um ihn weiter zu klären, sei zunächst an die von uns gebotene Definition von Jugendtheologie erinnert:
»In unserem Verständnis ist Jugendtheologie bestimmt als Reflexion und Kommunikation religiöser Vorstellungen durch Jugendliche, wobei sich die Reflexion sowohl auf eigene Vorstellungen als auch auf die Vorstellungen anderer Menschen sowie deren Ausdruck etwa in religiösen Praktiken und Riten beziehen kann. Jugendtheologie ist jedoch von Anfang an keine allein kognitive Angelegenheit. Sie ist vielmehr durchweg mit Gefühlen, Einstellungen und Handlungsweisen verbunden. Darüber hinaus gewinnt sie in unterschiedlichen Ausdrucksformen Gestalt, etwa auch in ästhetischer und narrativer Hinsicht.«[15]

Bei dieser Definition und den dazugehörigen Erläuterungen ist zum einen die klare Ausrichtung auf die Reflexion und Kommunikation religiöser Vorstellungen bezeichnend, zum anderen der Versuch, die Vernetzung dieser Reflexions- und Kommunikationsformen auch mit Gefühlen, Einstellungen und Handlungsweisen sowie unterschiedlichen Ausdrucksformen aufzuzeigen. Mit dieser Auslegung folgt die Definition dem für uns nach wie vor bestimmenden Interesse, Jugendtheologie nicht ins Unbestimmte aufgehen zu lassen oder sie gar, wie Henning am

---

15 *Schlag/Schweitzer*, 180.

Schluss im Blick auf die Kindertheologie moniert,[16] einfach mit der Religionspädagogik insgesamt gleichzusetzen. Von Jugendtheologie zu sprechen ist nur so lange sinnvoll, als nicht alles Jugendtheologie heißen soll. Denn damit wäre die Rede von Jugendtheologie schlicht sinnlos geworden.

Als weitere Intention ist festzuhalten, dass eine verengende Auslegung in dem Sinne, dass religionspädagogisch nur auf Reflexionsprozesse geachtet oder abgehoben werden sollte, von vornherein auszuschließen ist. Die Reflexions- und Kommunikationsformen, die als Jugendtheologie gestärkt werden sollen, zeichnen sich gerade dadurch aus, dass sie konstitutiv auf emotionale Aspekte sowie auf Handeln und Ausdruck bezogen sind.

Dennoch bleibt richtig: Theologie hat es konstitutiv mit Reflexion zu tun und deshalb unausweichlich mit einem kognitiven Vollzug. Die Konsequenz aus dieser Beobachtung kann nach dem Gesagten allerdings auch dann, wenn eine kognitive Verengung in der Religionspädagogik vermieden werden soll, nicht darin liegen, den Theologiebegriff so auszuweiten, dass er am Ende auch alle nicht-kognitiven Aspekte von Religion oder Religionspädagogik in sich schließt. Vielmehr ist aus der kognitiven Zentrierung von Theologie die Konsequenz zu ziehen, dass *neben* der Jugendtheologie andere Formen von Religionspädagogik bedeutsam bleiben.[17] Zu einer kognitiven Verengung wird Jugendtheologie nur dann, wenn sie einen religionspädagogischen Alleinvertretungsanspruch erhebt – und dies sollte sie u.E. tunlichst vermeiden.

Der Gefahr einer kognitiven Verengung ist aus unserer Sicht auch deshalb unbedingt zu wehren, als sich gerade in Hinblick auf jugendtheologische Kommunikation und Reflexion die Aufgabe der Bildungsgerechtigkeit unbedingt und intensiv stellt. An vielen Stellen der vorliegenden Ausführungen wird deutlich, dass die sprachliche und reflexive Auseinandersetzung Jugendlicher mit eigenen Fragen und Antwortversuchen, aber eben auch mit den theologischen Deutungsangeboten eine erhebliche Kompetenz voraussetzt bzw. notwendig macht.

Eine theologische Perspektive auf die Lebenswirklichkeit stellt nicht nur ein herausforderndes, sondern auch ein auf Sprache und die Sache hin angelegtes Unternehmen dar. Dabei gilt es, eine drohende Abstraktheit, etwa aufgrund bestimmter theologischer »Container-Begriffe«, ebenso zu vermeiden wie eine überbordende Wortlastigkeit. Denn all dies schlösse Jugendliche mit einem weniger eingeübten Zugang zu Texten von vornherein aus. Insofern besteht die Herausforderung, Chance und

---

16 Vgl. *Schluß, H.*, Ein Vorschlag, Gegenstand und Grenze der Kindertheologie anhand eines systematischen Leitgedankens zu entwickeln. In: Zeitschrift für Pädagogik und Theologie 57 (2005), 23–35.
17 So schon *Schweitzer, F.*, Was ist und wozu Kindertheologie? In: *A.A. Bucher u.a.* (Hg.): »Im Himmelreich ist keiner sauer«. Kinder als Exegeten. Jahrbuch für Kindertheologie 2, Stuttgart 2003, 9–18.

Notwendigkeit einer jugendtheologischen Perspektive gerade darin, hier auch für textentlastete beteiligungsoffene Formen jugendlicher Teilhabe zu sorgen.

Deutlich wird an bisherigen Untersuchungen und Praxisberichten aber auch, dass sich die Kommunikation unter Jugendlichen über biblische oder theologische Aspekte im Einzelfall als ausgesprochen mühsam darstellen kann. Einzelne Aussagen sind in entsprechenden Transkripten oftmals schon in ihrem Grundsinn kaum zu dechiffrieren, und auch der Blick auf ein ganzes Stundenprotokoll lässt mitunter fragen, was hier tatsächlich an jugendtheologischer Kommunikation denkbar und erreichbar ist – oder gar an Erkenntnis- oder Kompetenzzuwachs für Jugendliche. Wir haben bereits angedeutet, dass hier insofern auch ganz neue Formen der inhaltlichen Auseinandersetzung notwendig sind, was für uns vor allem eine Verknüpfung der Jugendtheologie mit dem Elementarisierungsansatz nahelegt.

6. Jugendtheologie als zeitgemäße Gestalt religiöser Bildung?

Jugendtheologie lässt sich, wie auch in dem erziehungswissenschaftlichen Beitrag von Annette Scheunpflug deutlich wird, in mehrfacher Hinsicht bildungstheoretisch interpretieren. In unserer eigenen Sicht sind dabei besonders vier Aspekte hervorzuheben:

- Bei der Theologie *von* Jugendlichen handelt es sich um eine Form der Selbstbildung. Jugendliche erschließen sich selbst (religiöse) Wirklichkeit, indem sie diese Wirklichkeit wahrnehmen, deuten, erklären und in Frage stellen. Dabei erweitern sie, in selbsttätiger Weise, ihr Repertoire der Welterschließung und bilden sich als Subjekte.
- Vielfach geschieht Jugendtheologie jedoch nicht nur im Gespräch mit sich selbst, sondern als Theologie *mit* Jugendlichen oder, wie Gerhard Büttner zu Recht formuliert, im Gespräch zwischen Jugendlichen in den für sie passenden und angemessenen Sozialgestalten. Dies ruft eine gleichsam klassische Form von Bildung in Erinnerung – Bildung als Gespräch und im Dialog. In diesem Falle meint Bildung einen kommunikativen Prozess der wechselseitigen Anregung, Herausforderung und Weiterführung.
- Bei der Theologie *für* Jugendliche stellt sich unvermeidlich die Frage nach Bildungsinhalten, die sich dadurch als solche erweisen, dass sie bildungstheoretischen Kriterien gerecht werden. Hier weist Veit-Jakobus Dieterich mit Recht auf die Notwendigkeit einer interaktiven Themengewinnung hin. Denn dialogische Erschließung ist überhaupt erst denkbar, wenn die Themen von den Ansprüchen der Jugendlichen aus maßgeblich mitgesetzt werden. Für die Theologie für Jugendliche steht die Ausarbeitung bildungstheoretisch reflektierter Angebote allerdings noch weithin aus. Sie stellt auch in unserer Sicht ein wichtiges Desiderat für die Zukunft dar.

Rückfragen – Klärungen – Perspektiven 177

– Von den von uns vorgeschlagenen Differenzierungen der Jugendtheologie aus könnten sich dann in bildungstheoretischer Hinsicht auch die gegenwärtigen Kompetenzdiskussionen nochmals weiterführen lassen, indem genauer danach gefragt wird, wie sich die Aspekte der *Wahrnehmungs- und Darstellungsfähigkeit*, der *Deutungsfähigkeit*, der *Urteilsfähigkeit*, der *Dialogfähigkeit* sowie der *Gestaltungs- und Handlungsfähigkeit* jeweils in jugendtheologischen Zusammenhängen präzise durchbuchstabieren lassen.[18] Dies kann dazu führen, den gegenwärtig stark gemachten Begriff der *religious literacy* mindestens über seine Text- und Schriftbezogenheit hinaus in einem weiteren Sinn zu verstehen und von einer *religious capability* im Sinn der Fähigkeit zur persönlichen Auseinandersetzung – sei es in emotionaler und eindeutiger, sei es in abwägender und kritischer Weise – zu sprechen.

7. Jugendtheologie als Ethik – Jugendliche statt Ethik?

Von ihrem Entstehungskontext her kann die Kindertheologie als Überwindung einer ethischen Zentrierung besonders des schulischen Religionsunterrichts angesehen werden. Ein eindrückliches Beispiel dafür ist etwa die Habilitationsschrift von Gerhard Büttner[19]. Hier wird insbesondere einer sozialkritisch ausgerichteten Vorbild-Christologie der bleibende religionsdidaktische Sinn dogmatisch-theologischer Fragen entgegengehalten. Dabei beruft sich Büttner – wie ähnlich später Tobias Ziegler[20] – nicht nur auf die Fragen und Interessen von Kindern, sondern auch von Jugendlichen. Auch deren Interessen beschränkten sich nicht auf die Ethik. Insofern trifft es zu, dass die Kindertheologie für eine theologische Profilierung des Religionsunterrichts steht, in Korrektur und anstelle einer (allein) ethischen Profilierung.

Umgekehrt belegen mehrere Beiträge in diesem Band, dass eine Gleichsetzung von Jugendtheologie mit einen Programm »Dogmatik statt Ethik!« verfehlt wäre. In diesem Falle wird vielmehr gerade eine Verbindung von Theologie und Ethik angestrebt, etwa indem – so besonders bei Jörg Conrad und Rainer Kalter – die theologischen Grundlagen der Ethik offengelegt werden. Darüber hinaus wird darauf verwiesen, dass die theologischen Interessen Jugendlicher häufig eine ethische Gestalt annehmen – nicht Ethik *statt* Theologie, sondern *Theologie in ethischer Gestalt*. Dass sich die Fragen ethischer Urteilsbildung gerade angesichts

---

18 Vgl. schon *Schlag/Schweitzer*, 135ff.
19 *Büttner, G.*, »Jesus hilft!« Untersuchungen zur Christologie von Schülerinnen und Schülern, Stuttgart 2002.
20 *Ziegler, T.*, »Jesus als ›unnahbarer Übermensch‹ oder ›bester Freund‹? Elementare Zugänge Jugendlicher zur Christologie als Herausforderung für Religionspädagogik und Theologie«, Neukirchen-Vluyn 2006.

der globalen Entwicklungen nochmals in einem weltgesellschaftlichen Sinn stellen, arbeiten die Beiträge von Henrik Simojoki und Elisabeth Naurath in aufschlussreicher Weise heraus. Hier wird es zukünftig noch stärker darauf ankommen, in der Vermittlung theologischen Wissens auch bewusst die inhaltlichen Aspekte zivilgesellschaftlicher Entwicklungen bis hin zu aktuellen Menschenrechts- und Umweltfragen zu integrieren.

8. Lernorte und Settings

Die von uns eingeführten Unterscheidungen von Formen der Jugendtheologie erschließen auch die je spezifischen Möglichkeiten und Grenzen unterschiedlicher Lernorte und Settings. Insofern kann eine jugendtheologische Perspektive dazu geeignet sein, sich der spezifischen Bedingungen und Gestaltungsmöglichkeiten theologischer Kommunikation und Reflexion genauer bewusst zu werden. Es ist jedenfalls nach den hier versammelten Beiträgen offenkundig, dass jugendtheologische Kommunikation immer den spezifischen »Orts-Bedingungen« unterliegt, an denen sich Jugendliche treffen – wobei hier sowohl die zeitliche wie die räumliche Ortsdimension mitgemeint ist. Gerhard Büttners Hinweise auf die Sozialformen jugendtheologischer Praxis sind hier ebenso wesentlich und weiterführend wie die erfahrungsbezogene Darstellung von Wolfgang Ilg zur Jugendarbeit.

So gesehen gilt dann aber auch, dass sich bestimmte, etwa im schulischen Bereich gelingende Kommunikationsformen keineswegs automatisch etwa auf den Bereich non-formalen Lernens übertragen lassen, was natürlich auch umgekehrt richtig ist.

Zugleich wird in einer Reihe von Beiträgen, etwa von Elisabeth Naurath und Jörg Conrad / Rainer Kalter deutlich, dass eine substantielle theologische Kommunikation erheblich von positiven Vorerfahrungen religiöser Sozialisation mitabhängt. Das begriffliche Repertoire und die symbolische Vorstellungskraft Jugendlicher im Blick auf religiöse Inhalte fallen nicht vom Himmel.

Auch die bei Katja Dubiski im Bereich der Konfirmandenarbeit stark gemachte Unterrichtsidee der Erstellung eines eigenen Glaubensbekenntnisses lebt natürlich von der Bereitschaft und Fähigkeit Jugendlicher, sich auf eine solche vergleichsweise abstrakte Textebene überhaupt einzulassen. Dass eine solche »Übersetzungs-Arbeit« des Credo aber nicht nur Jugendlichen möglich sein darf, die bereits über einen eigenen Glauben verfügen, sondern prinzipiell allen offen stehen muss, haben wir bereits im Grundlegungsband durch die Unterscheidung zwischen einer Jugendtheologie im engeren und einer im weiteren Sinn hervorzuheben versucht.

Gleichwohl bestärken unsere Überlegungen immer auch implizit die Notwendigkeit einer möglichst früh einsetzenden religiösen Bildung für

Rückfragen – Klärungen – Perspektiven 179

Kinder, da dies die Möglichkeiten eines späteren inhaltsbezogenen theologischen Anknüpfens deutlich verbessert und so den Jugendlichen zudem schon frühzeitig hoffentlich hilfreiche Orientierungen für ihre lebensbedeutsamen Fragen angeboten werden können. Vom gleichsam anderen Ende her zeigen aber auch die Ausführungen Wolfgang Ilgs zur Jugendarbeit die besonderen Chancen und Herausforderungen dieses kirchlichen Praxisfeldes non-formaler Bildung. Hier sind gerade im Blick auf eine sozusagen offene Jugendtheologie nachhaltige Effekte zu erwarten, wenn sie ihre Angebotsstrukturen als Experimentierräume konzipiert.

9. Forderungen und Konsequenzen für die religionspädagogische Ausbildung und für theologische Kompetenz

Wir haben schon im Grundlegungsband darauf hingewiesen, dass die Erwachsenen gleichsam die andere Seite der Jugendtheologie darstellen.[21] Eine gelingende Auseinandersetzung mit Jugendlichen lebt entscheidend davon, dass die Erwachsenen selbst auch auf existentielle, prekäre und oftmals brennende Fragen und Antwortversuche Jugendlicher wirklich sich einzulassen bereit sind. Dass dies die eigene kompetente Reflexion und das kritische Durchdenken theologischer Inhalte mit einschließt, wurde dabei ebenfalls bereits hervorgehoben. Dies gilt nun über das familiäre Umfeld hinaus in besonderer Weise auch für die Lehrenden, sei es im Bereich kirchlicher oder schulischer Praxis. Die Verantwortung beginnt hierbei schon in der bereits angesprochenen interaktiven Themensetzung und umfasst auch die Frage der eigenen Glaubwürdigkeit. – Gerhard Büttner macht eindrücklich darauf aufmerksam, dass die Kunst einer jugendgemäßen Form von Bildung gerade darin besteht, eigenes Profil zu zeigen und zugleich eine prinzipielle Offenheit für die Vielfalt jugendlicher Bedeutungszuschreibungen zu wahren.
Petra Freudenberger-Lötz zeigt in ihrem Beitrag die Möglichkeiten einer innovativen praxisbezogenen Ausbildung der zukünftigen Religionslehrkräfte auf, die bereits während ihres Studiums in die Lage der Analyse jugendlicher Äußerungen versetzt werden und gemeinsam mit Schülerinnen und Schülern Möglichkeiten des wechselseitigen theologischen Gesprächs einüben lernen. Dies macht mindestens indirekt deutlich, dass die theologisch-universitäre Ausbildung als Ganze schon in der Studienphase Kontakte zu den zukünftigen Ziel- und Bezugsgruppen der eigenen Praxis eröffnen sollte, um so auch möglichst früh für die Herausforderungen theologischen Argumentierens zu sensibilisieren.

---

21 *Schlag/Schweitzer*, bes. 149ff.

10. Perspektiven für die Zukunft – Jugendtheologie im Plural

Blickt man auf die gegenwärtig deutlich ansteigende Zahl jugendtheologischer Publikationen, hat es den Anschein, als ob sich hier neben der Kindertheologie und – durchaus erstaunlich – in mindestens ebenso großem Tempo eine weitere religionspädagogische Schwerpunktsetzung entwickelt. Die von uns für diesen Band versammelten Beiträge wie auch unsere eigenen Überlegungen zeigen zugleich aber auch die große Pluralität dieses neuen Forschungsfeldes. Die bislang vorliegenden Beiträge zur Jugendtheologie, im vorliegenden Band oder auch in anderen Veröffentlichungen[22], ergeben noch kein vollständiges Bild der Reichweite von Jugendtheologie. Exemplarisch ist dies daran abzulesen, dass etwa der Frage nach Jugendlichen als Exegeten bislang auffällig wenig Aufmerksamkeit geschenkt worden ist. Und auch die systematisch-theologische Grundfrage nach dem hier vorgelegten Verständnis theologischer Praxis bedarf sicherlich der weiteren fachlichen und fachübergreifenden Erörterung. In empirischer Hinsicht wird sich u.a. durch die Unterrichtsforschung zeigen müssen, wie weit die von uns benannten Dimensionen und Perspektiven einen hilfreichen heuristischen Charakter für die weitere Analyse und Interpretation der realen Bildungsprozesse haben und ob sich von dort aus, wie es Martin Rothgangel anvisiert, am Ende tatsächlich ein neues Forschungsprogramm etablieren wird. In praxisbezogener Hinsicht erhoffen wir uns insbesondere für die weitere Aus- und Weiterbildung von Mitarbeitenden in Schule und Kirche wichtige Impulse dafür, auf die Ansprüche und sicherlich auch auf die Bedürfnisse von Jugendlichen in theologischer Hinsicht so kompetent wie möglich einzugehen.

Grundsätzlich geht es uns darum, einem Verständnis von Theologie Ausdruck zu geben, das eng mit dem protestantischen Freiheitsverständnis verknüpft ist. Demzufolge muss sich auch in aller theologischen Erörterung das freie Geschenk göttlicher Zusage abbilden, dem der Mensch durch sein eigenes Handeln und Denken nicht zuvorkommen kann, dem er aber mit eigener Vernunft und eigenem Glauben zu entsprechen vermag. Die Freiheit einer theologisch ausgerichteten Suche nach Sinn bedeutet demzufolge, dass sich dogmatische und ethische Inhalte immer nur im Prozess in ihrer Lebensrelevanz erschließen können. Theologie ist damit als Form individueller und gemeinsamer Reflexion und Kommunikation gewissermaßen mit den Lehrenden und Lernenden im Werden. Ihr tieferer Sinn erschließt sich erst und nur, indem sich diese aneignen, was ihnen zugesprochen wird. Was Jugendliche davon dann wirklich »brauchen«, darüber können und werden sie gut theologisch letztlich von sich aus urteilen.

---

22 Vgl. etwa *Freudenberger-Lötz, P. / Kraft, F. / Schlag, T.* (Hg.), »Wenn man daran noch so glauben kann, ist das gut«. Grundlagen und Impulse für eine Jugendtheologie. Jahrbuch für Jugendtheologie Band 1, Stuttgart 2012 (im Erscheinen).

Autorinnen und Autoren

Bucher, Anton A., Dr., Prof. für Praktische Theologie, Universität Salzburg

Büttner, Gerhard, Dr., Prof. i.R. für Ev. Theologie mit dem Schwerpunkt Religionspädagogik und Didaktik des Religionsunterrichts, Technische Universität Dortmund

Conrad, Jörg, Dr., nach Tätigkeit an der Evangelisch-Theologischen Fakultät der Universität Tübingen und am Pädagogisch-Theologischen Zentrum in Stuttgart-Birkach Pfarrer in Nehren

Dieterich, Veit-Jakobus, Dr., Prof. für Evangelische Theologie/Religionspädagogik, Pädagogische Hochschule Ludwigsburg

Dubiski, Katja, wiss. Ang. an der Evangelisch-Theologischen Fakultät der Universität Tübingen und Pfarrerin im Schuldienst

Freudenberger-Lötz, Dr., Prof. für Religionspädagogik, Universität Kassel

Ilg, Wolfgang, Dr., Landesschülerinnen- und -schülerpfarrer im Evangelischen Jugendwerk in Württemberg, Stuttgart sowie wiss. Ang. an der Evangelisch-Theologischen Fakultät der Universität Tübingen

Kalter, Rainer, Dozent am Pädagogisch-Theologischen Zentrum in Stuttgart-Birkach

Naurath, Elisabeth, Dr., Prof. für Religionspädagogik, Universität Osnabrück

Rothgangel, Martin, Dr. Dr., Prof. für Religionspädagogik, Universität Wien

Scheunpflug, Annette, Dr., Prof. für Allgemeine Erziehungswissenschaft, Universität Erlangen

Schlag, Thomas, Dr., Prof. für Praktische Theologie (Religionspädagogik/Kybernetik), Universität Zürich

Schweitzer, Friedrich, Dr., Prof. für Praktische Theologie/Religionspädagogik, Universität Tübingen

Simojoki, Henrik, Dr., PD für Religionspädagogik, Universität Saarbrücken

Streib, Heinz, Dr., Prof. für Praktische Theologie/Religionspädagogik, Universität Bielefeld

Thomas Schlag / Friedrich Schweitzer

Brauchen Jugendliche Theologie?

Jugendtheologie als Herausforderung und didaktische Perspektive

neukirchener
theologie

205 Seiten
ISBN 978-3-7887-2529-7